Gulchehra Hoja

Der Duft von Steinen

GULCHEHRA
HOJA

DER DUFT VON STEINEN

Die Sehnsucht nach meiner uigurischen Heimat und der Kampf für mein Volk

Übersetzung aus dem amerikanischen Englisch von Maria Mill und Simone Schroth

QUADRIGA

Die Bastei Lübbe AG verfolgt eine nachhaltige Buchproduktion. Wir verwenden Papiere aus nachhaltiger Forstwirtschaft und verzichten darauf, Bücher einzeln in Folie zu verpacken. Wir stellen unsere Bücher in Deutschland und Europa (EU) her und arbeiten mit den Druckereien kontinuierlich an einer positiven Ökobilanz.

MIX
Papier | Fördert gute Waldnutzung
FSC® C014496

Dieser Titel ist auch als E-Book erschienen

Titel der amerikanischen Originalausgabe:
»A Stone Is Most Precious Where it Belongs«

Published by arrangement with Susanna Lea Associates

Textredaktion: Iris Rinser, Großkarolinenfeld
Umschlaggestaltung: SO YEAH DESIGN, Gabi Braun
Einband-/Umschlagmotive: © shutterstock.com: hrui; © plainpicture: Millennium | Jasper James
Satz: Dörlemann Satz, Lemförde
Gesetzt aus der Adobe Caslon
Druck und Einband: GGP Media GmbH,Pößneck

Printed in Germany
ISBN 978-3-86995-130-0

2 4 5 3 1

Sie finden uns im Internet unter quadriga-verlag.de
Bitte beachten Sie auch: lesejury.de

PROLOG

Am späten Abend des 1. Februar 2018 wurden im Laufe einer einzigen Nacht vierundzwanzig Mitglieder meiner Großfamilie verhaftet. Darunter meine nicht mehr jungen Eltern, ebenso wie Tanten und Onkel, Cousins und Cousinen sowie deren Ehegatten. Mein jüngerer Bruder war nicht unter ihnen, aber nicht etwa, weil er Glück hatte. Schon ein Jahr zuvor hatte man ihn ohne Angabe von Gründen festgenommen und in einem Internierungslager verschwinden lassen.

An jenem schrecklichen Abend drangen zwei Polizisten, ein Uigure und ein Han-Chinese, im Schutz der Dunkelheit ins Haus meiner Mutter ein. Da mein Bruder im Gefängnis war und mein Vater nach einem Schlaganfall auf der Intensivstation lag, war sie ganz allein im Haus. Sie legten ihr Handschellen an und warfen ihr etwas über den Kopf. Ein schweres schwarzes Tuch, das sie wegen ihres hohen Blutdrucks (neben anderen ernsten Gesundheitsproblemen) nach Luft ringen ließ. Sie flehte sie an, es wegzunehmen.

Der uigurische Polizist beugte sich zu ihr hinunter. »Es tut mir leid. Wir müssen Sie so mitnehmen. So lautet unser Befehl.« Doch gleichzeitig zog er das Tuch ein wenig in die Höhe, damit sie atmen konnte.

Der andere Polizist, der das bemerkte, herrschte ihn an: »Wie, ist sie deine Mutter, oder was?« Er zerrte ihr das Tuch wieder übers Gesicht und führte sie zum wartenden Polizeiwagen.

Als erstes brachte man sie ins örtliche Polizeigefängnis, wo sie auf meine alte Tante traf, die ebenfalls verhaftet worden war. Mittlerweile war der Blutdruck meiner Mutter gefährlich angestiegen. Man untersuchte sie, und da das Gefängnis über keinerlei medizinische Einrichtungen verfügte, wollten sie sie nicht dortbehalten. So wurde meine Mutter wieder von ihrer Schwester getrennt und ins Gefängnis Ürümchi Nr. 1 gebracht, einer berüchtigten Einrichtung für Schwerverbrecher. Obwohl dieses Gefängnis über eine medizinische Station verfügte, wurde meine Mutter weder behandelt noch versorgt. Und als sie um einen Blutdrucksenker bat, gab man ihr Hustentropfen. Als Professorin der Pharmazie kannte sie den Unterschied.

Im Gefängnis zwang man sie, sich zu entkleiden und eine schmutzige Kluft anzuziehen, die noch nach dem Schweiß und der Angst ihrer letzten Trägerin stank. Mit dreißig anderen Frauen warf man sie in einen kleinen Raum und ließ sie dort tagelang an ein Rohr gekettet liegen. Es war nur eine der zahlreichen Erniedrigungen, die sie erdulden musste. Und sie war bei Weitem nicht die Einzige, die solche Demütigungen erlebte. Im 21. Jahrhundert hat sich meine wunderschöne Heimat in eine Stätte des Terrors verwandelt, und die umfassende Zerstörung der uralten uigurischen Kultur und Lebensweise schreitet in unvorstellbarem Tempo voran. Meine Geschichte und die meiner Familie sind Teil dieses kulturellen Genozids.

Die Stadt Ürümchi, in der ich aufgewachsen bin, wird nach Westen hin vom atemberaubenden Tengritagh-Gebirge flankiert und ist von weiten Wüstenlandschaften umgeben, die von überraschend grünen Oasen voller Weinstöcke und Melonensträucher unterbrochen werden. Es ist eine uralte Stadt, die viel näher bei Kasachstan liegt als bei Beijing. Lange einer der wichtigsten Umschlagsplätze der Seidenstraße, ist Ürümchi heute die geschäftige Hauptstadt einer Region, die von der einheimischen Bevölkerung seit dem 19. Jahrhundert als Ostturkestan bezeichnet wird. Das Volk der Uiguren behauptet sich seit Jahrtausenden inmitten einer ebenso herben wie spektakulären Schönheit der Natur und hat in dieser Zeit eine komplexe und reiche Musiktradition, eine Kultur des Tanzes, der Architektur, der bildenden Künste, der Sprache sowie eine eigene Form des Islam entwickelt. Viele Elemente dieser Kultur können auf uralte zentralasiatische und Turk-Einflüsse zurückgeführt werden, aus denen sich vor vielen Jahrhunderten unsere sufistisch geprägte Musik, die Muqam, und viele unserer regionalen Gerichte – von den duftenden, als Naan bekannten Fladenbroten bis hin zu den mit Kreuzkümmel gewürzten, über offener Flamme gegrillten Kebabspießen – entwickelt haben.

Im Süden Ürümchis erstreckt sich die große Taklamakan, die zweitgrößte Flugsandwüste der Welt, in deren Oasen die Uiguren als Kleinbauern mehr als ein Jahrtausend lang mithilfe eines raffinierten unterirdischen Bewässerungssystems namens Kariz Hirse, Weizen, Baumwolle, Feigen, Dattelpflaumen und andere Feldfrüchte kultivierten. Entlang der Ränder dieser enormen Sandfläche haben sich die Uiguren und unsere Vorfahren unter verschiedenen turksprachigen, vorwiegend muslimischen Machthabern meist selbst regiert. Um 1755 eroberte die von den Mandschu geführte Qing-Dynastie die uigurische Region – die etwa die Größe des amerikanischen Bundesstaats Alaska besitzt und ein Sechstel des Gebietes umfasst, das wir heute als Volksrepublik China kennen – und gliederte sie formal ins chinesische Kaiserreich ein. In der Folge griffen lokale Aufstände immer mehr um sich, und das Gebiet geriet auch militärisch zunehmend unter die Kontrolle der Chinesen. Die Umbenennung in Xinjiang (d.h. »neues Territorium«) durch die Chinesen geschah jedoch erst 1884, als meine Urgroßeltern noch lebten. Unser kulturelles Gedächtnis reicht weit zurück. Mein Vater erinnert sich noch daran, dass er mit sieben Jahren in einer Parade mitmarschierte, in der Ostturkestan gefeiert wurde, während sein älterer Bruder hoch zu Ross in der örtlichen uigurischen Kavallerie ritt und unsere blaue Flagge mit ihrem unverwechselbaren Stern und dem Halbmond flattern ließ.

Bis 1949 hisste Ostturkestan stolz seine eigene Fahne und gelangte ebenso sehr unter den kulturellen Einfluss der Sowjetunion wie unter den des chinesischen Staates. Obwohl es ein mehrheitlich uigurisches Gebiet war, in dem Uiguren bis in die Mitte des 20. Jahrhunderts fünfundsiebzig Prozent der Bevölkerung ausmachten, gibt es auch beträchtliche Minderheiten von Kasachen, Tadschiken, Usbeken, Tataren und Kirgisen, von denen die meisten eine Form des Islam praktizieren. Es ist eine heikle Balance, eine, die die chinesische Regierung seit Mitte des 20. Jahrhunderts systematisch zu zerstören begann.

Nach der offiziellen Gründung der Volksrepublik China im Jahr 1949 und der Etablierung der Kommunistischen Partei Chinas als Regierung trat eine neue Politik in Kraft. Statt das Uigurengebiet nur nominell aus der Ferne zu regieren, entschied die junge KPCh, eine umfassende Besatzung sei nötig, um das Uigurengebiet und, ebenso wichtig, die Uiguren zu kontrollieren. Während der 1950er-Jahre gab es eine massive Einwanderung von Han-Chinesen – die Han sind die größte ethnische Gruppe Chinas, das, was man landläufig unter Chinesen versteht –, meist ehemaliger Soldaten, in den nördlichen Teil Ostturkestans. Sie wurden von der Regierung geschickt, um sowohl unberührtes Land zu bewirtschaften als auch für eine enorme paramilitärische Präsenz in der Region zu sorgen. Diese Leute bildeten das Xinjiang Produktions- und Aufbau-Korps oder *Bingtuan*, und sie waren gekommen, um das Land und seine Bodenschätze maximal auszubeuten. Einfach ausgedrückt, entwickelte sich ein Verhältnis wie das eines Kolonialherrn zu einem kolonisierten Volk, wobei allein die kommunistischen Machthaber in Beijing das Sagen hatten. Innerhalb weniger

Jahrzehnte sank der Anteil der uigurischen Bevölkerung in der Region auf unter fünfzig Prozent. Ein umfassendes und sich auf erschreckende Weise beschleunigendes Programm der Kolonisierung und kulturellen Vernichtung hatte begonnen.

In den 1950ern hatte die KPCh Ostturkestan in das »Uigurische Autonomiegebiet Xinjiang« umbenannt, doch genau wie beim sogenannten Autonomen Gebiet Tibet hatte der Name weder politische noch kulturelle Autonomie zur Folge. Wie die Tibeter wurden die Uiguren nach wie vor von vielen als rückständiges Volk betrachtet, und nur wenige Han-Chinesen wussten etwas über unsere Traditionen oder unsere Lebensweise. Das Reisen wurde Uiguren erschwert – viele Hotels weigerten sich sogar, Uiguren zu beherbergen –, und viele Han-Chinesen betrachteten das uigurische Gebiet als eine Art »Wilden Westen« voller Gewalt, Gesetzlosigkeit und primitiver Zustände. Vorurteile waren an der Tagesordnung, gespeist meist aus Unwissenheit, jedoch auch durch die jahrelange unablässige KPCh-Propaganda über die notwendige Zivilisierung des Uigurengebiets und die Erziehung der Uiguren zu modernen Bürgern.

2017 wurde diese Kampagne auf fürchterliche Weise forciert, als die chinesische Regierung begann, eine große Anzahl von Uiguren in Haftanstalten inmitten der Wüste zu internieren, wo sie sowohl dem Blick der internationalen Gemeinschaft als auch dem der örtlichen Bevölkerung entzogen sind. Angesichts der Geheimhaltungsstufe, die diese Lager umgibt, kann man unmöglich wissen, wie viele Menschen in diesen Einrichtungen verschwunden sind. Doch vorsichtigen Schätzungen aufgrund mir zugespielter amtlicher Dokumente sowie Augenzeugenberichten zufolge wurden zwischen einer und drei Million Menschen in diese Lager gezwungen, wo man sie entmenschlichender Behandlung wie Folter, Vergewaltigung und Zwangsarbeit sowie fortwährender Erniedrigung unterzieht. Uiguren können für jeden beliebigen Ausdruck unserer einzigartigen Kultur verhaftet und in diese Lager gesteckt werden.

Doch auch außerhalb der Lager herrschen schlimme Zustände. In meiner Kindheit, während der 1970er- und 1980er-Jahre, waren Fernsehgeräte im Uigurengebiet noch selten. Heute dagegen hat man überall in der Region ein ausgedehntes Überwachungssystem installiert. An Straßenecken, wo einst Wassermelonenverkäufer ihre Eselskarren oder Handwagen abzustellen pflegten, stehen jetzt Militärpolizisten mit der Maschinenpistole im Anschlag. In Städten wie Ürümchi findet man auf jedem Telefonmast High-Tech-Kameras, die mithilfe ausgefeilter Gesichtserkennungssoftware (entwickelt einzig zum Zweck der Einschüchterung und Kontrolle) uigurische Individuen identifizieren können. Überall gibt es in Formation marschierende Polizisten, und sogar der Einkauf von Gemüse im Basar erfordert eine Leibesvisitation. Ja, sogar für den Kauf von Benzin an der Tankstelle müssen Uiguren sich ausweisen. Selbstverständlich werden die in der Region lebenden Han nicht den gleichen repressiven Maßnahmen unterzogen; sie stellen sich an anderen Zugängen an, um auf die Märkte oder in die Bahnhöfe zu gelangen, an denen es keine Kontrollen gibt.

Vieles davon geschieht unter dem Vorwand der so genannten Terrorbekämpfung, der wahre Zweck der Maßnahmen aber ist die methodische Zerstörung der uigurischen Gemeinschaft. Als man der chinesischen Regierung nach den schrecklichen Ereignissen des 11. September 2001 das Feigenblatt des globalen Kriegs gegen den Terror anbot, ergriff sie die Gelegenheit, um normale uigurische Bürger als »Terroristen« abzustempeln, weil sie so gewöhnliche Dinge getan hatten wie etwa zum Beten in die Moschee zu gehen, sich einen Bart wachsen zu lassen oder einen Hidschab zu tragen. Unschuldige Uiguren landeten sogar in Guantanamo. Jedem Anzeichen uigurischen Widerstands gegen derlei repressive Maßnahmen wird mit überwältigender Brutalität begegnet sowie einer Forcierung »vorbeugender Maßnahmen« wie aggressiver Überwachung, Einschüchterung und Inhaftierung. Die Schlinge der totalen Kontrolle, die bereits um den Hals der Region lag, zog sich mit jedem Tag, der verging, weiter zu.

Manche Intellektuelle betrachten die Maßnahmen der chinesischen Regierung in Ostturkestan als unverhohlenen Kolonialismus. Ostturkestan ist reich an Bodenschätzen, Gas, Kohle und anderen Rohstoffen. Es umfasst ein riesiges Territorium und bietet angesichts Chinas enormer Bevölkerungsdichte potenzielle Entlastung. Die Chinesen kommen einfach und nehmen sich, was sie wollen, und sie unterdrücken jeden Widerstand gegen ihre Anwesenheit oder Gier. Viele Intellektuelle vertreten mit Nachdruck Chinas fragwürdigen historischen Anspruch auf das Gebiet und den Wunsch der Regierung, nicht schwach zu erscheinen, indem sie gestohlenes Land an dessen rechtmäßige Bewohner zurückgeben. Andere sehen auch die Angst, dass Menschen in anderen Nicht-Han-Gebieten, etwa in Tibet oder der Inneren Mongolei, ebenfalls aufbegehren und erneut nach Unabhängigkeit streben könnten, während Hongkong und Taiwan sich weigern, vom großen China absorbiert zu werden. Warum es jedoch zu einem Genozid kommt, egal in welcher Form, darauf gibt es letztlich keine definitive Antwort. Trotzdem ist es genau das, was in meinem Heimatland zurzeit geschieht.

All das erklärt, warum meine Familie an jenem schrecklichen Abend im Jahr 2018 hinter Gittern landete. Aber es ist nicht die ganze Geschichte. Denn die bittere Wahrheit und der einzige Grund, warum ich diese Nacht völlig hilflos aus Tausenden Meilen Entfernung miterleben musste, warum überhaupt die chinesische Regierung meine Familie verschleppt hat, bin *ich*.

1

KINDHEIT UND JUGEND IN MEINER UIGURISCHEN HEIMAT

Der gegenwärtige Horror in meiner Heimat und die glückliche Kindheit, die ich in meiner Großfamilie in Ürümchi erlebt habe – das ist wie Nacht und Tag.

Schon als kleines Mädchen war ich fasziniert von den Künsten und dem Theater. Mein Großvater, Zikri-al-Pattar, war ein berühmter Musiker, ein Komponist von Muqam, jener traditionellen uigurischen Musikform, die auf komplexen Melodien, der Vertonung literarischer Texte sowie einer kunstvollen Choreografie beruht. Die Rolle, die diese Musik in unserer Kultur spielt, ist so bedeutsam, dass sie von der UNESCO zu einem immateriellen Kulturerbe der Menschheit erklärt wurde.

In den 1950er-Jahren hatte mein Großvater das erste Kulturzentrum Ostturkestans gegründet, wo Muqam und andere traditionelle Kunstformen gelehrt wurden. Als Kind erschien mir jedes Wochenende in seinem Haus wie ein Festival. Aus der gesamten Region strömten Musiker herbei, um aufzutreten, ihre neuesten musikalischen Fertigkeiten vorzuführen, gemeinsam zu spielen und voneinander zu lernen. Schon als kleines Mädchen war ich extrovertiert und sang und tanzte ohne Scheu an der Seite der Profis. Sie waren stets freundlich und tolerant, und viele der traditionellen Lieder und Melodien habe ich gelernt, während ich neben ihnen auf dem Boden hockte. Als »blauäugiges« Mädchen ahnte ich weder, dass mein Drang zur »Bühne« mich irgendwann in die Welt hinaus, noch dass er letztendlich zur Trennung von meiner Familie und meinem geliebten Heimatland führen sollte.

Als wir noch klein waren, verbrachten mein jüngerer Bruder Kaisar, ich und unser Cousin Nijad (der Sohn einer meiner Lieblingstanten) viel Zeit im Haus meiner Großeltern. Nijad war drei Jahre älter als ich, und ich blickte zu ihm auf wie zu einem geliebten großen Bruder. Er kommandierte uns gerne herum, doch ich verzieh es ihm, weil er mich ja auch beschützte und aufpasste, dass ich keinen Ärger kriegte. Was jedoch meinen Bruder anging, so waren wir völlig unzertrennlich. War einer von uns in einem Raum, so konnte der andere nicht weiter als um die nächste Ecke sein. Auch altersmäßig waren wir uns so nah, dass man uns leicht für Zwillinge halten konnte.

Solange wir noch nicht zur Schule gingen, wurden wir tagsüber von unserem Großvater beaufsichtigt. In der uigurischen Gesellschaft entsprach das dem normalen Lebenszyklus: Wird ein Mensch älter, kümmert er sich um die Enkel, während die Kinder zur Arbeit gehen; und irgendwann werden dann auch die Kinder erwachsen und kümmern sich um ihre Eltern. Als wir klein waren, aßen wir oft im Haus der Großeltern, und sobald wir zur Schule gingen, verbrachten wir sämtliche Wochenenden dort. Fehlte einmal ein Familienmitglied bei einer Mahlzeit, fiel das auf und wurde bedauert. Im Uigurengebiet waren die Familienbande damals noch sehr eng und liebevoll. Wenigstens in unserer Familie.

Dieses Gemeinschaftsgefühl erstreckte sich über die eigene Familie hinaus auch auf die gesamte Nachbarschaft oder Mahalla. Meine Großmutter war eine ausgezeichnete Köchin und bereitete riesige Festmähler zu aus Chuchure (uigurischen Tortellini), Wan Tans (Teigtaschen) in dicker Brühe, gedämpften Hefebrötchen mit pikanter Kürbisfüllung, die Kawa Manta hießen, und Goshnaan, einem Fladenbrot, das mit Fleisch gefüllt und herrlich knusprig war. Was immer aber sie auch backte oder kochte, sie teilte es mit unseren nächsten Nachbarn in der Mahalla.

»Bring das zur Nachbarin«, befahl sie mir dann und reichte mir einen in ein Handtuch geschlagenen, dampfenden Teller. »Und pass auf, dass dir nichts runterfällt!«

Was ich, meist mit meinem Bruder im Schlepptau, nur zu gerne tat, denn als besonderen Dank für die Großzügigkeit meiner Großmutter steckten uns die Nachbarinnen stets Süßigkeiten zu.

Auch um die ärmeren Familien der Mahalla sorgte sich meine Großmutter. Damals hatte fast noch niemand fließendes Wasser im Haus; wir alle benutzen eine Gemeindepumpe im Freien. Und irgendwie wussten die Nachbarskinder, die daheim nicht satt wurden, dass sie, wenn sie meiner Großmutter einen Eimer Wasser vorbeitrugen, dafür Laghman bekamen, eine Portion frischer, hausgemachter, mit Fleisch und Tomaten gegarter Nudeln, die reichte, um ihre gesamte Familie zu verköstigen.

Meine Großeltern lebten im Uigurischen Kulturzentrum, in dem mein Großvater auch arbeitete. Das Gebäude des Zentrums hatte einstmals das Amerikanische Konsulat von Ürümchi beherbergt, das 1949, als die amerikanischen Beamten aus unserer Region flohen, geschlossen wurde. Mao Zedong hatte gerade erst die (bis heute bestehende) Volksrepublik China ausgerufen, was das Ende der Chinesischen Republik und den Beginn einer völlig neuen Ära in der chinesischen Geschichte bedeutete. Das Nutzungsrecht am früheren Konsulatsgebäude wurde meinem Großvater von Saifuddin Azizi übertragen, welcher in seiner Eigenschaft als Vorsitzender des Uigurischen Autonomen Gebiets Xinjiang zu einer der wichtigsten Figuren im Regionalparlament und zu einem Bindeglied zwischen der lokalen Regierung und der zentralisierten Kommunistischen Partei in Beijing wurde. Azizi fand, dass mein Großvater eine wesentliche Rolle im kulturellen Leben der Region spielte, weswegen er ihm und seiner Familie die Erlaubnis erteilte, dort zu wohnen.

Das einstige Konsulat war ein gigantischer Bau voller Möbel, welche die Amerikaner bei ihrer Flucht aus dem politischen Chaos zurückgelassen hatten. Im ersten Stock stand ein riesiger rechteckiger Tisch, an dem dreißig Leute Platz fanden. Wahrscheinlich hatte man ihn einst für wichtige Versammlungen genutzt; wir verwendeten ihn für die gewaltigen Festessen meiner Großmutter, wenn Gäste kamen. Das Haus war im russischen Stil erbaut – angesichts der Lage des Uigurengebiets nicht untypisch für diese Stadt – und hatte Backsteinmauern, glänzend gewienerte Holzböden und hohe Glasfenster. Die Mauern waren so dick, dass ich auf den Fenstersimsen spielen, ja, mich sogar auf einem davon zusammenrollen und ein Mittagsschläfchen halten konnte. Es gab luxuriöse Sessel aus Leder und Holz und wunderschöne Holzschränke. Uns selbst überlassen spielten wir Kinder oft ein uigurisches Spiel, das »Amsel« hieß und bei dem einer von uns die Rolle der Amselmutter übernahm, die ihre Jungen vor einem räuberischen Adler beschützt. Kaisar wollte immer nur den Adler spielen, der sich mit ausgestreckten Krallen auf uns herabstürzte, während wir uns kreischend vor Lachen und Schreck hinter die ausladenden Sessel flüchteten.

Auch einen kleinen Schwarz-Weiß-Fernseher hatten die amerikanischen Beamten dagelassen. Zu dieser Zeit hatten nur wenige in unserer Region Fernsehen, sodass zu irgendeinem Zeitpunkt immer sämtliche Nachbarn bei uns aufkreuzten, um mit uns fernzugucken. Zwar war der Empfang nicht perfekt, doch wir konnten uns uigurische Musik- und Tanzaufführungen ansehen, ebenso wie die regionalen Nachrichten auf Uigurisch. Auch kommunistische chinesische Filme mit uigurischen Untertiteln gab es, wie etwa *Lei Feng* über einen Revolutionshelden. Die mochten wir am wenigsten, und sobald einer von denen anfing, verzogen sich die Leute allmählich. Die chinesische Sprache und Kultur waren uns nicht völlig fremd, da sie zunehmend ins Innere Ürümchis vordrangen und unsere Mahalla umzingelten. Aber die chinesischen Geschichten und Lieder im Fernsehen waren so weit von unserer Alltagserfahrung entfernt, dass sich die Leute meist nicht besonders dafür interessierten.

Wir hatten auch ein Grammophon, das mein Großvater benutzte, um Musik zu hören. Manchmal kamen Leute vorbei und fragten, ob sie es sich nicht für eine Hochzeit ausleihen könnten, was mein Großvater jedoch meist ablehnte. »Das ist von der Regierung, es ist für meine Arbeit«, erklärte er ihnen dann düster. Er teilte gern, nahm seine Pflichten jedoch sehr ernst. Allerdings erinnere ich mich auch, dass meine Tanten bei ihren vielen Partys, die sie im Haus gaben, ihre Platten darauf spielten.

Durch seine roten Backsteinmauern und die hohen Fenster unterschied sich das Haus von allen anderen in Ürümchi. Damals bestanden noch viele Gebäude in den Wohnvierteln der Hauptstadt aus Lehmziegeln und waren um Höfe herum gebaut, die sich typischerweise nach Westen hin öffneten. Die Gassen waren eng und gewunden und staubig vom Sand, der von der Wüste hereingeblasen wurde. Aufgrund der isolierenden Wirkung der Lehmziegel waren diese Häuser im Winter leicht warmzuhalten und während der heißen Sommer wunderbar kühl. Die Mahallas waren mit Minaretten gespickt, von denen Muezzine die Menschen fünfmal am Tag zum Gebet riefen. Auf den Straßen tummelten sich stets Verkäufer, die frisch gebackenes Naan, getrocknete Früchte oder Töpfe und Pfannen feilboten, die sie häufig auf Eselskarren transportierten, mit denen sie durch die verwinkelten Gässchen zuckelten. Jede Straße, so schien es, führte zu einem Basar, in dem es alles zu kaufen gab, was das Herz begehrte, von duftenden Gewürzen bis zu farbenfrohen Stoffen oder auch zu einer ganzen gebratenen Ziege.

Unser Haus war schön, doch *wie* besonders es tatsächlich war, habe ich damals noch nicht verstanden: Es war ein Relikt alter sowjetischer Einflüsse, die zusammen mit einer einst beträchtlichen Minderheit von Russen vertrieben und verdrängt worden waren, als die KPCh die Kontrolle über die Region übernahm. Ich wusste nur, dass meine Großeltern gerne dort lebten. Doch 1982, als ich in die zweite Klasse ging, ließ die Regierung es abreißen. Meine Großeltern zogen in eines jener neuen modernen Apartmentgebäude, die mittlerweile überall in Ürümchi aus dem Boden schossen. Im gesamten Uigurengebiet wurden damals ältere Städte nach und nach »modernisiert«, was bedeutete, dass man ganze Mahallas voller alter Lehmziegelhäuser, die tausend Jahre gehalten hatten, dem Erdboden gleichmachte und billige Mietskasernen im chinesischen Stil hochzog. In Ürümchi, der Hauptstadt, entstand im Zentrum ein boomendes Han-Viertel, und die alte Architektur wurde durch rote Laternen, knallige chinesische Reklame und rote Banner mit politischen Parolen ersetzt. Die uigurischen Bewohner verdrängte man währenddessen aus der Stadtmitte an die weniger begehrten Ränder.

Viele dieser Veränderungen hatten mit dem gewaltigen Zustrom von Han-Chinesen in die Region und vor allem nach Ürümchi zu tun. Sie kamen sowohl wegen der Arbeitsmöglichkeiten als auch aus ideologischen Gründen, da die Regierung die Han ermunterte, nach Westen zu ziehen, um die Region zu »besiedeln und zu entwickeln«. Es war ein Trend, der sich im Lauf der Jahrzehnte nur noch beschleunigen sollte. In der gesamten Region stieg die Han-Bevölkerung von etwa zweihunderttausend Menschen im Jahr 1947 in nur fünfzig Jahren auf mehr als 7,5 Millionen. In Ürümchi wurden die Uiguren rasch zu einer Minderheit in ihrer eigenen Stadt. Im nördlichen Teil des Uigurengebiets war die Situation sogar noch extremer, da die KPCh das Wachstum des *Bingtuan* dekretierte und Wüste und Wildnis mittels äußerst umweltschädlicher Methoden in Ackerflächen verwandelte. Im Jahr 2012 kontrollierte der Han-*Bingtuan* mehr als dreißig Prozent der Anbauflächen auf unserem Territorium sowie einen Großteil seiner Wasserreserven, sodass für uigurische Bauern und Hirten nur noch sehr wenig übrigblieb.

Als sie das alte Konsulat abrissen, war mein Großvater ebenso aufgebracht über die Verwüstungen, die man der Stadt antat, wie darüber, dass man ihn aus seinem Haus vertrieb. »Also zerstören sie sogar ein Haus wie dieses!«, seufzte er und schüttelte den Kopf. »Nur noch weg mit dem alten Plunder, her mit dem Neuen – das ist heute die Devise.«

Zunächst fand ich es toll, meine Großeltern in ihrem hohen Apartmenthaus zu besuchen, aber nach dem Umzug wurde alles anders. Wo in der Mahalla die Türen stets für all unsere Nachbarn offen gestanden hatten – vor allem an den Feiertagen, wenn die Leute kamen, um Bal piranik, die fluffigen Honigkuchen meiner Großmutter, zu probieren –, blieben die Türen im Hochhaus stets verschlossen. Und ich selbst musste nun für den Fall, dass meine Großeltern nicht daheim waren, wenn ich nach der Schule zu ihnen kam, einen Schlüssel um den Hals tragen.

Da mehr Han-Chinesen zuzogen, waren die alten Viertel plötzlich voller Fremder, und das alte Gemeinschaftsgefühl, das die Mahallas verbunden hatte, war verschwunden. Man kannte sich nicht mehr, Fenster wurden vergittert, eiserne Sicherheitstüren eingebaut. Mit den Hochhäusern war das Straßenleben nur noch ein Schatten dessen, was es einmal gewesen war, und die alten Männer, die immer an den Straßenecken in Basarnähe beisammengesessen und Tee getrunken hatten, verzogen sich ins Innere der Häuser. Neue chinesische Restaurants entstanden nun in allen Straßen, doch da sie Schweinefleisch servierten und Gerichte, die nicht halal, also nicht nach den islamischen Reinheitsvorschriften zubereitet waren, sah man nie einen Uiguren dort essen. Die Stadt machte zunehmend den Eindruck, als bestände sie aus zwei verschiedenen Welten.

***

Mit unserem Umzug ins Hochhaus endeten auch die großen Feste meiner Großeltern voller Menschen und Gesang, voller Tanz und Unmengen an Essen und Trinken, bei denen meine Großmutter immer noch ein Gericht und noch eins und noch eins aufgetischt hatte. Was vor allem für die traditionellen Feiertage wie Eid al-Fitr am Ende des Ramadan galt, wenn die Leute vorbeikamen, um zu feiern und ihr köstliches Gebäck zu kosten.

An den Festtagen waren meine Eltern immer besonders glücklich. Jeder konnte sehen, wie tief verbunden sie einander waren, auch wenn meine Mutter meistens in der Küche stand und mein Vater im Wohnzimmer die nicht enden wollende Folge der Gäste und Verwandten begrüßte. Inzwischen sind sie die meiste Zeit ihres Lebens miteinander verheiratet gewesen, aber nicht einmal heute kenne ich die ganze Geschichte ihrer Ehe. Sie galt stets als zu privat, als dass man darüber gesprochen hätte. Wenn ich meine Mutter als Mädchen gefragt habe, wie es denn gewesen sei, als sie beide sich das erste Mal küssten oder mein Vater ihr seinen Heiratsantrag gemacht habe, errötete sie nur. Doch sie verriet mir, dass sie bei ihrer Hochzeit 19, mein Vater 24 gewesen sei. Meine Mutter hatte damals gerade erst begonnen, in einer Apotheke zu arbeiten, und mein Vater war im Regionalmuseum Xinjiang beschäftigt, das bedeutende Objekte der frühen uigurischen Vergangenheit beherbergte.

Meine Eltern wurden beide in Gulja-Stadt im nordwestlichen Teil Ostturkestans geboren, einer Gegend, die damals hauptsächlich von einer blühenden Gemeinschaft von Uiguren und Kasachen bevölkert war. Heute besitzt Gulja mehr als eine halbe Million Einwohner, damals war es noch sehr viel kleiner. Mein Vater, Abdulqeyyum Hoja, wuchs neben einem kleinen Obstgarten auf. Sein Vater verdiente sich seinen Lebensunterhalt mit dem Verkauf der Früchte, die er mit eigenen Händen darin anbaute. Es war ein einfaches Leben, und obwohl sie nicht viel Geld hatten, war die Familie glücklich. Aber die Mutter meines Vaters starb, als er fünfzehn war, und mein Vater wurde nach Ürümchi zur Schule geschickt. Im Überlandbus durch gebirgiges Gelände zur Hauptstadt zu gelangen, dauerte damals drei Tage. Wenige Jahre später studierte mein Vater schon an der Universität Xinjiang, und zwar im ersten offiziellen archäologischen Ausbildungskurs im Uigurengebiet.

Schon als Kinder waren meine Eltern Nachbarn gewesen, obwohl sie es damals nicht wussten. Sie lebten im selben Teil Guljas, doch weil meine Mutter, die man nach einer Wüstenblume Qimangul genannt hatte, sechs Jahre jünger war, bemerkte mein Vater sie nicht einmal. Nach 1958 aber wurde der Vater meiner Mutter zum Direktor des Uigurischen Kunstzentrums in Ürümchi berufen und zog mit seiner Familie in die Hauptstadt. Meine Mutter begann an der Medizinischen Universität Xinjiang in Ürümchi Pharmazie und Medizin zu studieren.

Damals tendierten die Leute dazu, mit anderen aus ihren Heimatstädten zusammenzukommen, die es wie sie in die Hauptstadt verschlagen hatte. So trafen sich auch die Studenten aus Gulja, um zusammen zu essen, Musik zu machen und in Erinnerungen zu schwelgen. Als er meine Mutter zum ersten Mal gesehen habe, behauptet mein Vater, habe er sich auf der Stelle in sie verliebt, weil sie so wunderschön war. Sie hatte langes schwarzes Haar, das ihr wie ein dichter, schwarzer Umhang bis in die Kniekehlen fiel. Die Aufmerksamkeit junger Männer war meine Mutter gewohnt. Mein Vater jedoch – so erzählte sie – habe sie bei ihrer ersten Begegnung derart angestarrt, dass sie ganz nervös geworden sei. Doch mein Vater war auch sehr geschickt auf der Dutar, einem traditionellen langhalsigen Zweisaiteninstrument mit mehr als tausendjähriger Geschichte. Wegen seines musikalischen Talents war er unter den Studenten aus Gulja sehr bekannt, und nach und nach gewann er ihr Vertrauen. Nach mehreren Treffen beschlossen sie, für immer zusammenzubleiben.

Sie waren erst kurz verheiratet, als 1966 die Kulturrevolution begann. Weil die Familie meines Großvaters Zikri al-Pattar hochgebildet war, nahm man sie für eine »Umerziehung« ins Visier. Die Kulturrevolution zerstörte mit voller Absicht in ganz China bildungsbedingte, kulturelle, gemeinschaftliche und familiäre Bindungen. Familien, vor allem solche, die als »antirevolutionär« galten, etwa weil sie Land besaßen, wohlhabend, intellektuell oder in anderer Weise »verdächtig« waren, wurden auseinandergerissen. Kinder wurden ihren Eltern weggenommen, verheiratete Paare getrennt, und das gewöhnliche Leben kam praktisch zum Stillstand. Die Uiguren fanden, dass dieser ganze Aufruhr nur mit den Han und ihrer Kultur zu tun hatte und die Uiguren eigentlich gar nicht betreffen sollte. Doch die politischen Kräfte waren zu stark, als dass man sich ihnen hätte entziehen können, und keine der mehr als fünfzig ethnischen Minderheiten, die die KCh offiziell auswies – von den Tibetern auf der Hochebene des Himalaja bis zu den Hmong in Südwestchina –, entging dem Chaos.

Um die Menschen zu indoktrinieren, nagelte man Wandzeitungen voller Politparolen an öffentliche Anschlagtafeln, und eine gewaltige Massenbewegung zur Zerstörung der traditionellen Kultur setzte ein. In ganz China, auch in unserer Region, gerieten damals die »Vier Alten« unter Beschuss: alte

Denkweisen, alte Kulturen, alte Gewohnheiten und alte Sitten. Eine der damals erlassenen Verordnungen besagte, dass alle Frauen sich die Haare abschneiden mussten. Als meine Mutter das hörte, begann sie zu schluchzen. Das war ein sehr persönlicher Eingriff, zumal gerade die Uiguren besonderen Wert auf langes, schönes Haar legten. Doch es gab kein Entkommen vor diesem Erlass, keine Ausnahme von der neuen Willkür-Regel.

Schließlich bat meine Mutter meinen Vater, ihr die Haare zu schneiden. Sie konnte die Vorstellung, dass ein Fremder es tat, nicht ertragen. Sie saß auf einem Stuhl in ihrer Küche, während mein Vater die Schere schwang. Später erzählte sie mir, er habe Stunden dafür gebraucht. Während er an ihrem seidigen dunklen Haar herumschnippelte, hat meine Mutter ihn zum ersten Mal weinen sehen.

Und dann wurden sie getrennt, so bald nach der Hochzeit, dass sie sich noch kaum ans Zusammenleben gewöhnt hatten. Mein Vater und mein Großvater wurden in die Kohleminen geschickt. Meine Mutter schickte man in die entgegengesetzte Richtung, nach Turpan, eine Kleinstadt zwei Stunden südöstlich von Ürümchi im Tarim-Becken, einer der tiefsten Senken der Erde. Obwohl sie mitten in der Taklamakan-Wüste liegt, ist die Stadt auch eine Oase und berühmt für ihre köstlichen Trauben, die man für den Hausgebrauch trocknet und zu einem Wein namens Museles keltert. Acht lange Jahre hat meine Mutter dort gearbeitet, auch als mein Vater schon längst nach Ürümchi zurückgekehrt war. Wie viele andere getrennte Familien fragten sie sich besorgt, ob sie denn je eine richtige Familie gründen und Kinder bekommen würden. Doch später in diesem ersten Jahr, nachdem Mutter meinen Vater in Ürümchi hatte besuchen können, stellte sie fest, dass sie schwanger war. Fern ihrer Familie und aller Freunde, arbeitete sie als Dorfärztin lange Stunden und häufig bis tief in die Nacht. Nicht lange zuvor hatte sie ihr Studium der Pharmazie beendet, doch da es im Dorf keinen Arzt gab, bot sie auch eine breite Palette medizinischer Leistungen an, einschließlich Entbindung und Geburtshilfe. Vertrauenswürdig jedoch waren laut der Ideologie der Kulturrevolution nur Leute ohne formale Bildung. Obwohl sie also gebildeter war als der übliche »Barfußdoktor«, den die KPCh zur ärztlichen Grundversorgung aufs Land schickte, musste sie dennoch sehr schnell sehr viel dazulernen.

Mein älterer Bruder wurde 1970 in Turpan als Siebenmonatsfrühchen geboren. Meine Mutter nannte ihn Khedirdin. Er war winzig, zerbrechlich und beängstigend blass. Brutkästen oder andere hochentwickelte medizinische Geräte, um Frühgeborene am Leben zu halten, gab es jedoch in den Dörfern damals nicht. Meine Mutter blieb bei ihm, hielt ihn im Arm und bemühte sich verzweifelt, ihn zu wärmen. Sie versuchte, ihn zu stillen, doch er hatte nicht einmal genug Kraft, um richtig zu saugen. Sie spürte, wie er ihr Stunde um Stunde weiter entglitt, und nach ein paar wenigen verzweifelten Tagen starb er in ihren Armen. Er wurde in Turpan begraben.

Danach achtete meine Mutter sehr darauf, bei den seltenen Besuchen meines Vaters keine weitere Schwangerschaft zu riskieren – bis man ihr schließlich erlaubte, nach Ürümchi zurückzukehren.

Jahre später fuhr meine Mutter mit mir in das Dorf, in dem sie zur Zeit der Kulturrevolution gearbeitet hatte. Ich war zehn oder elf und nie zuvor in Turpan gewesen. Es war sehr trocken und heiß, und die Sonne schien besonders hoch am Himmel zu stehen.

Bei unserer Ankunft kamen die Dorfbewohner aus ihren Häusern geströmt und brachten ihre Kinder mit, damit sie meine Mutter kennenlernten. Denn viele der Babys hatte sie, während sie dort lebte, eigenhändig entbunden.

Meine Mutter begrüßte alle wie lang vermisste Familienmitglieder. »Und wie heißt du?«, fragte sie ein Mädchen, das ihr ein Wüstenblumensträußchen überreicht hatte.

»Qimangul«, erwiderte die Kleine und errötete.

»So heiße ich auch«, rief ein anderes Mädchen.

Meine Mutter strahlte sie an.

Ich war völlig perplex. »Apa, warum heißen die denn alle wie du?«

Eine der Frauen ergriff meine Hand. »Weil wir deiner Mutter so dankbar waren für die Arbeit, die sie hier geleistet hat, und es ihr irgendwie zeigen wollten. Also haben wir unsere Töchter nach ihr benannt!«

Und da habe ich wohl zum ersten Mal begriffen, wie viel Respekt sich meine Mutter durch ihren unermüdlichen Einsatz und ihre Freundlichkeit erworben hatte. Nie hatte sie uns von alledem, was sie während der Kulturrevolution erlebt und erlitten hatte, erzählt, sodass ich bis zu meinem Besuch im Dorf nichts über ihr Leben dort wusste. Ihre Freunde im Dorf aber behandelten mich wie eine kleine Prinzessin, schenkten mir Süßigkeiten und machten mir Komplimente zu meinem glänzenden dunklen Haar. Meine Mutter führte mich durchs ganze Dorf und zeigte mir das Krankenhaus, in dem sie gearbeitet hatte, damals, als es noch eine winzige Krankenstation war.

»Ich habe da drinnen viele Babys entbunden«, sagte sie. Dann trübte sich ihr Blick. »Sogar noch, als ich mit deinem älteren Bruder schwanger war. Er fehlt mir immer noch.« Sie seufzte und strich mir übers Haar. »Aber du warst ein solches Gottesgeschenk, Gulchehra. Und so heiß ersehnt.«

Erst als meine Mutter nach dem Ende der Kulturrevolution die Erlaubnis erhielt, wieder nach Ürümchi zu meinem Vater und all ihren Verwandten zurückzukehren, wurde sie erneut schwanger. Und die ganze Familie trug sie auf Händen, wie eine Königin. Aus Angst, sie könnte das Baby verlieren, durfte sie im Haus keinen Handgriff mehr tun. Alle scharten sich um sie, um sicherzustellen, dass diesmal auch wirklich alles klappte.

Die Geschichte meiner Geburt hat mir meine Oma oft geschildert. Meine Eltern waren wegen einer Geburtstagsfeier im Haus eines Freundes. Plötzlich platzte bei meiner Mutter die Fruchtblase, und alles ging so schnell, dass sie ihre gesamten Wehen in dessen Haus durchstehen musste. Statt eines Arztes holten sie eine alte Hebamme mit mehr als dreißig Jahren Erfahrung. Als ich schließlich da war, wusch und reinigte mich die Hebamme und rief: »Sie ist ja so winzig, aber sowas von energisch! Und sie sieht aus wie ein Püppchen!«

Und so gab mir mein Großvater den Namen Gulchehra. Der Name besitzt einen Doppelsinn: er bedeutet Blume, aber auch etwas Schönes, etwas, das hoffen lässt. Es ist ein sehr seltener Name und nicht ganz leicht auszusprechen, auf Deutsch müsste man ihn etwa mit »Gulltschehra« wiedergeben. Ich hätte mir einen normaleren Namen gewünscht, doch meine Großmutter meinte dann immer: »Paperlapapp, der Name passt perfekt zu dir. Du bist unser wunderhübsches Blümchen.« Ich lernte meinen Namen zu schätzen. Während meiner gesamten Schulzeit und sogar an der Uni war ich meines Wissens die einzige Gulchehra weit und breit.

Als ich noch klein war, hütete mein Vater mich wie seinen Augapfel. Er wollte nicht, dass ich allein schlief, sodass er mich im Schlaf in den Armen hielt, bis ihm die Arme nachgaben. Als ich acht Monate alt war, wurde meine Mutter mit meinem jüngeren Bruder erneut schwanger und konnte mich nicht mehr stillen. Damals glaubte man, Ziegenmilch komme der Muttermilch am nächsten. Also schwang sich mein Vater auf seinen schweren schwarzen Drahtesel und radelte allmorgendlich etwa eine Stunde in ein nahegelegenes Dorf, um frische Ziegenmilch für mich zu besorgen. Das tat er, bis ich eineinhalb Jahre zählte, nur damit ich auch wirklich die Chance bekam, groß und stark zu werden.

Ich war ein zartes Kind von etwas zerbrechlicher Konstitution. Wann immer ich Husten oder Bauchweh hatte, machte mein Vater sich schreckliche Sorgen. Er tat alles, scheute keine Mühe, damit ich mich in Sicherheit befand und es mir gut ging.

Als ich sechs Jahre alt war, wurde unser Gebiet von einem Cholera-Ausbruch heimgesucht. Viele unserer Nachbarn erkrankten. Gleichzeitig konnte sich Hepatitis B unkontrolliert in der Region ausbreiten, und ich steckte mich in der Kita damit an. Ich verlor stark an Gewicht und lag monatelang im Krankenhaus. Meine Eltern hatten entsetzliche Angst, mich zu verlieren, wie schon meinen älteren Bruder. Jede freie Minute, die sie nicht arbeiteten oder schliefen, verbrachten sie im Krankenhaus, trösteten mich und sorgten dafür, dass ich die nötige Pflege erhielt.

Tag für Tag nahmen mir die Schwestern Blut ab, machten Tests. Oft weinte ich, wohl ebenso sehr aus Erschöpfung und Angst wie vor Schmerzen. Meine Venen waren so winzig, dass die Schwester, wenn sie eine Infusion legen wollte, in die große Vene an meinem Haaransatz stechen musste. Bewegte ich mich jedoch zu viel, wurde die Kanüle dabei herausgezogen, und sie mussten sie an anderer Stelle wieder hineinstechen. Manchmal hielt mein Vater die ganze Nacht lang meinen Kopf in seinen großen Händen, um sicherzugehen, dass die Nadel an Ort und Stelle blieb.

So bin ich aufgewachsen, im sicheren Wissen, dass meine Eltern mich liebten – und dass ich ringsum von einer starken Gemeinschaft umgeben war.

Manchmal weinte ich schon, wenn ich die Schwestern kommen sah, da ich wusste, dass sie mir etwas antun würden, das ich nicht wollte. Einmal, als ich besonders heftig schluchzte, sagte mein Vater: »Hör zu, kleine Blume. Wenn du lächelst, richtig lächelst, tut es nicht mehr so weh. Glaub mir.«

Ich glaubte alles, was mein Vater mir sagte. Sodass ich in der Folge, wann immer eine Schwester mit einer Nadel auftauchte, lächelte und mir einschärfte: *Es tut nicht weh. Alles gut, es tut überhaupt nicht weh.*

Und noch heute ertappe ich mich dabei, dass ich lächle, wenn ich innerlich aufgewühlt bin. Mein Vater bezeichnete es als »Sonnenschauer« und verglich es mit dem jähen Auftauchen der Sonne zwischen Regenwolken oder den seltenen Regengüssen des Wüstenklimas. Immer lächle ich mich durch den Schmerz. Und jedes Mal, wenn ich während eines Regenschauers den Sonnenschein erblicke, denke ich an meinen Vater.

***

Von meinem Großvater habe ich die Kultur unseres Volkes geerbt, von meinem Vater unsere Geschichte gelernt. Vor seiner Pensionierung war mein Vater ein hochangesehener Archäologe, und das Museum, in dem er arbeitete, mein zweites Zuhause. Von Kindesbeinen an habe ich bei ihm die Kultur und Geschichte meiner uigurischen Heimat aufgesogen. Das Museum beherbergte bedeutende Objekte, unter anderem die Loulan-Mumie, eine Frau aus uralten Zeiten, die sich dank des trockenen Wüstenklimas in der Nähe ihrer einstigen Grabstätte, eines Salzsees, konserviert hatte. Die Gesichtszüge der Mumie und ihre DNA sind indoeuropäisch, nicht chinesisch, ein Hinweis auf den einzigartigen ethnischen Hintergrund der Menschen Ostturkestans. 1980, als mein Vater die Mumie zu untersuchen begann, kam er mit glänzenden Augen nach Hause und erzählte mir: »Heute habe ich deine Urururururururgroßmutter gesehen! Und sie ist wunderschön, genau wie du.«

Eine meiner Tanten war Museumsführerin, und als kleines

Mädchen folgte ich ihr häufig auf Schritt und Tritt, ahmte ihre Gesten nach und hoffte, eines Tages auf ähnliche Weise die Aufmerksamkeit der Menschen fesseln zu können. Jeden Gegenstand im Museum prägte ich mir ein, bis ich ihn auswendig kannte.

Zu dieser Zeit war das Uigurengebiet noch zugänglich für Fremde, und es kamen viele Besucher aus Japan, Hongkong und ganz China in unser Museum. Die KPCh förderte den Tourismus als eine Möglichkeit, Einnahmen und Interesse zu generieren, wobei sie stets den Anspruch der Han auf das Gebiet betonte. Eine Zeitlang war unsere Region ein beliebtes Reiseziel: Abgelegen und wunderschön, voller alter Geschichte und Ruinen, wurde sie nicht zuletzt wegen ihrer einstigen Bedeutung an der Seidenstraße verklärt. Manchmal wollten Touristen Fotos mit mir machen – wohl weil ich mit meinen dunklen Zöpfen, den strahlenden Äuglein und rosigen runden Wangen das perfekte kleine Uigurenmädchen für sie verkörperte. Ich hüpfte meiner Tante hinterher und plapperte ungehemmt und ohne jede Scheu mit den Fremden.

Als ich in die Schule kam, war ich ein extrovertiertes, lebhaftes Kind und fand rasch Freunde. Während der 1970er- und 1980er-Jahre waren die Grundschulen Ürümchis nach Sprachgruppen aufgeteilt, sodass es unterschiedliche Schulen für chinesisch-, uigurisch- und kasachischsprachige Schüler gab. In manchen Gegenden wurden die Schulen auch zusammengefasst: Dann hatten Han-Schüler ihre Klassen auf einer Seite des Gebäudes, wo sie auf Chinesisch unterrichtet wurden, und uigurische Schüler ihre auf der anderen Seite, wo der Unterricht – mit Ausnahme des Pflichtfachs Chinesische Sprache – auf Uigurisch stattfand. Jedes Kind wurde in eine Klasse gesteckt, und jede Klasse bekam einen Lehrer, der alle Fächer von der ersten bis zur fünften Klasse unterrichtete, und dann einen anderen, der sie dann von der sechsten bis zu achten Klasse übernahm. Die Schüler der jeweiligen Kohorten lernten sich so gut kennen, dass sie fast zu einer zweiten Familie füreinander wurden.

Weil ich in der Grundschule gut war, wurde ich aus meinem Viertel ausgewählt, um eine der akademisch anspruchsvollsten Mittelschulen unserer Stadt zu besuchen. Das war zwar eine Ehre, wie meine Eltern gerne betonten, doch es bedeutete auch, dass ich jeden Morgen eine geschlagene Stunde im Bus verbringen musste, um zur Schule zu kommen. Ich musste vor allen anderen in der Familie aufstehen, um mich fertigzumachen und dann die elf Haltestellen vom Museum bis nach Yan'an Lu zurückzulegen, wo sich meine Schule befand. Für ein Kind war das eine Ewigkeit. Die Versuchsschule nahm nur die besten Schüler aus Ürümchi und dem Umland auf, und wie ich bald erfahren sollte, war ich nicht die Einzige, die fleißig lernen konnte. Nach dem ersten chinesischen Sprachtest wurden unsere Ergebnisse an der Tafel ausgehängt – damals kam es nur auf die Noten an –, und mein Name erschien erst ganz am Ende der Liste auf dem 27. Platz.

Chinesisch zu lernen, machte mir keinen Spaß. Es gehört einer völlig anderen Sprachfamilie an als das Uigurische, das eng mit dem Türkischen verwandt ist und eine vom arabischen Alphabet abgeleitete Schrift verwendet. Während Han-Kinder in Ürümchi ihre gesamte Schulzeit absolvieren konnten, ohne je eine der regionalen Sprachen zu erlernen, mussten uigurische Kinder Chinesisch als Fremdsprache pauken. Manche Eltern drängten ihre Kinder, möglichst gut Chinesisch zu lernen, da viele Arbeitsplätze die fließende Beherrschung der Sprache voraussetzten. Besorgungen und Geschäfte im Viertel konnten auf Uigurisch abgewickelt werden, und natürlich sprachen wir zu Hause und in den Basaren und Läden alle Uigurisch, doch wichtigere Angelegenheiten wurden häufig auf Chinesisch verhandelt.

An diesem Abend beichtete ich meinen Eltern beim Essen beschämt mein Testergebnis. Kaisar prustete leise, worauf ich ihm einen Tritt unter dem Tisch versetzte.

Mein Vater gab seiner Enttäuschung mit einem leichten Kopfschütteln Ausdruck. Dann lächelte er leise und meinte: »Verstehe. An deiner alten Schule gab es keine Konkurrenz. Und du hast dich nicht besonders anstrengen müssen, was? Nun ja, dann schau mal, wie weit du an der neuen damit kommst.«

»Bei der nächsten Klassenarbeit schneidest du sicher besser ab«, meinte meine Mutter und fuhr mir beruhigend übers Haar.

»Aber Chinesisch ist langweilig!«, platzte es aus mir heraus.

Meine Eltern sahen sich an.

»Mag ja sein, Gul, und niemand wird von dir oder deinem Bruder verlangen, es zu Hause zu sprechen«, erklärte mein Vater bestimmt. »Aber wir sind mittlerweile von Chinesen umgeben. Wenn du Erfolg haben willst, musst du es können.«

Am Ende des Jahres gehörte ich durchweg zu den zehn Besten meiner Klasse, wenn ich auch nie die Beste war. Diese Ehre gebührte einem Mädchen namens Mukerem. Ihr Vater war ein bekannter Geschäftsmann, und stets kam sie in nagelneuen Kleidern zur Schule. Alles an ihr war zart und präzise: Sie war groß, dünn, ihre Haut weiß wie Sahne. Sie achtete auf peinlich saubere Kleidung, und mich verblüffte, dass nicht mal ihre Socken je schmutzig zu werden schienen. Meine rutschten mir immer runter und waren sofort dreckig, sobald ich in der Pause im Schulhof herumtanzte.

Mir war nicht so wichtig, ob ich Klassenbeste war; ich war mit so vielem anderen beschäftigt. Ich nahm an Gesangsgruppen und Tanzwettbewerben teil und begann sogar, kleine Preise für meine Auftritte einzuheimsen. Ich biss die Zähne zusammen und wurde gut in Chinesisch, doch das einzige Fach, in dem ich wirklich Probleme hatte, war Algebra. Irgendwie kam ich mit den Gleichungen einfach nicht klar, und meine Gedanken schweiften ab zu interessanteren Dingen – zu der Choreografie, die ich gerade einübte, oder einem neuen Song, den eine meiner Freundinnen mir beigebracht hatte.

Eines Nachmittags machte ich bei meiner Großmutter meine Mathe-Hausaufgaben, und bei einem besonders schwierigen Problem knallte ich frustriert meinen Stift in die Ecke.

»Gul, Schätzchen, was hast du denn?«, fragte meine Großmutter.

»Ich hasse Algebra!«, erklärte ich.

»Aber Algebra ist doch ein ganz wunderbares Fach! Wenn du Algebra verstehst, verstehst du auch ganz viele andere Dinge.« Sie setzte sich neben mich. »Zeig mir dein Problem, und wir lösen es gemeinsam.«

Am nächsten Tag nach Schulschluss rief mich mein Mathelehrer zu sich ans Pult. Er galt als einer der strengsten und unsympathischsten Lehrer der Schule. Vor ihm lag meine Mathe-Hausaufgabe und er deutete auf die Zahlen. »Wer hat denn diesmal die Hausaufgabe für dich gemacht, Gulchehra?«

Ich senkte den Blick.

»Es ist deine Handschrift, sicher, aber ich weiß, dass es nicht deine Arbeit ist. Das sind alte deutsche Techniken.«

»Es ist meine Arbeit«, widersprach ich.

Er zog die Braue hoch.

»Aber ich hatte Hilfe«, räumte ich ein. »Von meiner Großmutter.«

Er stand auf. »Bring mich zu ihr.«

Ich fühlte mich miserabel, als wir die paar Blocks von der Schule zur Wohnung meiner Großeltern zurücklegten.

Dort angekommen, klopfte ich, anstatt einfach einzutreten wie sonst.

Meine Großmutter öffnete uns in ihrem üblichen schlichten knöchellangen Kleid und einem schmucklosen Baumwoll-

Hidschab. Als sie den Mann erblickte, schob sie ein paar lose Haarsträhnen unter den Rand ihres Kopftuchs. Sie sah mich an und blinzelte aus ihrer bescheidenen Höhe zu meinem Lehrer hinauf. Dann lachte sie. »Oje, steckst du etwa in Schwierigkeiten?«

Meine Mathelehrer stellte sich vor, und meine Großmutter lud ihn zu Tee und getrockneten Früchten ein. Zu meiner Überraschung saßen sie dann im Wohnzimmer und unterhielten sich wie alte Bekannte. Nach einer Weile langweilte ich mich und haute ab, ich war einfach erleichtert, dass ich nun offenbar nicht mehr mit einer Strafe rechnen musste.

Am nächsten Tag rief mich mein Lehrer ans Pult und meinte: »Weißt du eigentlich, Gulchehra, von wem du abstammst?«

Ich kannte zwar die Namen meiner sämtlichen Großeltern, aber ich war mir nicht sicher, ob er das gemeint hatte, sodass ich nur den Kopf schüttelte.

»Du bist die Urenkelin des ersten Algebra-Lehrers im Uigurengebiet! Hast du gestern aufgepasst, was deine Großmutter mir erzählt hat?«

Ich musste zugeben, dass ich nicht wirklich zugehört hatte. Soweit ich wusste, kochte und putzte meine Oma für meinen Großvater, kümmerte sich um uns Enkel und verbrachte den ganzen Tag in der Küche. Für mich war sie nur eine ganz gewöhnliche Hausfrau.

Er seufzte. »Ihr Kinder habt ja keine Ahnung von eurer eigenen Geschichte. Dein Urgroßvater hat die erste Schule in Gulja gebaut. Er war ein bedeutender Mann. Ende des 19. Jahrhunderts ging er nach Istanbul, um dort Erziehungswissenschaften zu studieren, und brachte so viele deutsche und türkische Bücher mit, wie er nur konnte, um die Kinder hier mit dem neuen Wissen in Berührung zu bringen. Mit diesen Büchern unterrichtete er zunächst seine eigenen fünf Kinder, wobei deine Großmutter vor allem in Algebra und Geografie brillierte. Als ihr Vater dann seine Schule eröffnen konnte, begann sie, die jüngeren Schüler in Algebra zu unterrichten. Was sie zur Mutter all der Mathematiklehrer macht, die nach ihr gekommen sind.« Er schüttelte den Kopf. »Und du sagst, du kannst Mathe nicht leiden! Hör mal auf deine Großmutter und löse die Aufgaben so, wie sie es dir sagt.«

Es dauerte ein paar Tage, doch schließlich nahm ich all meinen Mut zusammen und fragte meine Oma nach ihrer Zeit als Lehrerin. Da sie eigentlich nie über ihre Vergangenheit oder ihr Leben vor meinem Großvater sprach, wusste ich nicht, wie sie darauf reagieren würde.

Langsam ließ sie den Lappen sinken, mit dem sie gerade die Tischplatte abwischte. »Ja, es stimmt, ich habe jahrelang unterrichtet, als ich noch jünger war, an der Schule, die dein Urgroßvater gegründet hat. Die Nijad-Schule. Dein Cousin ist nach ihr benannt. Weißt du, was der Name bedeutet? *Rettung*. Weil nämlich unsere Kultur unsere Rettung ist. Verstehst du?« Sie sah mich ernst an.

Ich nickte.

Es gab so vieles in meiner Familie, von dem ich nichts wusste. Jahre später erfuhr ich, dass mein Urgroßvater auch tausend Hektar Land gekauft hatte, um darauf archäologische Grabungen durchzuführen und womöglich einen der Enkel Dschingis Khans auszubuddeln. Er fand tatsächlich ein Grab, das, wie man annahm, einem von Khans Nachfahren, Tughlugh Timur Khan, gehörte. Und es befand sich auf dem Land unserer Familie, welches allerdings später von kommunistischen Truppen besetzt und noch später in eine Touristenattraktion verwandelt wurde. Wie viele Orte von historischer und kultureller Bedeutung für die Uiguren, wurde es von den chinesischen Behörden beschlagnahmt, um damit Geld zu machen, es propagandistisch auszuschlachten und die Bedeutung des gewaltigen uigurischen Turk-Erbes, für das es steht, herabzusetzen. Mein Urgroßvater wurde von der chinesischen Regierung hingerichtet, weil er ein Befürworter uigurischer Unabhängigkeit und freier Bildung war. In seiner Schule wurden Fächer wie Arabisch, die allgemeine Geschichte des Islam, uigurische Sprache, der Koran, Mathematik, Naturwissenschaften und Kunsthandwerk unterrichtet. In den 1920ern und ein weiteres Mal im Jahr 1934 wurde er von den chinesischen Behörden verhaftet, weil er Uiguren in ihrer eigenen Kultur unterrichtete und als Berater Ehmetjan Qasimis diente, des damaligen Präsidenten der zweiten, 1944 gegründeten Ostturkestanischen Republik. Damals kämpfte meine uigurische Heimat mit Aufständen und militärischen Aktionen um ihre Unabhängigkeit von China. Da die Chinesen damit beschäftigt waren, sich gegenseitig zu bekriegen, gründeten Uiguren, Kasachen und andere Gruppen im Jahr 1933 die erste Ostturkestanische Republik inklusive eigener Verfassung und Armee. Doch im Laufe der nächsten beiden Jahrzehnte gelang es den Han, auf gewaltsamem Wege die Kontrolle über die Region zurückzuerlangen, wobei Hunderttausende von Menschen getötet wurden. Mein Urgroßvater hatte meiner Großmutter viele Bücher und Briefe aus dieser Zeit hinterlassen, die sie in einem großen Holzkoffer versteckt aufbewahrte. Während der Kulturrevolution jedoch, als die Kommunisten jedes Haus durchsuchten und alles von kultureller Bedeutung, das sie finden konnten, zerstörten, waren sie nicht zu retten.

Zu erfahren, wie lange sich meine Familie bereits für Bildung – und nicht nur ihre eigene, sondern die aller Uiguren – stark machte, erweckte in mir den Wunsch, bei allem, was ich mir vornahm, mein Bestes zu geben. Doch trotz meiner Bemühungen, mich hinter meine Bücher zu klemmen, war und blieb es das Tanzen, das mir wirklich am Herzen lag.

Tanz ist im uigurischen Leben allgegenwärtig. Ohne Musik können wir nicht sein; sie ist für unser soziales und emotionales Leben zentral. Jeder Uigure hat mindestens ein Instrument in seinem Haus, meist die Dutar. In uigurischen Wohnungen hängt sie oft an der Wand, wo sie allerdings nur selten Staub ansetzt. Mein Großvater war ein Meister der Dutar, und auch meine Eltern beherrschten sie beide ziemlich gut. Wenn sie sich froh oder deprimiert fühlten oder sich einfach nach dem Essen ein wenig Unterhaltung verschaffen wollten, nahm einer von ihnen sie von der Wand und spielte und sang.

Der Tanz ist die natürliche Begleitung der Musik, die unser Leben erfüllt. Es gibt ein altes uigurisches Sprichwort, demzufolge ein Kind, sobald es spricht, auch singen und, sobald es läuft, auch tanzen kann. Was auf mich mit Sicherheit zutraf.

Nach Beendigung der Mittelschule machte ich die Aufnahmeprüfung für die Oberschule mit künstlerischem Schwerpunkt. Als ich hörte, dass man mich auf der Kunstschule für den Bereich Tanz angenommen hatte, wollte ich nur noch auf diesen Zweig. Professionelle Tänzerin zu werden, erzählte ich meinen Eltern, sei mein größter und sehnlichster Wunsch. Worauf meine Eltern mir nur erwiderten, sie wollten es sich überlegen.

Als mein Großvater von meinen Ambitionen hörte, riet er meinem Vater ab: »Lass sie bloß nicht Tänzerin werden. Sie muss auf eine gute Schule gehen, fleißig lernen und einen vernünftigen Beruf ergreifen.«

Als mir mein Vater seine Entscheidung mitteilte, brach ich prompt in Tränen aus.

»Weine nicht, meine Tochter«, meinte er sanft. »Ich weiß, momentan tut das weh, aber dein Großvater hat recht. Deine Ausbildung hat einfach Vorrang.«

Und so durfte ich nicht aufs musische Gymnasium in Ürümchi, sondern wurde stattdessen auf die Oberschule mit dem höchsten akademischen Anspruch geschickt. Und als mich ein Jahr später eine bekannte Tanzschule in Shanghai einlud, um dort zu studieren, verhinderte mein Vater auch dies. Bei einigen der örtlichen Tanzgruppen ließen meine Eltern mich zwar mitmachen, aber nur, wenn es mich in schulischer Hinsicht nicht beeinträchtigte. Stattdessen hockte ich daheim über meinen Hausaufgaben.

Damals konnte ich das alles nicht verstehen. Tanz und Musik waren doch immer so wichtig für uns Uiguren; Künstler sind hoch angesehen – mein Großvater war der lebende Beweis dafür. Gibt man ihnen auch nur den geringsten Anlass, dann tanzen die Uiguren. Sie tanzen auf Hochzeiten, bei Festen, zu jedem freudigen Anlass. Die Choreografie kann äußerst schwierig sein oder aus Variationen auf einem Thema beruhen, mit komplizierten Schrittfolgen und Rhythmen und anmutigen Armbewegungen. Viele der Tänze ahmen alltägliche Handlungen nach wie das Tragen von Schüsseln oder die Bewegungen von Tieren, und häufig nehmen sie die Form eines Reihentanzes an. Oft gibt es auch formellere Tanzabende und -aufführungen, ob in Gruppen von Männern, Frauen oder als Soloauftritte. Fasziniert verfolgte ich diese Vorführungen, völlig in den Bann geschlagen vom goldenen und roten Gewand der Tänzerin und den präzisen, fließenden Wellenbewegungen der Hände und Arme über ihrem Kopf.

Ich weiß nicht, wie ich es schaffte, meine Noten zu halten, während ich einen Gutteil der Unterrichtsstunden Tagträumen nachhing, in denen ich eine berühmte Tänzerin war. Wenn ich dann aber aufpasste, hörte ich zuweilen Dinge, die ich nicht nachvollziehen konnte, vor allem in der Geschichtsstunde. Ich mochte unseren Lehrer – einen dicken Uiguren mit freundlichen Augen – doch oft stand das, was er sagte, in direktem Widerspruch zu dem, was mein Vater mich gelehrt hatte. In meinem ersten Oberschuljahr erzählte er uns eines Tages unter

Zuhilfenahme des Geschichtsbuchs, wie unsere Leute einst gemeinsam mit den Han und anderen ethnischen Gruppen aus der Mongolei hierhergekommen seien.

Ich hob die Hand. »Wollen Sie damit sagen, dass die Uiguren von den Mongolen abstammen?«

»Wir sind auf Seite 147. Pass einfach auf, Gulchehra.« Geduldig setzte der Lehrer seinen Unterricht fort.

»Aber das stimmt nicht!«, platzte es aus mir heraus. »Wir gehören nicht zur gleichen Ethnie wie die Mongolen. Mein Vater sagt, dass die Uiguren schon immer hier waren, schon seit Jahrtausenden. Wir gehören zu diesem Land, und das Land gehört uns.«

Die Miene meines Lehrers verfinsterte sich. »Komm nach der Stunde zu mir, Gulchehra. Und unterbrich nicht andauernd den Unterricht.«

Mein Gesicht brannte. Aber ich wusste, dass ich recht hatte. Mein Vater hatte es mir von Kindesbeinen an eingetrichtert. Die Uiguren leiteten ihre Ursprünge von einem uralten Reich ab, dessen gut dokumentierte Relikte und Artefakte bis ins 8. oder auch 9. Jahrhundert zurückreichen, und unsere frühesten Vorfahren lassen sich noch ein gutes Stück weiter zurückverfolgen. Aber das stand nicht in unseren von der KPCh kontrollierten Lehrbüchern, und ich fürchtete das, was mein Lehrer mir würde sagen müssen.

Als die Stunde vorbei war, blieb ich auf meinem Platz im verdunkelten Raum sitzen, bis alle anderen Schüler nach Hause gegangen waren. Dann schlurfte ich durch den Gang zum mittlerweile verlassenen Lehrerzimmer.

Er seufzte, als er mich in der Tür stehen sah, winkte mich hinein und schloss die Tür hinter mir.

»Gulchehra, wir alle wissen, dass dein Vater Professor Abdulqeyyum Hoja ist.« Er rieb sich die müden Augen. »Er weiß mehr über die Geschichte der Region als irgendjemand sonst.

Aber was in den Lehrbüchern steht, das steht nun mal da. Wenn du gute Noten, die Prüfungen bestehen und danach eine Zukunft haben willst, dann musst du das lernen, was in den Büchern steht. Wenn du weiter im Unterricht deine Meinung sagen willst, wirst du dir bloß Ärger einhandeln. Und auch deiner Familie Probleme bereiten. Hast du das verstanden?«

Ich nickte. Ich verstand, was er sagte.

Er entließ mich mit einer müde abwinkenden Geste. Als ich den Raum verließ, hörte ich ihn hinter mir sagen: »Aber du darfst die kostbaren Lehren deines Vaters nie vergessen. Merk dir das.«

Während meiner gesamten Schulzeit hörte ich die Worte meines Geschichtslehrers in mir nachhallen. Es gab immer zwei Lehren, die man lernen musste. Es gab das, was in den von der KPCh herausgegebenen Lehrbüchern stand, und dann gab es noch die wahre Geschichte, Literatur und Kultur, die man nur von Leuten wie meinem Vater, bei privaten Zusammenkünften und in leisen Unterhaltungen erfahren konnte. Ich begann sogar Mitleid mit meinen Lehrern zu haben, die in einem System gefangen waren, über das sie keinerlei Kontrolle hatten.

Bald befanden sich meine Klassenkameraden und ich in der Vorbereitung für die *Gaokao*-Prüfung. Das *Gaokao* ist die Hochschulaufnahmeprüfung und nach wie vor die wichtigste Prüfung, der sich ein Schüler im chinesischen Bildungssystem unterziehen muss. Bereits in den 1980ern, als ich zur Schule ging, bestimmte sie, welche Universität man einmal besuchen, und damit auch, welches Leben man einmal führen würde. Der Druck war riesig, und jeder kleine Vorteil konnte gewaltigen Einfluss auf das Endresultat haben.

Kurz vor der Prüfung hörten wir von einem Stipendium, das unsere Schule vergab. Einem Schüler, der durch besondere Leistungen auffiel und für Höheres bestimmt war, sollten zwanzig Zusatzpunkte zum *Gaokao*-Ergebnis gewährt werden. Das war ein gewaltiger Vorteil und konnte den Ausschlag geben, ob man an seiner Traumuniversität landete oder sich mit der zweiten oder dritten Wahl zufriedengeben musste. Die Gewinnerin oder der Gewinner sollte durch Abstimmung unter allen Schülern ermittelt werden.

Zwar war diese Abstimmung geheim, doch angesichts all der lächelnden Mienen und anerkennenden Rippenstöße wurde rasch klar, dass meine Klassenkameraden für mich gestimmt hatten. Eigentlich war unsere Klassenkameradin Mukerem die beste Schülerin mit den besten Noten. Doch da sie sich immer nur für den eigenen Erfolg zu interessieren schien, hatten sich meine Klassenkameraden stattdessen für mich entschieden.

Beflügelt von der Sicherheit meiner zwanzig Extrapunkte, ging ich zuversichtlich in die *Gaokao*. Die Prüfung dauerte insgesamt mörderische neun Stunden an zwei aufeinanderfolgenden Tagen, und am Ende war ich so müde, dass ich am liebsten eine Woche im Bett geblieben wäre. Doch aufgrund einiger lokaler Wettbewerbe hatte das Bildungsbüro Xinjiang mich dazu ausersehen, als Teil einer Show von »ethnischen Studenten« nach Beijing zu reisen, um singend und tanzend durch fünf Städte zu touren. Ich sollte die Schülergruppe aus dem Uigurengebiet anführen und vor chinesischen Bürgern auftreten, von denen viele noch nie einen Uiguren zu Gesicht bekommen hatten, von dessen Kultur ganz zu schweigen. Durch unseren Auftritt und indem wir gewöhnlichen Han-Bürgern die Schönheit und Kraft unserer Musik- und Tanztradition zeigten – so dachte ich –, würden sie den Wert unserer eigenen uralten Kultur vielleicht besser begreifen. Meine Eltern ließen mich, trotz offenkundiger Bedenken, widerwillig ziehen.

Bei meiner Ankunft in Beijing konnte ich nicht glauben, was für eine riesige und pulsierende Stadt das war. Es war das erste Mal, dass ich außerhalb des Uigurengebiets verreiste, und da waren so viele Autos und Busse, so viele Gebäude und Menschen. Und viele dieser Leute schienen mich anzustarren. Zum ersten Mal merkte ich, dass ich anders war. Mein Gesicht war anders geschnitten als ihre; mein dichtes welliges Haar unterschied sich von ihrem; und sogar meine Bewegungen wirkten anders als ihre. Aus jeder Gruppe hätte man mich sofort herausgreifen können. Außerdem fürchtete ich, nichts zu essen zu finden, das halal war – was im Uigurengebiet natürlich kein Problem darstellte, wo die korrekte Zubereitung des Essens als Selbstverständlichkeit galt. Mit Ausnahme meiner Großmutter war meine Familie nicht besonders religiös, doch wir betrachteten unsere muslimische Identität als etwas Gegebenes; sie war fest mit unserer Gemeinschaft verwoben. Jahr für Jahr begingen wir die beiden großen islamischen Feiertage – Ramadan und Eid ul-Adha, das Opferfest –, doch ansonsten vermieden es meine Eltern, über Religion zu sprechen. Und dennoch erinnerten sie mich und meinen Bruder ständig daran, dass wir Muslime waren und nur Speisen essen durften, die halal waren.

»Allah hat euch halal, hat euch rein erschaffen, und das müsst ihr bleiben, indem ihr nur Essen zu euch nehmt, das halal ist«, erzählte mein Vater immer wieder.

In Beijing schaffte ich das, indem ich hauptsächlich Reis und *Mantou* aß, ungefüllte gedämpfte Brötchen aus geschmacklosem weißem Mehl. Der Aufenthalt in Beijing war bei all den Herausforderungen, mich mit Unvertrautem zu arrangieren, wie eine Reise durch ein fremdes Land. Gleichzeitig empfand ich es als meine Pflicht, mich als »vorbildliche Minderheitenangehörige« zu präsentieren und jedem, dem ich begegnete, das Beste der uigurischen Kultur zu zeigen. Sogar als ein Chinese über den Mittelgang eines Busses zu mir herüberschielte und fragte, »Hey, Mädel, reitet ihr eigentlich noch mit dem Kamel zur Schule?«, versuchte ich liebenswürdig zu bleiben.

Doch von alledem einmal abgesehen, war ich beschwingt und aufgekratzt, auf der Bühne zu stehen, vor großem Publikum, und begeisterte Beifallsstürme zu ernten. Es war eine rasante Tour voller Auftritte und Sightseeing und ständigem Unterwegssein im Bus. Und die Bühne war für mich genau der Ort, an dem ich sein wollte.

Drei Tage und drei Nächte dauerte es, um wieder ins Uigurengebiet zu gelangen, und Beijing verschwand hinter mir wie eine ferne Welt, die ich womöglich nur geträumt hatte. Als ich auf dem heimatlichen Bahnhof eintraf, stachen mir plötzlich all die farbenfrohen Kopftücher der Frauen ins Auge. Da waren die Männer vor der Moschee jenseits der belebten Straße, die für eins ihrer fünf täglichen Gebete die Gebetsteppiche vor sich ausrollten. Aus der vollkommen säkulären Welt Beijings zurückkehrend empfand ich den Kontrast heftig. Ich holte tief Luft und spürte, dass ich mich zum ersten Mal seit meiner Abreise entspannte.

Das verlor sich jedoch, sobald ich meinen Vater entdeckte. Seine Miene war grimmig, als er mich begrüßte und meine Taschen aufhob. Auf meine Frage, was denn los sei, meinte er nur, darüber würden wir zu Hause reden. Mir wurde mulmig; und mich beschlich eine schreckliche Ahnung.

Während der gesamtem Heimfahrt im Bus mied er meinen Blick. Als ich das Haus betrat, sah ich, dass meine Mutter geweint hatte.

»Ist es wegen des *Gaokao*?«, platzte ich heraus, sobald ich im Haus war.

Meine Mutter zog mich in ihre Arme. »Deine Noten waren leider nicht so, wie wir es uns erhofft hatten.«

Sprachlos sank ich auf die Couch.

Mein Vater war stinksauer. »Das *Gaokao* ist deine einzige Chance auf eine bessere Zukunft, Gul. Das weißt du doch! Wenn du im *Gaokao* versagst, bist du erledigt. Dann gibt es keinen guten Job, kein bürgerliches Leben mehr für dich, keine bequeme Sicherheit als Erwachsene. Wer von vornherein schlechte Karten hat, für den ist Bildung der einzige Weg zum Erfolg.«

»Wir wissen, dass du an die Literatur-Fakultät der Universität Xinjiang gehen wolltest«, sagte meine Mutter etwas sanfter. »Aber dazu fehlen dir zehn Punkte.« Sie reichte mir den Brief mit den Ergebnissen.

Ich spürte, wie mir die Tränen in die Augen schossen. Auch wenn ich mir nicht ganz sicher war, was ich mit meinem Leben anfangen wollte, wusste ich, dass es etwas sein musste, das mit Schreiben oder Kunst zu tun hatte, und das Literaturstudium hatte mich mehr gereizt als alles andere. Nun aber hatte ich keine Ahnung, was ich tun sollte. »Wo haben sie mich denn angenommen?«

»In der Fakultät für Chinesische Sprache an der *Xinjiang Normal University*.«

»Die Pädagogische Hochschule! Ich will keine stinknormale Lehrerin werden und für den Rest meines Lebens an einer Mittelschule versauern.«

»Gul«, sagte mein Vater scharf. »Jede Uni ist besser als gar keine Chance. Verstehst du?«

Ich nickte traurig. Ich war zu enttäuscht, brachte kein Wort heraus. Ich starrte auf das Papier in meiner Hand und sah die Aufschlüsselung der Punkte für jeden Teil der Prüfung. Dann blickte ich auf. »Aber wo sind denn die zwanzig Extrapunkte? Das Stipendium!«

Mein Vater schüttelte langsam den Kopf. »Nein, Gul, du hast das Stipendium nicht bekommen. Deine Freundin Mukerem hat es gekriegt. Die Schule hat es gestern bekannt gegeben.«

»Aber meine Klassenkameraden haben doch für mich gestimmt.«

»Manchmal laufen die Dinge halt nicht so, wie wir uns das vorstellen, Tochter.« Mein Vater tätschelte mir die Wange. »Das ist nicht das Ende der Welt. Wenigstens hat dich ja die Normal University genommen.«

Bald stellte ich dann fest, dass mehrere meiner besten Freunde es auf die Universität Xinjiang geschafft hatten, die Spitzenhochschule in unserer Region. Ihnen sagen zu müssen, dass ich nur auf die Pädagogische Hochschule gehen würde, war mir peinlich. Es war nicht das, wofür ich all die Jahre geackert hatte. Dennoch ging ich mit, als meine Freunde sich zum Feiern trafen. Und trotz meiner eigenen Enttäuschung freute ich mich für sie.

Während wir zusammenhockten, aßen und redeten, gestand ich ihnen schließlich, wie mir zumute war. »Ich dachte eigentlich, es müsste hinhauen, aber offenbar habe ich doch nicht genug gelernt.«

»Na ja, falls es dich tröstet, Mukerem ist auch nicht glücklicher als du«, erzählte mir eine meiner Klassenkameradinnen.

»Man schickt sie jetzt auf die Universität für Ethnische Minderheiten in Beijing!«

»Ich habe sie erst vorgestern im Flur heulen sehen«, sagte eines der Mädchen. »Ihre Mutter ist derart aufgelöst, dass sie seit Tagen nicht mehr aus dem Bett kommt.«

Ich konnte verstehen, warum Mukerem nicht nach Beijing wollte. Sie würde dort völlig isoliert sein. »Bringen wir ihrer Mutter doch ein kleines Geschenk vorbei!«, meinte ich. »Irgendetwas, damit sie sich ein bisschen besser fühlt.«

Meine Freundinnen sahen sich an.

»Was denn?«, fragte ich.

»Weißt du es denn nicht?«, meinte eines der Mädchen. Sie beugte sich zu mir herüber, und unsere Gruppe steckte über dem Tisch die Köpfe zusammen. »Wir haben gehört, dass Mukerems Vater, während du in Beijing warst, zur Schule gegangen ist und dem Direktor Geld angeboten hat, falls das Stipendium an Mukerem ginge.«

»Und der hat es gemacht«, fügte ein anderes Mädchen hinzu. »Er hat deinen Namen auf dem Zeugnis durch den von Mukerem ersetzt.«

Ich war schockiert, aber ich schüttelte bloß den Kopf und sagte: »Und was hat es ihr nun eingebracht? Kommt, statten wir ihren Eltern einen Besuch ab und schauen wir, ob ihre Mutter was braucht.«

Wie der Zufall es wollte, entpuppte sich der Besuch der Pädagogischen Hochschule dann doch nicht als Vollkatastrophe. Vielmehr führte er auf direktem Wege zu einer Chance, wie sie sich einem nur einmal im Leben bietet.

***

Nur wenige Wochen nach Beginn meines ersten Studienjahres nahm ich an einem populären überregionalen Studententanzwettbewerb teil und holte den ersten Preis. Es war das erste Mal in der Geschichte der Hochschule, dass eine ihrer Studentinnen den ersten Preis gewann, und ein Ereignis, das mich unter meinen Kommilitonen schlagartig berühmt machte. Auf einmal schien jeder auf dem Unigelände zu wissen, wer ich war, und der Studentenverband wählte mich zur Studentenführerin in den Geisteswissenschaften. Auf diese Weise lernte ich viele andere Studenten kennen, unter anderem Nadire, die zusammen mit einem aufgeweckten Mädchen namens Mehray rasch zu einer meiner zwei besten Freundinnen wurde. Die meisten Studenten waren Uiguren, doch es gab auch eine Handvoll Tadschiken und Kasachen. Die kleine Gruppe der Han-Studenten wurde in eigenen Klassen zusammengefasst, sodass wir nicht viel von ihnen mitbekamen. Und nur die wenigen Uiguren, die von rein chinesischsprachigen Oberschulen kamen, wurden mit den Han-Studenten zusammen unterrichtet.

Eines Tages, etwa einen Monat nach Semesterbeginn, radelte ich kurz zu Nadire, um mir ein Lehrbuch auszuleihen. Auf mein Klopfen öffnete ein junger Mann.

»Ist Nadire zuhause?« Er starrte mich aus intensiven braunen Augen an, was mich seltsam berührte, doch ich bemühte mich, möglichst normal zu sprechen.

»Sie ist nicht da«, erwiderte er.

»Wann kommt sie denn wieder zurück?«

Er zuckte die Achseln. »Keine Ahnung.«

»Ich heiße Gulchehra. Sag ihr bitte, dass ich da war.«

»Ich bin Elzat«, erwiderte er und rührte sich nicht von der Stelle. Sein Blick schien sich direkt in die Tiefen meiner Seele zu bohren. »Wir werden uns sicherlich öfter sehen.«

Während ich davonfuhr, spürte ich irgendwie, dass er immer noch in diesem Türrahmen stand und mir nachsah.

Einige Monate vergingen, und nach und nach erprobten wir Erstsemester unsere neue Freiheit. In der Schule hatte man einer Person des anderen Geschlechts seine Zuneigung nicht zeigen dürfen. Jede Art des Datings wurde sowohl von Seiten der Schule als auch der Eltern missbilligt. An der Universität jedoch war das alles entspannter. In einer überwiegend muslimischen Kultur war vorehelicher Sex zwar verpönt, doch Jungen und Mädchen konnten sich auf Partys treffen oder sogar zusammen ins Kino oder spazieren gehen. Obwohl ich immer noch oft zu Hause war, wohnte ich offiziell mit sieben anderen Mädchen in einem Studentenwohnheim. An den Abenden waren die anderen Mädchen ständig weg, um sich Filme anzuschauen oder mit einem Jungen essen zu gehen. Einige sah ich fast nie, sie waren immer auf dem Sprung.

Oft war ich die Einzige, die allein in unserem Wohnheimzimmer zurückblieb. Ich kapierte einfach nicht, warum ich so unbeliebt war. Keiner der Jungs wollte auch nur einen Satz mit mir wechseln. Lange Abende verbrachte ich damit, in den Spiegel zu starren, mein Aussehen zu befragen und mich zu wundern, warum keiner mich mochte. Gab es vielleicht an meiner Kleidung etwas auszusetzen, oder an meiner Ausdrucksweise? Obwohl die meisten Mädchen auf dem Campus nett zu mir waren, schienen mich die Jungs zu meiden wie die Pest.

Der Einzige, der, so wie es aussah, unbefangen mit mir reden konnte, war Abdul, ein Student aus Hotan, einer Stadt weit weg von Ürümchi im Südwesten des Uigurengebiets. In den meisten Teilen der Uigurenregion hatten die Schulen, anders als in Ürümchi, keine chinesischen Muttersprachler als Sprachlehrer, sodass die Sprechfähigkeit ihrer Schüler nicht dem universitären Niveau entsprach. Um den Rückstand aufzuholen, bekam jeder von ihnen einen Studenten aus der Ürümchi als Tutor zugeteilt. Und mich hatte man mit Abdul zusammengespannt.

Abdul war ein schüchterner, lieber Junge, der studierte, um später Uigurisch-Lehrer zu werden. Wir trafen uns oft, und er machte rasche Fortschritte. Wir wurden gute Freunde. Ich mochte seine sanfte Art, und die Geschichten über meine städtische Kindheit und Jugend schienen ihn total zu faszinieren. Sogar das Parfüm, das ich trug, begeisterte ihn, ein Duft, den mir meine Mutter geschenkt hatte. Wenn wir miteinander lernten, sog er manchmal den Atem ein und seufzte: »Du riechst wie meine Heimat.«

»Was meinst du damit?«

»Rosen. Ich bin in einem Dorf voller Rosen aufgewachsen. Wir züchten sie, um daraus Rosenöl zu gewinnen. Du riechst wie eine Sommerbrise.«

Ich lachte bloß und wandte mich wieder unserem Lehrbuch zu. Ich wusste, dass er ein Mädchen hatte, das im Dorf auf ihn wartete, und dass er zu den Männern gehörte, die zu ihrer Verantwortung stehen.

Abgesehen von Abdul traf ich rein zufällig hin und wieder einige der Jungs, mit denen ich die Oberschule besucht hatte und die ebenfalls auf der Pädagogischen Hochschule gelandet waren. Eines Tages entdeckte ich, während ich den Campus überquerte, einen alten Freund von mir und winkte ihm zu.

»Gul!«, rief er. »Komm doch mit mir mittagessen!«

Ich ging mit ihm in die Cafeteria, und wir aßen und quatschten wie früher.

Dann beugte er sich zu mir vor und meinte: »Alle reden über den Kerl, den du datest. Er ist ja nicht mal Student, sondern unterrichtet an einer anderen Uni.«

»Welchen Kerl? Ich hatte noch nicht mal eine Verabredung, seit ich hier bin!« Es irritierte mich und machte mich rasend, dass man solchen Klatsch über mich verbreitete.

Einige Tage später, als ich vom Campus nach Hause radelte, überholte mich ein Fahrradfahrer. Er wandte den Kopf nach mir um, um mich zu grüßen, und verlangsamte sein Tempo, sodass er nun neben mir in die Pedale trat.

»Wohnst du nicht im Studentenheim?«, fragte er unvermittelt.

»Entschuldigung, aber kenne ich dich?«

»Ich bin Elzat«, erwiderte er. »Nadires Bruder. Wir sind uns schon mal begegnet.«

»Ich erinnere mich.« Und dann schoss mir ein Gedanke durch den Kopf. Er gab sich so vertraut, aber ich hätte ihn fast nicht wiedererkannt.

Ich begann, schneller zu fahren. Er blieb an meiner Seite. Keuchend beschloss ich, eine unerwartete Wende hinzulegen, um ihn vielleicht auf diese Weise abzuschütteln, doch er hielt mühelos mit mir mit.

»Warum biegst du denn hier ab?«, rief er. »Du wohnst doch in dieser Richtung.«

Ich bremste scharf ab und brachte mein Rad zum Stehen. »Warum folgst du mir?«

Verwirrt sah er mich an. »Ich folge dir nicht.«

»Warum warst du dann zufällig gerade an dieser Ecke, als ich vorbeigekommen bin? Und wie kommt's, dass du einfach so neben mir herfährst?«

»Ich habe früher hier studiert. Letztes Jahr habe ich meinen Abschluss gemacht und unterrichte jetzt an der Technischen Hochschule. Ich war gerade auf dem Campus, um Freunde zu besuchen.«

Ich entschied, dass Angriff die beste Verteidigung war. »Ich habe gehört, dass Gerüchte über mich kursieren … dass ich mich mit Mann treffe, der älter ist als ich. Weißt du etwas davon?«

Das schien ihn nun doch zu treffen. Er errötete zart und rieb sich das Kinn. »Ich äh … zu Semesterbeginn haben alle Typen beim Fußballtraining über ein neues Mädchen auf dem Campus geredet. Du hast keine Ahnung, was für Sachen die sagen! Als ich merkte, dass du die Freundin meiner kleinen Schwester bist, wollte ich dich einfach beschützen. Nichts weiter. Ich habe ihnen nur gesagt, dass sie von einem Mädchen namens Gulchehra die Finger lassen sollen, weil sie schon vergeben ist. Ich habe das nicht so gemeint.«

»Mein Schutz geht dich überhaupt nichts an«, protestierte ich – wutschnaubend angesichts seiner Dreistigkeit.

»Hör mal, du kennst die Uni noch nicht, ich schon. Ich weiß, wie Jungs ticken. Ich hab nur diese Fußballer gehört und reagiert wie ein großer Bruder. Kannst du mir nochmal verzeihen?« Er lächelte schief, und ich wurde ein wenig weicher.

»Hör einfach auf, mir zu folgen«, erwiderte ich und fuhr, noch ehe er antworten konnte, auf meinem Fahrrad davon.

Danach sah ich ihn eine Weile nicht mehr. Wir alle verbrachten unsere Winterferien zu Hause, und als ich zurückkam, hatte ich ihn schon fast vergessen. Abgesehen davon, nahm mein Leben zu dieser Zeit eine überraschende Wende.

***

Eines Tages mitten im Frühjahrstrimester kam der Dekan des Fachbereichs Chinesisch an die Tür meines Literaturseminars.

»Gulchehra, kommen Sie mit!« Er winkte ungeduldig.

Ich klaubte meine Bücher zusammen und verließ mit hochrotem Kopf den Raum, während ich fieberhaft überlegte, was ich wohl jetzt wieder ausgefressen hatte. Doch als ich auf dem Flur stand, merkte ich, dass der Dekan gar nicht sauer war, sondern erfreut.

»Ich habe da einen Regisseur in meinem Büro, der extra aus Beijing angereist ist. Er und seine Mitarbeiter suchen Schauspieler und würden dich gerne kennenlernen. Komm doch bitte mit.«

Ich folgte ihm in sein Büro, wo vier Uiguren in Anzügen warteten. Mit Erstaunen stellte ich fest, dass sie auch einen Han-Chinesen dabeihatten. Als wir ins Zimmer traten, erhoben sie sich und begrüßten mich höflich.

Einer der Uiguren sagte zu mir: »Wir sind gekommen, um Leute für einen Film über Amanisahan zu casten. Wir haben Sie im Fernsehen bei diesem Studentenwettbewerb tanzen sehen und uns gedacht, vielleicht hätten Sie ja Lust, für einen Komparsenjob vorzutanzen.«

Ich spitzte die Ohren. Durch meinen Vater wusste ich ein wenig über Amanisahan Bescheid. Für uns Uiguren war sie eine sehr wichtige Figur, weil sie im 16. Jahrhundert die Zwölf Muqam – die Grundlage aller traditionellen uigurischen Musik – gesammelt hatte. Sie war im uigurischen Gebiet umhergereist, hatte verschiedenen Musikern gelauscht, die die bekannten regionalen Melodien vortrugen, ihre Musik transkribiert und dann die unterschiedlichen Versionen zu zwölf großen repräsentativen Musikstücken zusammengestellt. Vor ihr war nie jemand auf den Gedanken gekommen, hatte nie einer versucht, die unverwechselbare Musik der verschiedenen Regionen herauszudestillieren und sie durch die Niederschrift zu bewahren. Wenn jemand einen Film verdient hatte, dann sie.

»Haben Sie schon mal in einem Film mitgewirkt? Oder im Fernsehen?«

Ich spürte, wie sie mich prüfend musterten, während ich ihnen von den Aufführungen erzählte, an denen ich mitgewirkt hatte. »Ich war zwar an vielen künstlerischen Projekten beteiligt, habe aber noch nie in einem Film mitgewirkt. Aber ich lerne schnell.«

Dann ergriff der Chinese zum ersten Mal das Wort. Später erfuhr ich, dass er der Filmregisseur Wang Xingjun war. Damals sammelte er seine ersten Erfahrungen als Regisseur, hatte jedoch bereits in mehreren bekannten Filmen mitgespielt und sollte auch noch in diversen Regie führen. »Komm doch morgen zum Vorsprechen vorbei«, meinte er. Er winkte einem der uigurischen Männer. »Gebt ihr die Adresse.«

Auf dem Rückweg zum Studentenheim dachte ich darüber nach. Mein Vater würde nicht begeistert sein, wenn er von dem Vorsprechen erführe. Ich beschloss, meinen Eltern nichts davon zu erzählen. Ich würde allein hingehen.

Als ich im Hotel, in dem das Casting stattfinden sollte, eintraf, entdeckte ich in der Menge sofort diverse Stars des uigurischen Kinos. Vielleicht waren sie im übrigen China nicht sonderlich bekannt, doch jedem Uiguren waren ihre Gesichter vertraut. Es schien, als hätten die Filmemacher die schönsten Menschen der Region hier versammelt, und mir war deutlich bewusst, dass ich nicht dazugehörte. Ich war direkt aus einem Tanzkurs ins Hotel geeilt, trug immer noch Turnschuhe und Trainingszeug. Und mit meinen schlampig geflochtenen Zöpfen und dem ungeschminkten Gesicht sah ich sicher sehr jung aus.

Schließlich wurde meine Nummer, die 641, aufgerufen, und man bat mich nach vorn. Mehr als sechshundert Leute hatten sich in dieser Woche bereits vorgestellt.

Nervös drehte ich mich um und sah mich dem langen Tisch gegenüber. Zehn Leute saßen dahinter und starrten mich an.

Mein Herz klopfte so laut, dass ich mir sicher war, sie müssten es hören.

Einer der Männer blickte auf ein vor ihm liegendes Blatt Papier. »Können Sie uns vielleicht etwas vorsingen?«

»Ich kann etwas aus dem Nava Muqam vortragen.«

»Dann kennen Sie also die Zwölf Muqam?«, fragte, offenbar erstaunt, einer der anderen Männer.

»Nicht alle«, räumte ich ein. »Einige aber schon.« Ich dachte an meinen Großvater, wie er, als ich noch klein war, auf seinen vielen Musikfesten seine Kompositionen vorgetragen hatte. Beim Anstimmen der Melodie musste ich an meine Familie denken, und Kindheitserinnerungen überschwemmten mich. Ich sang voller Inbrunst.

Danach – während der letzte Ton noch durch den Raum hallte – trat eine kurze Stille ein. Die Akustik hatte meiner Stimme einen vollen und klaren Klang verliehen, und plötzlich hatte ich das Gefühl, dass ich vielleicht doch eine Chance haben könnte, als Statistin mitzuwirken.

Am nächsten Tag begann eine weitere Vorsprechrunde. Jede der eingeladenen Schauspielerinnen wurde mit einem männlichen Darsteller zusammengespannt und musste mit ihm Dialoge lesen. Es war ein aufregendes, anstrengendes Verfahren, durch das das Feld der Anwärterinnen im Laufe der nächsten

Wochen auf lediglich eine Handvoll eingegrenzt werden würde. Alle paar Tage rannte ich von meinen Kursen zum Vorsprechen und weihte nicht einmal Mehray oder Nadire in meine Pläne ein. Es fühlte sich an, als ob ich zum ersten Mal im Leben ein großes Geheimnis hätte.

Eines Nachmittags wurde ich nach einem besonders aufreibenden Vorsprechen ins Büro des Regisseurs gerufen.

Wang Xingjun saß am Schreibtisch, hatte einen großen Aktenordner vor sich liegen. »Gulchehra, Sie sind eine von drei Kandidatinnen, die wir uns für die Hauptrolle unseres Films vorstellen können«, erklärte er. »Heute ist unser letzter Probetag, und wir haben das ganze Produktionsteam hier, um dabei zuzusehen. Heute Abend werden wir unsere endgültige Entscheidung treffen.«

Die Neuigkeit, dass ich Chancen auf die Hauptrolle hatte, war ein Schock. Ich dachte, es ginge noch immer um eine Nebenrolle. Ich konnte nicht glauben, dass ich so weit gekommen war. Ich bat, als Letzte vorsprechen zu dürfen, damit ich beobachten konnte, wie richtige Schauspielerinnen an die Sache herangingen. Während ich den Profis auf der improvisierten Vorsprechbühne zuschaute, wo sie so selbstsicher sangen und spielten, fühlte ich mich völlig deklassiert.

Als ich an der Reihe war, stieg ich langsam auf die Bühne. »Ehrlich gesagt weiß ich eigentlich gar nicht, warum ich hier bin«, begann ich nervös. »Aber ich möchte, dass Sie wissen, dass ich liebe, was Sie da planen und erschaffen wollen. Die Zwölf Muqam sind für die Uiguren die wichtigsten Musikstücke; sie bilden die Grundlage unserer Musik und zu großen Teilen auch unserer Kultur. Die uigurische Musik liegt mir im Blut. Mein Großvater ist selbst Musiker und Lehrer der Muqam. Ich wäre sehr stolz, Teil eines solchen Projekts zu sein.«

Wang Xingjun wandte sich an einen seiner Assistenten. »Moment mal, wer ist dieses Mädchen?«, fragte er und reckte das Kinn. Dann blickte er wieder auf mich. »Wie heißt denn Ihr Großvater?«

»Mein Großvater ist Zikri al-Pattar, der Musiker und Komponist.«

Die Uiguren am Tisch tauschten Blicke. Einer von ihnen beugte sich zu Wang Xingjun hinüber und sagte: »Guls Großvater hat sämtliche Zwölf Muqam aufgenommen; seine Versionen der Muqam sind die, die wir heute kennen.«

Wang Xingjun winkte ab. »Ihr anderen könnt gehen. Gulchehra, Sie bleiben.«

Ich stand vor ihnen, während sie mich mit weiteren Fragen bombardierten. Dann testeten sie meine Sprechstimme, wie weit sie trug und wie deutlich ich artikulierte, und ließen mich ein weiteres Mal singen. Sie erkundigten sich nach meiner musikalischen Ausbildung.

»Die jungen Leute hören keine traditionelle Musik mehr«, meinte einer der uigurischen Produzenten. »Wie kommt es, dass Sie so viel darüber wissen?«

»Ich mag auch Popmusik. Aber in meiner Familie geht traditionelle Kultur über alles. Unsere Kultur kann nicht überleben, wenn sich die Leute nicht darum kümmern. Die Muqam, die alten Musikstile, die traditionellen Tänze – damit bin ich aufgewachsen. Es ist ein Teil von mir.«

Wang Xingjun hatte sich bequem in seinem Stuhl zurückgelehnt, doch plötzlich richtete er sich auf. Er starrte mich an. »Du«, erklärte er, »du bist die Amanisahan unserer Zeit. Du bist es.«

Mir stockte fast das Herz. Und dann platzte ich mit dem Ersten heraus, das mir in den Sinn kam: »Ich muss mit meinem Vater reden!«

Ich hatte meinen Eltern nicht einmal von den Vorsprechproben zu dem Film erzählt, und schon gar nicht, dass ich von der Hauptrolle träumte. Ich hatte keine Ahnung, wie sie reagieren würden, wenn sie davon erfuhren. Ich erinnerte mich noch lebhaft an ihre Reaktion, als ich auf die Kunst-Oberschule gewollt hatte. Ich war mir ganz und gar nicht sicher, ob sie mir erlauben würden, das Studium zu unterbrechen, um einen Film zu drehen.

»Okay, geh nach Hause und sprich mit deinen Eltern«, meinte Wang Xingjun. »Und morgen früh rufst du mich an und sagst uns, wie du dich entschieden hast. Aber lass die Gelegenheit nicht verstreichen, Gulchehra. Sie kommt nicht wieder.«

Auf der Heimfahrt im Bus dachte ich darüber nach, wie ich meinen Eltern von der Film-Sache erzählen konnte, damit sie mich machen ließen. Im Kopf spielte ich durch, welchen Verlauf das Gespräch nehmen könnte, bis mir schwindlig wurde. Nur eines aber wusste ich: dass ich Teil dieses Films sein wollte. Mein Großvater hatte geholfen, die Zwölf Muqam durch das stürmische 20. Jahrhundert hindurch zu bewahren. Nun wollte ich, wenn es irgendwie ging, dazu beitragen, seine Arbeit ins nächste Jahrhundert zu retten.

Mein Vater saß in seinem Lieblingssessel, als ich nach Hause kam, und las die Zeitung. Sobald ich ihn erblickte, verflüchtigten sich alle vorbereiteten Sätze aus meinem Kopf.

»Ich muss mit dir reden, Dada.«

Beiläufig blätterte er eine Seite um. »Okay, Liebes. Sprich.«

Ich schlug die Augen nieder, und mein Blick fiel auf eine Schlagzeile in seiner Zeitung: *Drehbeginn zu Amanisahan-Film noch in diesem Jahr.* »Eigentlich, geht es um das da«, sagte ich und deutete darauf.

Ich schluckte schwer.

Mit einem Seufzer ließ er die Zeitung sinken und zog die Braue hoch.

»Amanisahan, oder was? Sie hat die Zwölf Muqam gerettet,

erinnerst du dich? Offensichtlich wollen sie einen Film über sie drehen.« Er begann mir den Artikel vorzulesen.

»Ja, ich weiß, Dada«, unterbrach ich ihn.

»Der Film soll auf einem Buch von Saifuddin Azizi basieren. Dein Großvater hat ihn gekannt. Er ist ein *guter Genosse*.«

Ich schluckte. Ich wusste, dass das ein Ausdruck für einen Uiguren war, der sich an die Han verkauft hatte. Ich merkte schon, wie mein Vater zu einem längeren Geschichtsvortrag ansetzte, sodass ich hastig sagte: »Ich glaube … ich glaube, ich werde die Amanisahan spielen!«

Er musterte mich genauer. »Auf was hast du dich da wieder eingelassen, Gul?«

»Vor ein paar Monaten kamen Leute an die Uni und haben mich gebeten, vorzusprechen. Ich habe keine Sekunde damit gerechnet, auch nur eine Chance zu haben. Aber … aber am Ende haben sie sich für mich entschieden.«

Einen Moment lang schwieg mein Vater. »Tochter, zuallererst einmal bist du Studentin. Das scheinst du immer wieder zu vergessen. Nein, das kann ich nicht erlauben. Du hättest gar nicht erst vorsprechen sollen.« Er hatte die Augenbrauen hochgezogen, den Mund zu einem Strich zusammengepresst.

»Fast tausend Leute haben vorgesprochen«, sagte ich zu einem seiner Hemdknöpfe. »Und unter all denen haben sie sich für mich entschieden.«

»Ich weiß, dass die Vorstellung von so einem Film aufregend für dich ist. Aber überleg doch mal, Gulchehra. Hier steht, dass der Regisseur Han-Chinese ist. Was weiß der denn von uigurischer Kultur? Glaubst du, dass der Film respektvoll mit unserem Erbe umgeht? Ich will nicht, dass du bei so etwas mitwirkst.«

Ich wollte schreien, weinen, widersprechen, doch ich sah, dass mein Vater seine Entscheidung getroffen hatte. Ich ging ohne Abendessen zu Bett und am Morgen rief ich den Regisseur an und informierte ihn über die Entscheidung meiner Eltern.

»Wie?« Wang Xinjung holte Luft. »Kapieren die denn nicht? Ich mache dich berühmt!«

»Mein Vater sagt, dass ich zuallererst mal Studentin bin.«

Wang Xingjun schwieg. Dann meinte er: »Sag deinen Eltern, dass wir sie besuchen werden.«

Noch am gleichen Nachmittag stand er mit drei uigurischen Co-Produzenten vor unserer Tür. Als meine Mutter ihnen öffnete, stellte er sich ihr vor und erkundigte sich höflich, ob er mit ihr und meinem Vater sprechen könne.

Danach saßen sie verlegen in unserem Wohnzimmer herum, während meine Mutter Tee zubereitete. Ich hatte nicht viel Hoffnung, dass sie meinen Vater überzeugen würden.

»Mr. Hoja, wir haben mehr als drei Monate gesucht … um Ihre Tochter zu finden«, sagte einer der Produzenten. Er hieß Ilham und war im uigurischen Filmgeschäft sehr bekannt. »Wenn ihr Großvater noch lebte, wäre er sehr stolz darauf, seine Enkelin an diesem Projekt mitwirken zu sehen.«

»Bitte geben Sie ihr die Chance«, meinte einer der anderen Produzenten. »Dieser Film wird ihr Leben verändern.«

Wang Xingjun beugte sich zu meinem Vater vor. »Selbstverständlich wollen wir nicht, dass Gulchehra ihre Ausbildung unterbricht. Wir legen den Drehbeginn in den Sommer, und drehen als erstes ihre Szenen ab. Im Herbst kann sie wieder an die Uni zurück, als sei nichts geschehen. Ich kann Ihnen versprechen, nichts wird ihr normales Leben beeinträchtigen.«

Mein Vater sprach sehr wenig, während er den Überzeugungsversuchen der Männer lauschte. Schließlich hob er abwehrend die Hand.

»Keine Ihrer Ausführungen überzeugt mich.«

Ich merkte, wie mir die Tränen kamen.

»Aber«, seufzte er, »meine Tochter will ganz offensichtlich

in Ihrem Film mitspielen. Als ihr Vater ist es meine Pflicht, sie zu leiten und sie zu beschützen. Aber ich kann sie nicht für immer unter meinen Fittichen behalten. Wenn sie es will, so ist das ihre Entscheidung.« Er hielt inne. »Unter einer Bedingung. Meine Tochter weiß nichts über Amanisahan und ihre Geschichte. Mein Tochter liebt zwar die Zwölf Muqam und die traditionellen Tänze, aber was weiß sie schon über das sechzehnte Jahrhundert? Nichts. Amanisahan ist, wie Sie selbstverständlich wissen, eine zentrale Figur der uigurischen Kulturgeschichte. Wie kann meine Tochter sie nacherschaffen, ohne irgendetwas über ihr Leben oder die geschichtliche Epoche zu wissen?« Er sah mich an. »Zunächst einmal muss Gulchehra ihre Geschichte studieren und sich gründlich damit vertraut machen. Wenn sie meinen Test über Amanisahans Leben besteht, kann sie in Ihrem Film mitwirken.«

Die Produzenten begannen zu lächeln und schüttelten meinem Vater die Hand.

»Lerne fleißig, Gulchehra!«, ermahnte mich Wang Xingjun, als sich die Männer, noch immer jubelnd, verabschiedeten.

Ich zitterte. Ich konnte nicht glauben, dass ich tatsächlich in meinem ersten Film mitspielen würde!

An diesem Abend gab mir mein Vater zwei Bücher. Eines über Königin Amanisahan, das ihr Leben beschrieb und wie sie die Frau von Abdurashid Khan wurde, einem bedeutenden Herrscher der alten Uiguren. Und dann zog mein Vater noch ein Buch aus seinem persönlichen Bücherregal. Es sah aus, als sei es seinem Besitzer lieb und teuer, und wirkte schon etwas abgenutzt.

»Ich besitze dieses Geschichtswerk seit vielen Jahren. Es handelt vom Yarkant-Khanat, das 1514 gegründet wurde und bis Anfang des 18. Jahrhunderts bestand. Pass gut darauf auf. Und zeig es keinem. Das ist nicht die Geschichte, die du in der Schule gelernt hast.«

Er reichte es mir, und ich hielt es vorsichtig.

»Also. Ab heute lernst du, wie man kocht, putzt, einen Haushalt führt. Amanisahan wurde nämlich nicht als Königin geboren. Sie stammte aus einer sehr armen Familie, und ihr Vater war ein Musiker, der zwar reich an Geist, aber von sehr bescheidener Herkunft war. Der Khan verliebte sich in sie wegen ihres Gesangs, doch sie war nicht von königlichem Geblüt. Du, meine Tochter aber, bist wie eine Prinzessin aufgewachsen. Was tust du denn schon im Haus? Deine Mutter kümmert sich um alles.«

Ich senkte den Kopf. Er hatte recht. Was den Haushalt betraf, hatte ich nie viel lernen oder helfen müssen, ja, nicht einmal groß darauf geachtet, was meine Mutter Tag für Tag alles erledigte, damit unser Leben reibungslos vonstattenging.

»Wie willst du einen Charakter erschaffen, ein gewöhnliches Dorfmädchen, wenn du nicht weißt, wie das eigentlich ist, wenn man sich die Finger wund arbeitet?«

Während der nächsten zwei Wochen studierte ich die Geschichtsbücher, die mir mein Vater gegeben hatte, und folgte meiner Mutter in jeder freien Minute durchs Haus, um mich mit ihren Pflichten vertraut zu machen. Ich schrubbte Gemüse und lernte einige unserer traditionellen Gerichte zuzubereiten. Zweimal fegte ich jeden Winkel unseres Hauses und wusch sogar unsere Kleidung von Hand. Mein Vater behielt recht: Am Ende der vierzehn Tage hatte ich dann schon ein viel besseres Gefühl dafür, wie schwierig Amanisahans Leben gewesen sein musste, ehe sie den mächtigsten Mann des Reiches heiratete.

Schließlich fragte mich mein Vater über die beiden Bücher ab, und er schenkte mir nichts. Nach einem zweistündigen Kreuzverhör lehnte er sich in seinem Sessel zurück. »Schön, Gul. Hast dich genug angestrengt. Aber bevor du nun losziehst, um deinen Film zu machen, musst du auch die zeitgenössische

Geschichte noch etwas besser verstehen. Wer hat das Buch geschrieben, auf dem dieser Film basieren soll?«

»Saiffudin Azizi«, erwiderte ich gehorsam.

»Ja, und ich habe nichts gegen seine Bücher.« Mein Vater lehnte sich nach vorn und senkte ein wenig die Stimme. »Aber vergiss nie, wer der Mann wirklich ist. Er ist ein *guter Genosse*, ein Verräter am uigurischen Volk. Er war einmal ein Anführer der Uiguren, aber er hat seine Heimat aufgegeben, um nach Beijing zu ziehen und die Wohltaten unserer Unterdrücker zu genießen. Du kannst seinem Werk Achtung entgegenbringen, aber nicht dem Mann. Und vergiss nicht, dass der Regisseur dieses Films ein Han ist. Die chinesische Regierung hat immer die volle Kontrolle über das Narrativ. Lass nie in deiner Wachsamkeit nach, keine Sekunde lang.«

Schon wenige Tage später hatte ich ein paar Taschen gepackt und war in das Hotel gezogen, das die Filmemacher komplett gebucht hatten, um die Schauspieler und die Filmcrew darin unterzubringen. Von den Produzenten bis hin zu den Kameraleuten, diversen Crewmitgliedern und Mitwirkenden waren mehr als dreihundert Leute an der Herstellung des Films beteiligt. Er verfügte über ein beträchtliches Budget und richtete sich an ein breites chinesisches Publikum. Als eine von Chinas offiziell ausgewiesenen »65 ethnischen Minderheiten« waren die Uiguren und die Exotik der uigurischen Kultur ein Highlight, sodass der Film von der Wüstenlandschaft und den traditionellen uigurischen Trachten ausgiebigen Gebrauch machen würde.

Die meisten anderen Leute am Drehort waren sehr freundlich. Der Mann etwa, der den Khan spielte, war ein berühmter uigurischer Schauspieler und zeitweilig so etwas wie ein großer Bruder für mich. Ich nannte ihn Khan und er mich Königin Amani. Während des Drehs sprachen wir uns alle beim Namen unserer Figuren an.

Der Druck war gewaltig. Denn zusätzlich zu all der Musik hatte ich eine Menge Text zu lernen. Ich lernte, die Dutar- und Sutarpartien zu spielen und die Stücke der unterschiedlichen Muqam zu singen. Die Kostüme waren äußerst aufwendig und tonnenschwer, und trotzdem legte ich sie tagsüber nicht ab, weil ich möglichst natürlich in ihnen wirken wollte.

Ich war erst 19, als die Dreharbeiten begannen, und noch sehr unschuldig.

Schon zu einem frühen Zeitpunkt des Drehs musste ich eine Szene spielen, in der Amanisahan den Khan küsst. Khan meinte, ich solle mir keine Sorgen machten, nicht mal unsere Lippen würden sich dabei berühren. Das würde man alles mithilfe der Kameraeinstellungen erledigen.

Nach dem ersten Dreh der Szene wirkte Wang Xingjung missmutig. Er verlangte einen zweiten Take. Und dann noch einen und noch einen. Schließlich knallte er sein Klemmbrett in die Ecke und kam zu mir herübermarschiert.

»Wie hast du es bloß so weit geschafft, ohne zu wissen, wie man küsst?«, schrie Wang Xingjun verzweifelt. »Sei einfach natürlich!«

»Mach dir keine Sorgen«, beruhigte mich Khan. »Du schaffst das.«

Doch inzwischen war ich in Tränen aufgelöst und musste abbrechen, damit sie mein Make-up wieder herrichten konnten. Bis wir die Szene im Kasten hatten, war ich überzeugt, dass ich, solange ich lebte, nie wieder einen Mann küssen wollte.

Der Dreh ging rascher vonstatten, als ich es mir vorgestellt hatte. Obwohl es Schwerstarbeit war und keiner von uns genug Schlaf bekam, liebte ich es, vor der Kamera zu stehen. Das Gefühl, etwas zu produzieren, das andere sich ansehen und aus dem sie etwas lernen würden, war wahnsinnig aufregend.

Allerdings befand ich mich oft im Konflikt mit Wang

Xingjun. Viele der Szenen schienen mir einfach unglaubwürdig. Mein Vater hatte schon seine Gründe gehabt, als er mich zwang, diese Bücher zu lesen.

Eine der Szenen, die mir unstimmig erschienen, war die, in der Amanisahan sich beim Khan die Erlaubnis erbittet, von Stadt zu Stadt zu reisen, um die Zwölf Muqam zu sammeln. Laut Drehbuch sollte Amanisahan auf die Knie sinken und sich zu Füßen des Khans verneigen. Doch die einzige Sache, zu der wir Uiguren uns niederknien, ist das Gebet. Ich konnte das nicht einfach so stehen lassen.

Also sagte ich an jenem Tag vor dem Dreh zu Wang Xingjun, dass die Szene geändert werden müsse.

»Bist *du* hier der Regisseur oder ich?«, brüllte er mich an.

»Natürlich sind Sie der Regisseur«, erwiderte ich. »Aber jeder uigurische Zuschauer weiß das. Es ist nicht korrekt.«

Schließlich ergriff Ilham das Wort. »Gulchehra hat nicht ganz unrecht, Xingjun. Schließlich ist das ein Film über die Uiguren.« Es war ein sehr kleiner Sieg inmitten vieler Kompromisse.

Alle paar Wochen schickten die Filmleute einige Szenen nach Beijing, um sie von Saifuddin Azizi genehmigen zu lassen, der, mit dem, was er sah, zufrieden zu sein schien.

In zwei Monaten drehten wir mehr als hundert kurze Szenen. Die Ziellinie war bereits in Sicht, als es eines Abends nach einem langen Drehtag an meine Tür klopfte.

Wang Xingjun kam wie ein Teenager in mein Zimmer gehüpft. »Gulchehra, du wirst berühmt! Wir zwei werden auch in Zukunft zusammenarbeiten, da bin ich mir ganz sicher.«

Ich hatte keine Ahnung, wovon er sprach. Doch wenn unser Regisseur glücklich war, dann war ich es auch.

»Ilham, erzähl ihr die Einzelheiten. Ich bin stolz auf dich, Gulchehra!«, rief er über die Schulter zurück, als er den Raum verließ.

Ich blickte auf Ilham. »Was ist denn los?«

»Gul. Du weißt, wir sind ein Risiko eingegangen – mit dir. Sieh dich an, erst neunzehn und noch so naiv. Aber schau mal, wie viel du gelernt hast! Sogar Saifuddin Azizi und seine Frau finden dich ganz wunderbar in diesem Film. Und ihr Sohn ist ganz hin und weg.«

Ich begriff nicht, worauf er hinauswollte.

»Du wirst berühmt werden, wie Wang Xingjun gesagt hat. Wir haben vor, nach diesem Film noch drei weitere zu drehen, alle nach Büchern von Azizi. Sie sind bereits in Arbeit. Und du wirst in allen die Hauptrolle kriegen. Du wirst die Mutter von Dschingis Khan spielen!«

Ich nickte zögernd. Irgendetwas stimmte nicht.

»Und wie würdest du es finden, auf die Beijing Film Academy zu gehen?«

»Ich studiere doch schon hier Literatur, und ich mag mein Fach.« Ich dachte an Mukerem und wie verzweifelt sie und ihre Eltern gewesen waren, als sie nach Beijing gemusst hatte. Allein beim Gedanken daran wurde mir flau im Magen. »Ich bin sehr zufrieden hier in Ürümchi.«

Ilhams Augen glommen. »Nein, nein, du wirst in Beijing leben. Azizi und seine Frau laden dich ganz offiziell nach Beijing ein. Fahr nach Beijing und lerne ihren Sohn kennen. Ich bin mir sicher, dass du sehr zufrieden sein wirst.«

»Zufrieden?« Ich merkte, wie meine Verwirrung zu Wut gerann.

»Bist du wirklich derart naiv, Gul? Du kommst aus einer guten Familie, du bist schön, hast gezeigt, dass du Talent und eine Zukunft hast. Sie wollen sehen, ob du die Richtige bist für ihren Sohn, was denn sonst?«

Mittlerweile bebte ich vor Zorn. »Wie kannst du es wagen! Glaubst du, du kannst mich an den Höchstbietenden verhökern?«

Ilhams salbungsvolles Lächeln verschwand.

»Ich wollte in diesem Film mitspielen, weil er unsere große Kultur zeigt und sichtbar macht. Ich dachte, ich könnte das musikalische Vermächtnis meines Großvaters fortführen. Ich war so stolz, dabei zu sein. Aber ich werde nicht irgendeinen Mann heiraten, den ich nicht mal kenne, um in einem Film mitzuspielen.« Und schon gar nicht den Sohn eines *guten Genossen*, dachte ich wütend.

»Überleg dir das sehr genau, Gul, bevor du irgendwelche Entscheidungen triffst.«

Mir schwirrte der Kopf, doch ich erwiderte mit Bedacht: »Ich bin ein Mensch, Ilham. Keine Handelsware. Wenn ich heirate, dann aus Liebe.«

Ich schämte mich bei der Vorstellung, an den Sohn eines Verräters verschachert zu werden. Mein Vater wäre außer sich, wenn er es herausfände.

Eines Abends, als ich mich nach einem langen Tag auf mein Zimmer zurückgezogen hatte, klopfte ein Mitarbeiter an meine Tür und brachte mir ein Telegramm. Es war sehr kurz, bestand lediglich aus drei Sätzen: *Meine Gattin und ich sind zu dem Schluss gelangt, dass die Darstellerin der Amanisahan noch zu unreif ist. Dieser Film ist zu wichtig, als dass wir in einer tragenden Rolle eine Fehlbesetzung dulden können. Die Rolle muss neu besetzt werden.*

All meine Mühe, all mein Studieren, all der Schweiß und die Tränen, die ich in diese Produktion gesteckt hatte – es war alles umsonst gewesen. Meine ganze, eben erst aufkeimende Karriere war vorbei, noch ehe sie überhaupt begonnen hatte. Ich ließ das Telegramm aufs Bett sinken. Ich war so betroffen, dass ich nicht einmal weinen konnte.

Ich hörte ein leises Klopfen. Ich rührte mich nicht, doch die Tür öffnete sich ein wenig, und Ilham schob den Kopf durch den Spalt. Als er mich sah, trat er leise ein.

»Jetzt merkst du wohl, was passiert, wenn du nicht weißt, was gut für dich ist.«

Ungläubig sah ich ihn an. Dann aber riss ich mich zusammen und wischte mir die Tränen ab. »Das also bedeutet hier ›Kunst‹? So werden uigurische Frauen behandelt?« Ich reckte das Kinn. Was ging es ihn an, wie vernichtet ich mich fühlte? »Ja, ich habe eine Menge gelernt.«

Ich beschloss, noch am gleichen Tag abzureisen. Sie schuldeten mir noch meine gesamte Gage, doch ich weigerte mich, sie anzunehmen. Ich fühlte mich derart gedemütigt, und das Letzte, was ich wollte, war ihr Geld. Das Einzige, was ich mitnahm, waren meine eigenen Sachen und die Dutar meines Vaters, die ich im Film benutzt hatte.

Einer der uigurischen Co-Produzenten erwischte mich noch, ehe ich das Hotel verließ. Die Art, wie er mich ansah, verriet mir, dass er wusste, was passiert war. Er hielt einen großen Umschlag in der Hand und streckte ihn mir entgegen. »Das sind Fotos von dir von den Dreharbeiten. Als Erinnerung.«

»Ich will sie nicht«, erwiderte ich so leise, dass es kaum zu hören war.

»Halt die Ohren steif, Gul«, meinte er. »Du gehst, aber du hast dir deine Würde bewahrt.«

Sobald ich im Taxi saß, wurde ich von langen, schmerzhaften Schluchzern geschüttelt. Vor alledem hatte ich geglaubt, Kunst sei das Höchste überhaupt. Sie sei etwas Reines. Darüber hinaus hatten mich meine Eltern gelehrt, die Geschichte zu respektieren, die Wahrheit hochzuhalten. Doch nun hatte ich erfahren, dass das nicht alle so sahen. Und das Einzige, was ich mir jetzt noch wünschte, war, diese ganze schmerzliche Episode aus meinem Gedächtnis zu streichen.

»Hallo? Alles in Ordnung? Wo soll ich Sie denn hinbringen?«

Ich nannte ihm die Anschrift meiner Eltern. Ich wusste,

dass sie überrascht sein würden. Während der Dreharbeiten gestattete man uns lediglich am Wochenende zwei Stunden, um nach Hause zu fahren und unseren Familien guten Tag zu sagen. Da Dienstag war, würden sie mich nicht erwarten.

Als ich ankam, trat ich leise durch die Haustür. Mein Vater saß wie gewöhnlich in seinem Arbeitszimmer, bis sein Blick auf mich fiel.

»Ach, Gul, besuchst du uns?« Dann sah er, dass ich meinen Koffer und die Dutar dabeihatte, und ließ das Buch sinken.

»Mit dem Film bin ich fertig. Sie meinen, ich sei zu jung für die Rolle.« Ich fuhr mir mit der Hand übers Gesicht. Ich wusste, wie verweint ich aussah mit den nassen Wangen und den geschwollenen Augen.

Er fragte mich nichts, und ich ging direkt hoch in mein Zimmer, wo ich lange und traumlos schlief. Als ich aufstand, fühlte ich mich desorientiert und niedergeschlagen. Ich spritzte mir Wasser ins Gesicht und ging wieder nach unten, wo mein Vater anscheinend auf mich gewartet hatte.

»Und nun erzähl mir, Tochter, was passiert ist.«

Stockend erzählte ich ihm die ganze Geschichte und war fast zu Ende damit, als ich erneut in Tränen ausbrach. All meine harte Arbeit war umsonst gewesen, nur weil ich nicht zuließ, dass man mich wie ein Stück Fleisch verkaufte.

Mein Vater stieß einen langen Seufzer aus. Dann meinte er: »Ich bin stolz auf dich, Gulchehra. Ich habe dich zu einem braven Mädchen, einem starken Mädchen erzogen. Heute habe ich das Gefühl, dass ich als Vater etwas richtig gemacht habe.« Unruhig erhob er sich. »Ich habe mich dir nicht in den Weg gestellt, weil du unbedingt bei diesem Film mitmachen wolltest. Aber ich hatte solche Angst, dass du es bereuen würdest – bei all diesen Verzerrungen. Sachen, die nicht mal in Azizis Buch stehen. Dieser Han-Regisseur saugt sich das alles doch nur aus den Fingern, während sie drehen.« Dann änderte er seinen Ton.

»Geh nach oben und mach dich fertig zum Essen. Deine Mutter kocht heute Güle-qag polo.«

Güle-qag polo war eine meiner Lieblingsspeisen, duftender Safranreis mit Dill und weißen Bohnen, Trockenfrüchten und Nüssen. Ich roch schon die köstlichen, aus der Küche strömenden Aromen, und auf einmal war ich sehr froh, daheim zu sein.

***

Es war bereits Ende August, und bald würde das neue Studienjahr beginnen. Nicht einmal meinen engsten Freundinnen hatte ich erzählt, dass ich im Sommer in einem Film mitspielen würde, und nun war ich froh, weil ich keine Erklärungen abgeben musste. Ich fühlte mich erniedrigt, nicht nur persönlich sondern auch als Uigurin. Ich hatte am eigenen Leib erfahren, wie die Geschichte unseres Volkes verzerrt und manipuliert wurde.

Nach meiner Rückkehr auf den Campus versuchte ich, nicht weiter über das Geschehene nachzugrübeln und meine Aufmerksamkeit erneut auf mein Studium zu konzentrieren. Ich schloss mich einer Tanztruppe an und besuchte jeden Tag nach den Vorlesungen ein mehrstündiges Training. Das ständige beschäftigt Sein verhinderte, dass ich zu viel über meine Enttäuschung und die damit einhergehende Erniedrigung nachdachte.

Sobald das Semester begonnen hatte, entdeckte ich Elzat plötzlich überall. Den ganzen Sommer lang hatte ich ihn nicht gesehen, doch auf einmal schien er exakt die gleichen Fahrradrouten zu haben wie ich. Irgendwie kannte er wohl meinen Stundenplan, und an den meisten Nachmittagen stand er, wenn ich aus meinem Tanztraining kam, lässig an sein Fahrrad gelehnt vor dem Gebäude. Manchmal winkte er mir lediglich zu, andere Male versuchte er, einen Augenblick mit mir zu plaudern, ehe ich mich auf den Weg machte. Ich war nicht unhöflich zu ihm, aber seine Aufmerksamkeit war mir nicht willkommen. Zwar war er hochgewachsen und sah gut aus, hatte vom Fußballspielen breite Schultern und muskulöse Beine, doch irgendwie hatte ich das Gefühl, dass da etwas Verborgenes, Unberechenbares in ihm lauerte.

Inzwischen begann ich, wieder auf Partys zu gehen, und es war richtig schön, Zeit mit meinen Kommilitonen zu verbringen, zu lachen, Musik zu hören und zu tanzen. Zum Teil war ich einfach glücklich, eine ganz normale Studentin zu sein. Ich wurde oft zum Tanzen aufgefordert, doch eines Abends schienen mir zwei junge Männer besonders erpicht darauf. Ich kannte sie nicht, hatte sie noch nie auf dem Campus gesehen, und tanzte abwechselnd mit beiden. Sie ließen mir kaum Gelegenheit, zwischen den Songs mal durchzuatmen.

Als ich die Party verließ und zurück ins Studentenheim wollte, folgten mir die Männer nach draußen. Beide war groß und muskulös und hatten etwas Aggressives an sich.

»Musst du nach Norden oder Süden?«, fragte mich einer von ihnen.

»Weder noch«, versetzte ich spitz. Ich suchte keinen Begleiter.

»Sie kommt sowieso mit mir«, meinte der andere.

»Den Teufel wird sie!«

Von einem Augenblick zum nächsten wurden sie direkt vor meiner Nase handgreiflich und brüllten sich gegenseitig an. Ich bekam es mit der Angst zu tun und begann zurückzuweichen.

»Hey! Keiner von euch geht irgendwohin, schon gar nicht mit ihr!«

Wie aus dem Nichts war Elzat aufgetaucht. Er trat zu den beiden Männern und zerrte sie grob auseinander. Neben ihm wirkten die beiden wie kleine Jungen.

»Was ist los mit euch? Ihr blamiert euch doch bloß, wenn ihr euch einbildet, ihr wärt gut genug, dieses Mädchen auch nur nach Hause zu bringen. Und jetzt verzieht euch!« Er verpasste jedem der zwei einen kräftigen Schubs, und sie verdrückten sich kleinlaut.

Das Ganze geschah so schnell, dass ich kaum glauben konnte, dass es überhaupt passiert war. Trotzdem zitterte ich vor Adrenalin und Angst. Nie hatte ich Leute aus solcher Nähe miteinander raufen sehen.

»Alles okay bei dir?«, fragte Elzat besorgt. »Sie haben dir doch nicht wehgetan, oder?«

»Nein«, sagte ich. »Alles in Ordnung.«

»Darf ich dich zu deinem Studentenheim begleiten?« Er hob die Hände. »Nur, um sicherzugehen, dass du wohlbehalten dort ankommst. Versprochen.«

Einen Moment lang fragte ich mich, wie es sein konnte, dass Elzat ganz zufällig gerade an dieser Straßenecke gestanden hatte. Auf der Party hatte ich ihn nicht gesehen. Doch in der kühlen Nachtluft entfiel mir der Gedanke wieder. Elzat wirkte stark und attraktiv, wie er in das schwache, aus den Gebäuden dringende Licht hinaustrat, und zum ersten Mal erlaubte ich ihm, mich zu begleiten.

Langsam normalisierte sich mein Leben wieder, wenn ich auch wegen des Films noch immer verbittert war. Mir fehlten der Trubel der Produktion und die Kameras, aber ich konnte meine Wut und Traurigkeit über das beschämende Ergebnis des Ganzen ja schlecht herauslassen.

Einstweilen war Abdul ein Lichtblick für mich. Ich freute mich auf unsere Stunden, denn seine Freundlichkeit munterte mich auf. Irgendwie wollte ich mich bei ihm revanchieren, sodass ich nach dem ersten Schneefall jenes Herbsts beschloss, ein traditionelles Spiel aus Ürümchi mit ihm zu spielen, bei dem man Botschaften im Schnee versteckt.

Er sprang im Schnee herum wie ein junger Welpe. »Ich habe

sowas noch nie gesehen! In Hotan schneit es höchstens mal ein paar Flocken.«

»Tja, falls du meine Botschaft findest, kauf ich dir eine Tafel Schokolade. Und wenn nicht, musst du mir eine kaufen!«

Er hielt einen Moment inne, zog die Stirn in Falten. »Schokolade?«

»Schokolade, du weißt schon, die Süßigkeit. Früher konnte man sie nur in Beijing bekommen. Aber heute kann man sie direkt hier in Ürümchi kaufen.«

Noch immer lag der verblüffte Ausdruck auf seinem Gesicht, und mir wurde klar, dass er wahrscheinlich noch nie Schokolade gesehen hatte. Sie gehörte nicht zu den Dingen, die es in den späten 1980ern in ländlichen Regionen des Uigurengebiets zu kaufen gab.

»Komm«, sagte ich. Und führte ihn in eines der größten Geschäfte in Campusnähe. Ich kaufte eine Tafel Zartbitter, eine Tafel Vollmilch und eine mit Pistazien. Ich öffnete die Verpackung der Bitterschokolade und hielt sie ihm unter die Nase. »Probier mal. Das ist mit Sicherheit das Beste, was du je gekostet hast.«

Er beäugte sie misstrauisch. »Aber Gul … das sieht ja aus wie Katzenkacke!«

Wir begannen beide zu kichern. »Ok, ok, aber sie schmeckt himmlisch. Probier mal!«

Er biss vorsichtig ab, nahm dann einen größeren Bissen. Ein beglückter Ausdruck breitete sich über sein Gesicht, und er packte die Tafel mit beiden Händen. »Diesen Tag werde ich nie vergessen, Gul. Zuerst richtiger Schnee, und jetzt ein Vorgeschmack des Himmels!«

Am nächsten Tag ging ich nach dem Tanztraining meine Großmutter besuchen. Mein Ärger über den Film war wie eine Last, die mich mit jedem Tag mehr bedrückte, und Großmutter war immer diejenige gewesen, bei der ich schon als Kind Trost gesucht hatte. Sie las mir meine Missstimmung vom Gesicht ab und fragte mich, was denn los sei. Ich setzte mich auf ihr Sofa und erzählte ihr alles, was bei den Dreharbeiten passiert war. Am Ende weinte ich – wohl mehr aus Wut als aus Traurigkeit.

Als ich fertig war, seufzte sie, sprach ein paar Gebete für mich und bat um Allahs Schutz. Ihre Stimme war so voll und kräftig, dass ich mich sofort besser fühlte.

»Du hattest eine sehr behütete Kindheit, Gul, aber es gibt schlechte Menschen auf dieser Welt. Deine Schönheit wird dir zwar immer Chancen eröffnen, aber sie birgt auch viele Gefahren. Du musst klug sein, klüger als die, die dich ausnutzen wollen.«

Ich wischte mir mit dem Taschentuch, das sie mir reichte, das Gesicht ab und nickte.

»Nun verstehst du endlich, warum dein Großvater nicht wollte, dass du Tänzerin wirst, nicht wahr? Du bist ein Naturtalent, denn selbstverständlich liegt dir das Künstlerische im Blut. Aber du musst diese Begabung in andere Richtungen lenken. Hier gibt es keine Freiheit der Kunst.«

Und schon war ich von meinem Ärger befreit. Meine ganze Kindheit hindurch hatte ich nicht begriffen, weshalb meine Familie mir abriet, professionelle Tänzerin zu werden. Seit ich ein kleines Mädchen war, hatte ich an Wettbewerben und Aufführungen teilgenommen, doch nun war ich damit durch. Am Ende hatte ich meine Lektion doch noch gelernt. Falls ich irgendeine Art von Darstellerin oder Künstlerin werden sollte, dann musste es für mein eigenes Volk sein und zu meinen eigenen Bedingungen. Eine Marionette, die Lügen nachplapperte, würde ich nicht werden.

* * *

Doch meine Ambitionen verhedderten sich in den viel weitreichenderen politischen Veränderungen, die sich überall um uns herum vollzogen. Die Grenze zwischen jeglicher Form öffentlichen Auftretens und staatlicher Propaganda verwischte zusehends, und ich sollte noch tiefer in ein System hineingezogen werden, an das ich nicht glaubte.

2

HARTE LANDUNG

Für die meisten Uiguren in unserer Heimat brachten die späten 1980er- und die 1990er-Jahre sowohl einen Wirtschaftsboom als auch katastrophale Arbeitslosigkeit. Es mag nach einem Widerspruch klingen, doch verantwortlich für dieses Wachstum waren von Han geführte Unternehmen und von Han geleitete Regierungsprojekte, und nur sehr wenig des so generierten Reichtums erreichte die uigurische Bevölkerung. Statt Uiguren einzustellen, holten die Bosse Han-Arbeiter aus China ins Land, um sie in Bautrupps, Energie-Projekten oder im Straßenbau einzusetzen. Es gab Kommunikationsprobleme, denn fast keiner der Han-Einwanderer nach Ostturkestan konnte Uigurisch, auch offene Diskriminierung, da viele Han die Uiguren als faul betrachteten oder als unwillig, von einem Han-Boss Befehle entgegenzunehmen. Die Folge war, dass sogar uigurische Universitäts-Absolventen – einige unserer Besten und Klügsten – Schwierigkeiten hatten, in Ürümchi noch Arbeit zu finden. Inzwischen war die Han-Bevölkerung explodiert. Bis zum Jahr 2000 machten die Han mehr als vierzig Prozent der fast 18,5 Millionen Einwohner in Ostturkestan aus. Und die Uiguren stellten fest, dass sie in ihrem eigenen Land zunehmend marginalisiert wurden, vor allem in den nördlichen und nordöstlichen Regionen, wo Ürümchi liegt und wo sich die Han-Bevölkerung konzentriert.

Auf dem schönen baumbestandenen Campus der Xinjiang

Normal University fühlte ich mich von der Außenwelt relativ abgeschirmt. Da meine Familie gebildet, recht wohlhabend und in der Gemeinde hoch angesehen war, ging ich davon aus, dass auch meine Generation – genau wie unsere Eltern vor uns – zu erfolgreichen, unabhängigen Erwachsenen heranwachsen würde. Mein Cousin Nijad hatte bereits etwas aus sich gemacht, arbeitete als Stellvertretender Stabschef des Bezirksrats des Bezirks Saybagh der Stadt Ürümchi in der Verwaltung. Er hatte ziemlich viel Macht und Einfluss vor Ort und immer Zeit, uns bei kleinen bürokratischen Problemen beizustehen oder entsprechende Papiere zu besorgen, die man, angefangen bei einer Adressänderung bis hin zur Anmeldung an einer neuen Schule, für alles benötigte. Dennoch konnte keine seiner Beziehungen noch die irgendeines anderen aus unserer Familie uns vor den größeren politischen und gesellschaftlichen Kräften beschützen, die innerhalb Chinas als Ganzem wirkten. In meinem dritten Studienjahr geschah etwas, das meine relative Unschuld zerstörte, eine tiefe Narbe bei mir hinterließ und Vorbote für Schlimmeres sein sollte.

Es war an Neujahr 1993. Mein jüngerer Bruder war 19 und Student an der renommierten Xinjiang Medical University, um später einmal Arzt zu werden. Ich selbst war gerade im dritten Jahr an der Xingjian Normal University.

An diesem Abend wollten wir beide ausgehen und feiern, und unser Haus brummte vor Geschäftigkeit und Vorfreude. Ich würde Mehray treffen und mit ihr auf eine Party gehen. Sie war so hinreißend und temperamentvoll, dass ich wusste, es würde nicht lange dauern, bis jeder Junge im Raum darauf hoffen würde, in unserer Nähe zu tanzen.

Kurz vor dem Abendessen steckte Kaisar seinen Kopf in mein Zimmer. Er zauste mir neckend die Haare und fragte, ob ich ihm nicht seine Klamotten bügeln könne. »Komm schon, Gul«, bettelte er. »Ich brauche die Sachen für die Party heute

Abend, aber es gibt noch was, um das ich mich jetzt gleich kümmern muss. Du willst doch, dass dein Bruder gut aussieht, oder?«

Ich lachte und erklärte mich bereit, wieder einmal für ihn zu bügeln. Er hatte ja recht – ich war stolz auf meinen gutaussehenden Bruder, und wenn er es selbst machen würde, würden die Falten nur noch schlimmer werden. Er war ein großer, fitter Kerl geworden, mit dichter schwarzer Tolle und Augen, die tanzten, wenn er lächelte. Aber er kniff mich noch immer gern in die Wange oder brachte mir meine sorgfältig gekämmte Frisur durcheinander, wie früher, als wir noch Kinder waren.

»Wo willst du denn hin?«, rief unsere Mutter aus der Küche. »Ich koche. Bleib und iss was Richtiges, bevor du feiern gehst.«

»Ich bin bald wieder da. Esst nicht alles auf!« Er tätschelte mir liebevoll die Wange und war verschwunden.

Ich verbrachte den Nachmittag mit Bügeln, Schminken und mehrmaligem Umziehen, damit ich auch wirklich perfekt aussah. Mein Bruder war nicht zurückgekommen, sodass ich noch schnell ein Nickerchen einschob. Unsere Partys begannen immer spätabends und endeten erst am nächsten Morgen, und die Leute tanzten und sangen zur Musik, die die ganze Nacht lang spielte.

Ich war gerade mit dem Anziehen fertig, als es an unserer Haustür klopfte. Das Herz schlug mir bis zum Hals. So hämmerte nie jemand an unsere Tür. Mein Vater befand sich in seinem Arbeitszimmer und meine Mutter noch immer in der Küche, wo sie ein großes Essen zur Feier des neuen Jahres kochte, sodass ich zur Tür ging.

Als ich öffnete, standen drei Polizisten vor mir: zwei Han-Chinesen und ein Uigure. Den uigurischen Beamten kannte ich aus der Nachbarschaft, aber die beiden Han-Polizisten hatte ich noch nie gesehen. Sofort begannen meine Hände zu schwitzen. Wir versuchten, Han-Polizisten möglichst aus dem Weg zu gehen, da sie für ihre Rücksichtslosigkeit im Umgang mit Uiguren bekannt waren. Es musste schon etwas Schwerwiegendes passiert sein, damit sie vor unserem Haus erschienen.

»Wohnt hier ein Kaisar Keyum?«, fragte einer der Han-Beamten in scharfem Ton. Er versuchte, mich zur Seite zu schieben, doch ich wich nicht von der Stelle.

Mein Vater kam aus seinem Arbeitszimmer gestürmt und rief: »Was ist denn los?«

Der Polizist zeigte ihm ein Blatt Papier. »Wir haben einen Durchsuchungsbefehl, um Kaisars Zimmer zu durchsuchen. Zeigen Sie mir, wo es ist.«

Ich war verwirrt. Mein Bruder war wenige Stunden zuvor weggegangen; er sollte eigentlich jeden Moment wieder zurück sein. Meine Gedanken überschlugen sich – er musste verletzt sein, ein Autounfall, ein Feuer …

»Er steckt in gewaltigen Schwierigkeiten«, sagte der Beamte. »Sie müssen uns reinlassen.«

»Was ist denn passiert?«, fragte mein Vater. »Sagen Sie mir, was los ist, dann zeige ich Ihnen sein Zimmer.«

Einer der Han-Polizisten kam mit seinem Gesicht ganz nahe an das meines Vaters heran. »Sie ahnen nicht, wie viel Ärger Ihr Junge angerichtet hat. Sie hängen da jetzt alle mit drin. Verstehen Sie? Zeigen Sie mir einfach sein Zimmer.«

Zitternd, aber nicht bereit nachzugeben, hob ich abwehrend die Hand und verlangte: »Lassen Sie mich den Durchsuchungsbefehl lesen. Und wo sind Ihre Polizeimarken? Woher sollen wir wissen, dass Sie tatsächlich diejenigen sind, für die Sie sich ausgeben?« Ich hatte zwar Angst, war aber entschlossen, nicht vor lauter Schreck gleich zu kapitulieren.

Der uigurische Polizist trat nach vorn. Er war ein junger Mann und wirkte freundlicher als die beiden anderen. »Bitte«, sagte er. »Bitte, seien Sie kooperativ. Das ist eine sehr ernste Angelegenheit. Sie werden uns reinlassen müssen.«

Plötzlich packte einer der anderen Polizisten die Hand, die ich hochgehalten hatte. »Dieser Ring da«, meinte er grob und zerrte an meinem Finger. »Hat Ihnen den Ihr Bruder geschenkt?«

»Natürlich nicht! Das ist der Ring meiner Großmutter. Ein Erbstück.« Allmählich dämmerte mir, dass hier etwas furchtbar falsch lief. Ich machte den Eingang frei, und die Polizisten drängten herein.

Sie begannen, das Haus zu durchsuchen, nahmen Dinge aus dem Zimmer meines Bruders und steckten sie in Plastiktüten. Mein Vater folgte ihnen protestierend, während meine Mutter und ich dicht zusammengedrängt zur Wand zurückwichen. Dann zog einer der Polizisten ein schmales Bündel Geldscheine aus einer Schublade. Ein weiterer Polizist stand vor dem Schrank und warf nagelneue Klamotten, die wir noch nie gesehen hatten, auf den Boden. Meine Mutter und ich sahen uns fassungslos an. Wie kam dieses Zeug in unser Haus? Der Polizist nahm alles mit, zusammen mit Kaisars Fotoalben und sogar einigen Büchern.

Als sie gingen, befahl uns einer der Polizisten in barschem Ton: »Kommen Sie morgen aufs Polizeirevier!«

Meine Mutter fing den uigurischen Beamten noch vor der Haustür ab und flehte ihn an: »Bitte, sagen Sie mir, was da los ist. Sagen Sie mir wenigstens, wo mein Junge ist.«

Er schüttelte den Kopf. »Ich kann Ihnen nichts sagen. Er wird noch immer verhört. Aber Ihr Sohn war in einen Einbruch verwickelt. Sie vermuten, dass es mit Drogen zu tun hat.«

Meine Mutter lehnte sich gegen die Tür, nachdem sie zugefallen war, das Gesicht totenbleich. »Das ist doch alles ein Irrtum! Sie verwechseln unseren Kaisar. Er ist der beste Student seines Jahrgangs, wie kann er mit sowas zu tun haben?«

Dieser Abend war ein Albtraum. Natürlich ging niemand

auf eine Party, und das Essen, das meine Mutter mit so viel Liebe zubereitet hatte, stand auf dem Tisch und wurde kalt. Trotz der späten Stunde begann mein Vater all seine Freunde anzurufen, die Einfluss besaßen, doch keiner konnte ihm etwas sagen. Schweigend gingen wir noch vor Mitternacht ins Bett, ohne eine Ahnung, was geschehen war.

Am nächsten Tag gingen mein Vater, meine Mutter und ich aufs Polizeirevier. Sie ließen uns nicht zu Kaisar, verrieten uns nicht einmal, ob er sich überhaupt in dem Gebäude befand. Doch wir erfuhren, dass er gemeinsam mit vier anderen Studenten der Medical University verhaftet worden war. Man beschuldigte sie, ins Haus des Polizeichefs von Ürümchi, eines prominenten Uiguren, eingebrochen zu sein und dort dreißig Kilogramm Gold aus dessen Wandschrank gestohlen zu haben. Niemand fragte, was der Polizeichef mit dreißig Kilo Gold in seiner Küche tat.

Der Polizeichef habe befohlen, die Elternhäuser aller fünf Jungen durchsuchen zu lassen. Und gleichzeitig – erzählten die Polizisten – seien sie angesichts der Dreistigkeit des Verbrechens davon ausgegangen, dass mit Sicherheit Drogen im Spiel waren. Wenn es so gewesen sei, hätten die Einbrecher das Gold losschlagen müssen, um an Bargeld zu kommen und damit Drogen zu kaufen. Sodass überall in der Stadt uigurische Polizisten in uigurischen Goldgeschäften postiert worden waren, wo sie meinen Bruder beim Versuch, einige Goldbarren zu verhökern, entdeckt hatten und ihn verhafteten.

Wir verließen das Revier, waren völlig ratlos. Nichts, was uns der Polizist erzählt hatte, passte zu dem, was wir von meinem Bruder und seinen Freunden wussten. Nichts ergab einen Sinn. Warum sollten fünf Medizinstudenten aus wohlhabenden Familien ins Haus des Polizeipräsidenten von Ürümchi einbrechen? Wäre es nicht so beängstigend gewesen, hätte man es für eine Farce halten können.

Mein Bruder wurde drei Tage lang auf dem Polizeirevier gefoltert. Er wurde an den Armen aufgehängt und geschlagen. Als er nicht gestehen und keine Komplizen nennen wollte, schlugen sie einfach härter zu. Nirgendwo in China werden Verdächtige gut behandelt – wenn man dich verhaftet hat, betrachtet man dich als schuldig, bis deine Unschuld bewiesen ist –, doch die Tatsache, dass Kaisar Uigure war, hieß, dass er der schlimmsten Behandlung ausgesetzt war. Konsequenzen wegen Polizeibrutalität oder Vernachlässigung hatten die Polizisten nicht zu befürchten; sie hatten die volle Unterstützung der KPCh. Das wussten sie, und wir wussten es auch. Einzelheiten über seine Haft erfuhren wir erst später, doch wir hatten unsere Vermutungen.

Als wir wieder zu Hause waren, drehten wir auf der Suche nach jedem kleinen noch irgendwo herumliegenden Bargeldvorrat das ganze Haus um. Wir riefen unsere Verwandten an, um zu sehen, was wir uns von ihnen borgen konnten. Innerhalb von ein, zwei Tagen brachten wir 10.000 Yuan zusammen, eine stattliche Summe. Wir dachten, sie könnte als eine Art Wiedergutmachung dienen.

Meine Mutter schlug das Geld in ein Tuch und packte es in ihre Handtasche. Dann ging sie zum Haus des Polizeichefs und klopfte an seine Tür. Als er herauskam, hielt sie ihm mit beiden Händen das Geld entgegen. »Ich bin Kaisar Keyums Mutter. Bitte, er ist mein einziger Sohn«, flehte sie ihn an. »Er hat einen Fehler gemacht, aber bitte, üben Sie Nachsicht mit ihm. Geben Sie ihm nur die Chance, sein Studium zu beenden. Ich schwöre, wir werden nicht zulassen, dass so etwas noch einmal geschieht.«

Der Polizeipräsident war ein stämmiger Uigure mit ausgeprägtem Bauchansatz und einer protzigen goldenen Uhr am Handgelenk, der Inbegriff eines *guten Genossen*. Er überragte meine Mutter um Haupteslänge. Verächtlich wischte er das

Notenbündel beiseite. »Sie haben Glück, dass ich Ihren Sohn nicht erschossen habe, als sich mir die Möglichkeit bot. Er ist zwar ein schneller Läufer, aber aus der Sache kommt er nicht mehr raus.«

Auf dem Heimweg erlitt meine Mutter einen leichten Herzinfarkt und brach auf der Straße zusammen. Sie verbrachte die Nacht im Krankenhaus, wo mein Vater und ich die ganze Nacht hindurch beklommen an ihrem Bett wachten. Das war wohl der Tag, an dem ihr das Herz brach.

***

Wir konnten nur warten. Mein Bruder hatte sich in einem System verheddert, das wir kaum begriffen und auf das wir keinerlei Einfluss hatten. Ich begann, Vorlesungen zu schwänzen, um bei meinen Eltern zu Hause zu bleiben. Während der sechs Monate, die er im Gefängnis saß, war das ganze Haus kalt und stumm. Es fühlte sich an wie ein Mausoleum. Wir schleppten uns herum, ohne je zu lachen oder mehr als ein paar Sätze zu sagen, und unsere Augen waren rot und geschwollen vom Weinen. Abend für Abend stellte meine Mutter einen Teller für meinen Bruder auf den Tisch und füllte ihn mit Essen. Sie bewegte sich vorsichtiger seit ihrem Herzinfarkt, so als wäre da etwas in ihrem Körper, das ihr fortwährend Schmerzen bereitete.

»Er kommt zurück«, beharrte sie. »Ich weiß, dass er zurückkommt.«

Ich wollte stark sein für meine Familie, doch ein normales Leben wurde immer schwieriger. Ich war eine beliebte, extrovertierte Studentin gewesen, die zu jeder Party eingeladen wurde. Doch nun gab ich alles auf. Es war, als wäre nur noch Leere in mir. Ich begann, ausschließlich Schwarz zu tragen und verlor fünfzehn Kilo, weil ich kaum mehr aß. Es wurde so schlimm, dass eine meiner Dozentinnen mich in ihr Büro bestellte, um mir zu sagen, dass sie sich Sorgen mache.

»Gulchehra, nimmst du … nimmst du Drogen? Du bist nicht mehr die, die du mal warst.«

»Natürlich *nicht*!« Ich war erschüttert.

»Eine Menge brave junge Leute nehmen welche«, meinte sie traurig. »Es ist wie eine Pest, die plötzlich wie aus dem Nichts über uns hereingebrochen ist.«

Noch zwei, drei Jahre zuvor hatte ich nie etwas von Heroin gehört. Nun schien es überall zu sein. Drogen – vor allem Heroin, das über die kürzlich gelockerten Grenzen aus Nachbarländern wie Afghanistan kam – hatten scheinbar über Nacht die uigurische Gemeinschaft durchsetzt. Die KPCh förderte den Handel, doch zusammen mit den zulässigen Waren kamen auch die Opiate. Keiner wusste wirklich, was das für Drogen waren, und keiner hatte eine Vorstellung davon, wie viel Schaden sie dem Einzelnen und ganzen Gesellschaften zufügen konnten. Wegen der weit verbreiteten Arbeitslosigkeit in der uigurischen Bevölkerung gerieten viele junge Leute, vor allem Männer, in den Teufelskreis der Abhängigkeit. Auch Alkoholmissbrauch war – trotz des islamischen Alkoholverbots – auf dem Vormarsch. Doch das war zumindest ein bekanntes Übel. Während sich die Sucht in unserer Gemeinschaft ausbreitete, begannen einige Han, Uiguren als mutmaßliche Drogenhändler zu betrachten, ein Stereotyp, das sich in ganz China verbreitete und die Vorstellung von Uiguren als Kriminellen und gefährlichen Subjekten nährte.

Während dieser Phase schwerer Depression aber begann Elzat, ernsthaft um mich zu werben. Er fing an, mich zu besuchen und höflich in diesem bedrückten Schweigen, das von unserem ganzen Haus Besitz ergriffen hatte, herumzuhocken. Er erwartete nicht, dass ich etwas sagte, und erst recht nicht, dass ihn einer von uns unterhielt. Er war einfach da. Wenn wir etwas aus einem Geschäft brauchten, brachte er es noch am gleichen Tag vorbei. Er erledigte Botengänge für uns, hielt im Viertel die Ohren offen nach Nachrichten von meinem Bruder, obwohl die Leute meist zu verängstigt waren, um darüber zu tratschen. Alle fünf Studenten stammten aus prominenten Familien, und der Fall hatte die ganze Gemeinschaft schockiert. Keiner wusste so recht, was er denken sollte. Und während meine Eltern sich immer weiter in ihr Elend zurückzogen, hatte ich zunehmend das Gefühl, dass Elzats gefasste Augen und sein ruhiger Atem neben mir das Einzige waren, das mich davor bewahrte, gänzlich zusammenzubrechen.

Als wir uns dann näherkamen und allmählich vertrauter miteinander wurden, verriet ich ihm sogar ein Geheimnis, das ich noch niemandem erzählt hatte. Als mein Bruder und ich noch Teenager waren, hatte meine Mutter sich einmal einer Operation unterziehen müssen, bei der es sich, wie ich erst später begriff, um eine teilweise Entfernung der Gebärmutter handelte. Wegen der Vorschriften zur Familienplanung, die die KPCh im uigurischen Gebiet mit den Mitteln des Strafrechts durchsetzte, war meine Mutter wiederholt zu Abtreibungen gezwungen worden. Jedes Mal weinte sie bitterlich um das verlorene Kind und flüsterte meinem Vater Dinge zu. Auch körperlich nahm es sie furchtbar mit, und letztendlich musste sie sich operieren lassen. Die Ein-Kind-Politik wurde – wenn auch sehr unterschiedlich – in ganz China durchgesetzt. Im Uigurengebiet, wo die Familien traditionell groß waren und jedes Kind als ein Geschenk Allahs betrachtet wurde, war die psychologische Bürde dieser von der chinesischen Regierung verhängten Politik verheerend. Neben den physischen Folgen litt meine Mutter auch an hormonellen und psychischen Nebenwirkungen. Plötzlich begann sie sich mit meinem Vater auf eine Weise herumzustreiten, wie mein Bruder und ich es noch nie erlebt hatten. Ihre Stimme wurde schrill und beängstigend, und sie sagte schreckliche Dinge zu meinem Vater. Zunächst baten mein Bruder und ich sie, doch damit aufzuhören. Später aber verzog ich mich in solchen Fällen in mein Zimmer und schrieb wütend Tagebuch, während mein Bruder das Haus verließ.

»Wenn ich aber meinen Vater fragte, meinte der, jetzt wo sie krank sei, brauche sie ihn doch noch viel mehr als zuvor«, erzählte ich Elzat.

»Dein Vater ist ein guter Mensch und ein treuer Ehemann«, erwiderte Elzat. »Ich hoffe, dass ich eines Tages einer tüchtigen Frau ein ebenso guter Mann sein kann.«

»Aber mein Bruder hat diese Streitereien nicht ausgehalten«, sagte ich. »Er ist einfach abgehauen und bis in die Puppen weggeblieben. Und so ist das alles gekommen.«

Elzat tätschelte mir leise die Hand.

»Warum haben wir ihn nicht gerettet?«, flüsterte ich, und meine wunden Augen brannten von frischen Tränen. »Wie konnten wir das nur zulassen?«

Nach Monaten qualvollen Wartens kamen schließlich Polizisten und teilten uns mit, dass wir Kaisar im Gefängnis besuchen dürften. Meine Mutter reagierte wie eine Ertrinkende, der man eine Boje zuwirft.

Vor unserer Fahrt zum Gefängnis brachte ich an den letzten beiden Abenden Stunden damit zu, geröstete Sonnenblumenkerne, den Lieblingssnack meines Bruders, zu schälen. Ich schälte, bis mir die Finger wehtaten. Ich wollte einfach, dass er wieder einmal Heimat schmecken konnte.

Als der Tag kam, verschlug mir der Schmerz, ihn so zu sehen, so blass, dünn, nur ein Schatten seines einstigen Selbst, fast die Sprache. Wir weinten und umarmten ihn fest, waren einfach froh nach all den Monaten, in denen wir nicht einmal gewusst hatten, wo er war, irgendeinen Kontakt zu haben.

Sie gönnten uns nur eine halbe Stunde mit ihm. Es reichte

nicht, um sich groß etwas zu sagen oder ihn zu fragen, warum er das alles getan hatte.

Meine Mutter schluchzte die ganze Zeit. »Warum hast du nicht einfach meinen Schmuck genommen, Kaisar? Wenn du Geld gebraucht hast, wieso hast du uns nicht gefragt? Wir hätten dir doch alles gegeben!«

Er schüttelte nur den Kopf und gab keine Antwort.

»Geben sie dir zu essen, mein Sohn?«, fragte sie. »Du bist so dünn geworden?«

»Macht euch keine Sorgen um mich, mir tut das nur alles so leid.« Er wandte sich an meinen Vater, und Tränen schossen ihm in die Augen. »Das ist der größte Fehler meines Lebens. Ich weiß es. Ich … ich wusste nicht, wie ich da rauskommen sollte, bis es zu spät war. Bitte, verzeiht mir.«

Der Wärter, der an der Wand gestanden und uns beobachtet hatte, gestikulierte ungeduldig. Es wurde Zeit für Kaisar, in seine Zelle zurückzukehren.

»Schwester«, sagte er. »Es tut mir so leid.« Er zog mich in seine Arme und hielt mich fest. Ich wollte ihn nie wieder loslassen. Als er mich freigab, spürte ich, wie er mir etwas in den Ärmel schob. Er schaute mich an. »Pass gut auf die Eltern auf, solange ich weg bin.«

Und dann war er wieder verschwunden.

Ich spürte, wie die Kante von etwas, das sich wie Papier anfühlte, an meinem Arm kratzte, doch ich sagte nichts, nicht einmal auf der Busfahrt nach Hause. Erst als wir uns in der Sicherheit unseres eigenen Heims befanden, zog ich die Nachricht aus meinem Ärmel und reichte sie meinem Vater. Wir waren schockiert über die Worte, die er geschrieben hatte.

Vater, ich habe das Geld gestohlen und will büßen für meine Tat. Aber sie zwingen mich, Verbrechen zu gestehen, die ich nicht begangen habe. Mehr als dreihundert Stück! Aber ich habe kein einziges davon begangen. Ich habe alles, was sie mich zu unterzeichnen zwangen und woran ich mich noch erinnern kann, aufgelistet – Daten, Fallnummern. Schau dir die Jahreszahlen an. In einigen dieser Jahre war ich kaum acht oder neun Jahre alt. Bitte unternimm etwas, bevor mein Fall vor Gericht geht.

Mein Vater wandte sich an meine Mutter. »Wir brauchen den besten Rechtsanwalt, den wir finden können. Einen, der sich nicht einschüchtern lässt.«

Noch am selben Tag begannen sie, jeden anzurufen, der ihnen einfiel. Wie sich herausstellte, hatten wir einen entfernten Verwandten, der für das Stadtgericht von Ürümchi arbeitete. Bereits am nächsten Tag gingen wir zu ihm, um ihn um Hilfe zu bitten.

Er war bereit, den Fall zu übernehmen, doch er warnte uns, dass es ein schwerer Kampf werden würde. »Leider ist das eine ziemlich gängige Praxis. Die Polizei verhaftet jemanden für eine Tat und foltert ihn danach so lange, bis er eine ganze Litanei anderer ungelöster Verbrechen gesteht. Sie wollen einfach nur die alten Fälle abschließen. Ich kenne diverse andere Beispiele, wo das guten uigurischen Familien passiert ist. Die Han-Behörden wissen, dass ihr Handeln straflos bleibt. Denn wer wird ihnen schon die Stirn bieten?« Er seufzte und setzte wieder die Brille auf, um auf die Nachricht zu blicken, die mein Bruder geschrieben hatte. »Aber es ist gut, dass Sie darüber Bescheid wissen. Sehr schlau von Kaisar, Ihnen die Daten der Verbrechen zu geben. Wir werden uns nun die einzelnen Fälle, einen nach dem anderen vornehmen müssen.«

Wir nickten. Wir waren zu allem bereit.

»Und eines müssen Sie auch noch wissen«, meinte der Rechtsanwalt mit ernster Miene zu meinem Vater. »Wenn Kaisar all dieser Verbrechen für schuldig befunden wird, so bedeutet das die Todesstrafe.«

Zwei Monate lang arbeiteten wir uns Tag für Tag durch die Liste der Verbrechen, die mein Bruder angeblich begangen hatte. Unermüdlich suchte mein Vater jeweils fünf Häuser pro Tag auf, während meine Mutter und ich zwei bis drei weitere Adressen abarbeiteten. Wir brachten Fotos von Kaisar mit, auf denen er unterschiedlich alt war, und zeigten sie den Leuten. Wir fragten jeden und jede, ob sie meinen Bruder wiedererkannten, ob er der Täter sei. Immer und immer wieder hieß es Nein, sie hätten meinen Bruder noch nie gesehen.

Bei einem der Häuser, die ich besuchte, kam eine Frau mittleren Alters in Schürze und grüngeblümtem Kopftuch an die Tür. Ich wusste, dass sieben Jahre zuvor bei ihr eingebrochen worden war.

»Entschuldigen Sie«, sagte ich, »kann ich Sie vielleicht etwas zu dem Einbruch fragen, der hier passiert ist?«

Sie wischte sich die Hand an der Schürze ab. Offensichtlich war sie beim Kochen. »Das ist doch schon Jahre her«, meinte sie und klang dabei etwas misstrauisch.

»Ich weiß. Man hat meinen Bruder dieses Verbrechens beschuldigt, doch wir sind uns sicher, dass er es nicht getan hat.« Ich sah, wie sie erstarrte, und beeilte mich mit meiner Erklärung. »Würden Sie sich bitte ein Foto anschauen und mir sagen, ob er aussieht wie der Täter?«

»Hm, ich habe ihn doch gar nicht gesehen«, erwiderte sie. »Wir haben geschlafen, und er war schon mit unseren Sachen zum Fenster raus, ehe wir etwas tun konnten. Ich habe nur noch den wegfahrenden Lieferwagen gesehen.«

»Bitte, werfen Sie doch einen Blick darauf.« Ich hielt ein Foto meines Bruders in die Höhe, auf dem er zwölf Jahre alt war. »Das war mein Bruder zur Zeit des Einbruchs.«

Sie beugte sich vor, um es sich anzusehen, und brach in schallendes Gelächter aus. »Das ist aber jetzt ein Witz, oder? Wie sollte dieses Bübchen die antike Truhe meines Mannes stehlen, durchs Fenster hieven und dann mit einem Lieferwagen davonbrausen, als sei der Teufel hinter ihm her?«

Ich steckte das kostbare Foto wieder ein und streckte ihr ein Papier entgegen. »Mein Bruder könnte für die Verbrechen, die man ihm vorwirft, hingerichtet werden. Würden Sie diese eidesstattliche Erklärung unterzeichnen, mit der Sie versichern, dass Sie nicht glauben, dass er an dem Verbrechen gegen Sie beteiligt war?«

Die Frau wischte sich noch einmal die Hände an der Schürze ab und griff nach dem Papier. »Es ist einfach nicht recht, wie das heute ist«, murmelte sie. »Unschuldige einfach wegzusperren.«

Von Einbruchshaus zu Einbruchshaus wandernd erklärten wir, was geschehen war und baten die betreffende Person, eine eidesstattliche Erklärung zu unterschreiben. Es war, als würden wir einen Felsen einen Berg hinaufwälzen, und dieser Brocken könnte jederzeit wieder auf uns herunterrollen. Am Abend waren wir so erschöpft, dass wir uns kaum an den Esstisch schleppen konnten. Doch am Ende hatten wir in zwei Monaten mehr als dreihundert Unterschriften gesammelt. Unseren Stapel eidesstattlicher Erklärungen überreichten wir dem Rechtsanwalt, der sie wiederum dem Gericht vorlegte. Stück für Stück wurden die Anklagen von der Liste der meinem Bruder zur Last gelegten Verbrechen gestrichen. Wir weinten in der Kanzlei – wohl ebenso sehr vor Erschöpfung wie vor Erleichterung.

Doch der ursprüngliche Vorwurf des Einbruchs in das Haus des Polizeipräsidenten blieb bestehen.

Der Prozess fand sechs Monate nach der Festnahme meines Bruders statt. Just in jenem Jahr hatte die chinesische Zentralregierung eine neue Drogenpolitik verkündet, die sie als »Volkskrieg gegen die Drogen« propagierte. Neue harte Strafen wurden festgelegt, darunter die obligatorische Todesstrafe für den Besitz von 50 Gramm Heroin. Zum Glück waren weder mein Bruder noch seine Kommilitonen mit Drogen erwischt worden. Doch wir erfuhren, dass der Fall meines Bruders zusammen mit den Fällen der vier anderen Studenten von der Zentralregierung zu einem Musterbeispiel für die Anwendung des neuen Gesetzes ausgewählt worden war. Dies, sagte unser Anwalt, bedeute, dass die Regierung an diesen Jungen ein Exempel statuieren wolle und dass sich das Gericht im Falle eines Schuldspruchs verpflichtet sehen werde, strenge Strafen zu verhängen.

Dies stand im Einklang mit dem Verhalten der KPCh und ihrem härter werdenden Umgang mit dem Uigurengebiet. Vor allem junge uigurische Männer wurden explizit als Kriminelle oder angehende Kriminelle betrachtet und Verbrechen so hart wie nur möglich bestraft. Wie es aussah, wurde jede Gelegenheit, die uigurische Bevölkerung einzuschüchtern, als Sieg verbucht; man hatte begonnen, die Angst als wirksame Waffe einzusetzen, um zu verhindern, dass Menschen sich organisierten, frei ihre Meinung äußerten oder versuchten, die uigurische Kultur zu fördern.

Bei Kaisars Verhandlung saß ich mit meinem Eltern ganz vorn im Gerichtssaal. Hinter uns folgten Reihen über Reihen von Studenten, Freunden, die gekommen waren, um die Angeklagten zu unterstützen. Sogar einige der Dozenten von der Medizinischen Hochschule waren erschienen. Alle fünf Studenten stammten aus prominenten Familien, und der Fall hatte die gesamte Gemeinschaft erschüttert.

Als mein Bruder und seine Freunde den Gerichtssaal betraten, kehrte schlagartig Stille ein. Alle waren groß und gutaussehend und trugen vor Gericht ihre besten Sachen. Dass sie überhaupt ein Verbrechen begangen haben konnten, schien unvorstellbar, und schon gar nicht eines im Zusammenhang mit Drogen. Ich weinte, ließ Kaisar aber nicht aus den Augen, damit er spürte, dass wir ihn unterstützten. Nie würden wir ihn im Stich lassen.

Die Staatsanwälte verlasen die Anklage. Sie behaupteten, die Jungen hätten mehr als fünf Monate lang Heroin konsumiert. Auf einer Party hätten sie damit Bekanntschaft gemacht und seien danach rasch süchtig geworden. In der Neujahrsnacht sei ihnen dann das Bargeld für den Kauf weiterer Drogen ausgegangen, sodass sie sich in einem wohlhabenden uigurischen Viertel ein Haus zum Einbrechen suchten.

Für mich ergab das alles überhaupt keinen Sinn, und da alles, was Kaisar sagte, überwacht wurde, wussten wir nicht, was wirklich passiert war. Doch obwohl unser Anwalt überzeugend darlegte, dass die Studenten überhaupt nichts mit Drogen zu tun hatten, sondern einfach einen Fehler gemacht hatten, wurden sowohl mein Bruder als auch alle anderen für schuldig befunden. Wir hatten kaum auf ein anderes Urteil zu hoffen gewagt.

Und dennoch, als das Strafmaß verkündet wurde, stöhnte der ganze Saal auf.

Zehn Jahre!

Unter normalen Umständen hätte es für einen Einbruch ohne Gewaltanwendung ein bis zwei Jahre gegeben. Bei einem Universitätsstudenten wie meinem Bruder ließ das Gericht zuweilen auch Milde walten und ordnete die Erstattung des Schadens anstelle einer Gefängnisstrafe an. Nun aber würde mein freundlicher, begabter Bruder seine kompletten Zwanziger in einer Gefängniszelle verbringen.

Sie ließen zu, dass wir uns noch einmal rasch umarmten, ehe sie meinen Bruder wegführten. Ich wusste, dass draußen ein Polizeiwagen wartete, um ihn ins Gefängnis zu bringen. Verzweifelt rannte ich hinter das Gerichtsgebäude. Ich konnte ihn einfach nicht gehen lassen. Es dauerte nicht lange, bis ihn die Wärter in Handschellen herausbrachten, sein schöner Anzug bereits jetzt derangiert und zerknittert. Ich rief seinen Namen, versuchte, ihn ein letztes Mal zu umarmen. Doch die Polizisten stießen mich grob beiseite und schoben ihn in den hinteren Teil des Transporters. Der Wagen setzte sich in Bewegung, und ich rannte hinterher und versuchte, Kaisar so lange wie möglich mit den Augen festzuhalten. Er saß am Rückfenster des Kastenwagens, eine Hand seitlich festgekettet, und ich sah seine verzweifelten Augen, die durchs Fenster zu mir zurückstarrten.

***

Ich erlitt eine Art Zusammenbruch. Bis dahin hatte ich mich noch gerade so zusammengerissen, doch nach dem Urteil konnte ich nicht mehr essen, nicht mehr schlafen, alles schien sinnlos. Es war, als hätte sich alles in meinem Leben in diesem einen Moment verändert. Vor Kaisars Verhaftung hatte ich geglaubt, Großes erreichen zu können. Vor dem Spiegel hatte ich Tanzbewegungen eingeübt, Gedichte rezitiert und davon geträumt, vor riesigen Zuschauermengen aufzutreten. Doch nach dem Prozess war mir alles egal. Manchmal ging ich zu den Vorlesungen, manchmal konnte ich mich nicht einmal zum Aufstehen aufraffen. Ich sang nicht, tanzte nicht, summte nicht mal vor mich hin. Meist blieb ich bei meinen Eltern statt im Studentenheim und zog mich immer stärker vor meinen Freundinnen und Kommilitonen zurück. Nicht einmal mit Mehray wollte ich reden, obwohl sie nie auch nur ein einziges kritisches Wort verlor. Ich wollte einfach in Ruhe gelassen werden.

Trotzdem kam Elzat oft vorbei, egal, ob ich zum Reden aufgelegt war oder nicht. Langsam öffnete ich mich ihm, erzählte ihm von meiner Depression. Ich erzählte ihm, wie anders mir meine Eltern vorkämen, wie viel älter und zerbrechlicher. Sie um Hilfe bitten oder mit ihnen über meine Gefühle reden konnte ich nicht. Sie wurden ja kaum mit dem eigenen Schmerz fertig. Sogar der Gang meines Vaters hatte sich verändert; auf einmal bewegte er sich mit den zögernden Schritten eines alten Mannes.

Bei jeder Mahlzeit deckte meine Mutter immer noch einen Teller für meinen Bruder auf und richtete die erlesensten Leckerbissen darauf an. Unsere Mahlzeiten verliefen meist schweigend, ohne die Scherze und das Gelächter, die unser Haus einst, bevor das alles passiert war, erfüllt hatten. Jeder glückliche Moment fühlte sich an wie ein Verrat an meinem Bruder. Schon ein normales Leben zu führen, war Verrat.

Ein paar Monate nach Kaisars Prozess erlaubten uns die Behörden, ihn zu besuchen. Es war eine beängstigende, demütigende Erfahrung. Bei unserer Ankunft im Gefängnis wurden wir behandelt, als wären wir selbst Kriminelle. Meine Mutter und ich hatten uns bewusst für lange, sorgfältig gebügelte Kleider entschieden und die Haare züchtig aus dem Gesicht zurückgenommen, mein Vater trug einen seiner besten Anzüge. Dennoch musterten uns die Wärter voller Verachtung. Sie klatschten uns die Formulare zum Unterschreiben auf den Tisch und ließen uns dann auf einer schmalen Bank in einem versifften Wartezimmer sitzen. Offenbar waren sie der Ansicht, falls wir jemanden da drinnen besuchen wollten, gehörten auch wir da hinein.

Dennoch war mir die Grobheit der Wärter und die Art, wie sie durch mich hindurchzusehen schienen, egal. Mein Bruder fehlte mir so sehr, und wir durften ihn allenfalls einmal im Monat besuchen. Nachdem wir uns lange so nahe gewesen waren, empfand ich die Trennung wie einen Stachel in meinem Herzen, der mich manchmal sogar mitten in der Nacht mit einem jähen Schmerz aufweckte. Kein Tag verging, ohne dass ich an ihn dachte oder mir Sorgen um sein Wohlergehen machte. Und ich wusste, meinen Eltern ging es genauso.

Etwa neun Monate nach Kaisars Verurteilung fragte ich meine Eltern, ob ich ihn nicht einmal allein besuchen könne.

Ich wusste, dass die Besuche, meinen Bruder eingesperrt wie ein Tier zu erleben und ihm nicht helfen zu können, eine große Belastung für sie waren. Außerdem war mir klar, dass mein Bruder vor ihnen niemals offen über seine Situation sprechen würde. Wir sahen beide, wie sehr diese Prüfung unseren Eltern zugesetzt hatte.

Sie erklärten sich einverstanden, sodass ich mich für schlichte, adrette Kleidung entschied und einen Korb mit ein paar Sachen packte, um die er gebeten hatte, wie etwa saubere Socken und frisches Naan.

Mit kaltem Blick überflog der Wärter die von mir ausgefüllten Formulare – die gleichen, die ich jedes Mal ausfüllte – und ließ mich durch eine Sperre hinein in den inneren Raum. Drinnen gab es eine lange Reihe von Stühlen, die durch Glaswände voneinander getrennt waren. Auch die Insassen befanden sich hinter einer Glaswand, die zwar transparent aber offensichtlich völlig undurchdringlich war. Ich nahm auf dem harten Holzstuhl Platz, auf den der Wärter deutete.

Mein Bruder wurde hereingebracht und auf den Stuhl auf der anderen Seite der Glaswand geschoben. Sofort legte ich meine Hand auf die Scheibe, und er drückte seine Finger von der anderen Seite gegen meine. Das war das Innigste an Kontakt, was uns möglich war. Er hatte ein paar neue Falten im Gesicht, und seine Augen wirkten angestrengt, doch er war noch immer der Junge, mit dem ich aufgewachsen war, den ich, typisch ältere Schwester, beschützt, verwöhnt und gescholten hatte. Ich musste meine Tränen hinunterschlucken.

Er griff nach dem Hörer auf seiner Seite der Scheibe, und ich nach meinem. Wir wussten, dass die Wärter zuhörten, sodass wir stets auf der Hut waren.

»Wo sind denn Apa und Dada heute?«

»Ich habe sie gebeten, mal allein kommen zu dürfen«, erwiderte ich. »Ich wollte, dass wir offen reden können.«

Er wich meinem Blick aus. »Mach dir um mich keine Sorgen. Mir geht es ganz gut hier drin.«

»Das sagst du immer. Sag mir die Wahrheit.«

Er lächelte matt. »Die Wahrheit ist, ich habe einen furchtbaren Fehler gemacht, und das ist der Preis dafür. Ich habe es akzeptiert. Ich habe ziemlich viel dazugelernt. Es musste so kommen.« Dann schüttelte er den Kopf, als wolle er etwas loswerden. »Abgesehen davon geht es mir wirklich gut.« Er grinste mir zu. »Außerdem muss ich den anderen Häftlingen Chinesisch-Unterricht geben, ist das zu fassen?«

Das entlockte mir denn doch ein Schmunzeln – die Chinesisch-Noten meines Bruders hatten nie an meine herangereicht.

Jemand war hereingekommen und saß nun in der Glaszelle neben meiner. Ein schwacher Geruch nach Zigaretten, Bier und Schweiß drang zu mir herüber. Ein Mann wurde hereingebracht und nahm hinter der Scheibe ihm gegenüber Platz.

»Sie behandeln mich ganz anständig, wirklich«, meinte Kaisar. »Aber das Essen ist grauenhaft. Ich kann es kaum erwarten, mich auf dieses Naan zu stürzen.«

Mir fiel auf, dass die beiden Männer, die gerade hereingekommen waren, nicht miteinander sprachen. Ich spürte, wie ihre Augen an mir auf- und abwanderten, und zog mir den Mantel fester über die Brust.

Die Augen meines Bruders verengten sich, und er beugte sich jäh nach vorn zu dem Mann in der Zelle neben meiner. »Hey, das ist meine Schwester. Sicher, dass du sie so anglotzen willst?«

Ich hatte Angst, den Kopf zu drehen. Aus dem Augenwinkel erhaschte ich einen Blick auf ein hageres, hartes Gesicht über einem offenem Hemd. Er schien Ende zwanzig zu sein, hatte einen langen Hals und ein ungewöhnliches Tattoo, das sich über seine Stirn bis zu den Augenbrauen erstreckte.

Der Mann lächelte, und seine Augen verengten sich zu

unangenehmen Schlitzen. »Komm doch raus und tu was dagegen.«

Der Körper meines Bruders spannte sich an und er sprang fast von seinem Stuhl.

»Du!« Ein Wärter stürzte auf uns zu. »Vergessen, wo du bist?« Er legte meinem Bruder mäßigend die Hand auf die Schulter.

Der andere Gefangene lehnte sich in seinen Stuhl zurück und verschränkte verächtlich die Arme. Auf seinem Handrücken war in blauer Tinte etwas Chinesisches tätowiert, wahrscheinlich das Abzeichen einer Gang. Er konnte kaum älter als Kaisar sein, sah jedoch aus, als habe er schon weit mehr Gefängnisse von innen gesehen als mein Bruder.

Ich wusste nicht, warum die beiden Männer Kaisar reizen wollten, aber ich wusste, dass ich verschwinden musste, ehe die Sache eskalierte. Ich wickelte meinen Mantel um mich, als sei er eine Rüstung, und erhob mich. Der Geruch nach Alkohol und Schweiß war so übel, dass ich einen Brechreiz unterdrücken musste.

»Sag unseren Eltern, dass es mir gut geht, Gul.« Kaisar erhob sich, ehe ihn der Wärter hochzerren konnte. »Und komm nie wieder allein hierher.« Dann ließ er den Hörer sinken und war wieder verschwunden.

Drei Tage später erhielten wir einen Anruf von einem der Gefängniswärter. Mein Vater nahm ihn entgegen, und während er lauschte, nahm sein Gesicht einen beängstigenden Grauton an. Er legte den Hörer auf und verzog sich stumm für den Rest des Nachmittags in sein Büro. Ich konnte hören, dass er von dort aus weitere Anrufe machte, aber nicht, was er sagte.

Beim Abendessen war mein Vater sehr schweigsam. Dann sagte er: »Kaisar ist in Isolationshaft.«

Meine Mutter rang nach Luft. Ich spürte, wie mir eine kalte

Hand in den Nacken griff. Ich hatte das schreckliche Gefühl, dass es mit meinem Besuch zu tun hatte.

»Was ist passiert?«, zwang ich mich zu fragen.

Mein Vater wich unseren fragenden Blicken aus. »Ich habe mit einigen Wärtern gesprochen, und alle sagen, dass er grundlos einen Mann angegriffen hat, einen anderen Gefangenen. Mehr konnte ich nicht aus ihnen herauskriegen.« Er stieß einen tiefen Seufzer aus. »Ich werde morgen früh den Anwalt aufsuchen.« Es dauerte ein, zwei Monate, bis sich der Anwalt mit der Auskunft, was sich da abgespielt hatte, bei uns meldete.

Es hatte mit dem Häftling zu tun, der mich im Besuchszimmer angestarrt hatte. Er war ein Lebenslänglicher, der wegen Bandenkriminalität und Mord saß. Er und mein Bruder lagen schon eine ganze Weile in Clinch miteinander, aus welchem Grund, erfuhren wir nicht. Vielleicht war er neidisch auf meinen Bruder, oder vielleicht langweilte er sich auch nur und hatte nichts zu verlieren. Nach meinem Besuch hatte der Lebenslängliche zu Kaisar gesagt, er habe eine sehr hübsche Schwester und ihm in einigen schmutzigen Details geschildert, was er gerne alles mit mir anstellen würde.

Mein Bruder hatte das nur bis zu einem gewissen Punkt ausgehalten und ihm dann einen harten Schlag aufs Maul verpasst. Hätte Kaisar es zu lange laufen lassen, hätte er den Respekt der anderen Insassen verloren und sich gegenüber allen und jedem angreifbar gemacht. Der Lebenslängliche hatte durch die blutverschmierten Zähne gelächelt, meinen Bruder angesehen und dann seinen eigenen Kopf auf die scharfe Kante einer Tür geknallt. Blut spritzte aus seiner Schläfe, während die Wärter in den Raum stürzten.

Der Anwalt brachte einen der Zeugen dazu, den Wärtern den wahren Hergang zu schildern, und sie entließen meinen Bruder aus der Einzelhaft. Doch das war, nachdem er bereits drei Monate allein in einem winzigen Drecksloch gesessen hatte, und ich wusste, dass ich ihn da hineingebracht hatte. Der Schmerz war meine neue Realität.

***

Unter der Belastung, die die Haft meines Bruders für mich darstellte, hatte ich das Tanzen völlig aufgegeben. Vorher hatte ich getanzt, weil ich Freude empfand und weil ich die Schönheit der Welt unmittelbar physisch zum Ausdruck bringen wollte. Danach fühlte ich eine solche Schwere, dass ich meinte, nie wieder das Kinn heben zu können, ganz zu schweigen von Armen und Beinen, um zu tanzen. Und angesichts all dessen, was passierte, fehlte es mir nicht einmal.

Doch eines Nachmittags passte mich eine Studentin ab, als ich gerade aus meinem Mathemathikseminar kam. »Der Präsident will dich sehen«, meinte sie atemlos. »Jetzt sofort!«

Ehe ich zu seinem Büro eilte, zupfte ich mir noch die Kleidung zurecht und schob ein paar lose Haare in meinen Zopf. Mein Aussehen bedeutete mir zwar nicht mehr viel, aber ich wollte wenigstens vorzeigbar sein.

Mit höflich gefalteten Händen stand ich vor seinem Schreibtisch und wartete, dass er zu sprechen begann.

»Als du an unsere Schule gekommen bist, Gulchehra, waren wir alle so stolz, eine Studentin wie dich in unserer Mitte zu haben«, begann er. »Akademischer Erfolg, Gesang, Tanz – so viel Talent!« Er senkte die Stimme und betrachtete mich nachdenklich. »Ich weiß um die Situation deines Bruders. Es muss für deine ganze Familie sehr schwierig sein. Aber du darfst nicht zulassen, dass das dein Leben zu stark beeinflusst. Du bist eine junge Frau und hast eine glänzende Zukunft vor dir. Solltest du diese Zukunft in den Wind schlagen, so wäre das eine Tragödie, die eine bereits bestehende Tragödie noch verschlimmert.«

Ich nickte gehorsam, empfand jedoch nichts. Es war mir egal.

»Du sollst wissen, dass die Fakultät erwägt, dir nach deinem Abschluss eine Stelle an der Universität anzubieten.«

Damit hatte er zum ersten Mal meine Aufmerksamkeit geweckt. Denn ein mögliches Jobangebot war mit Sicherheit nicht zu verachten; alle meine Freunde hatten Angst, nach unserem Abschluss keinen Job zu finden. Ich hatte nicht die Energie gehabt, groß darüber nachzudenken, aber ich wusste, dass ich meinen Eltern nicht auf der Tasche liegen wollte. Ich wollte unabhängig sein, und eine feste Anstellung an einer guten Universität würde mir genau das ermöglichen.

Der Präsident redete noch immer. »In diesem Frühjahr gibt es ein sehr wichtiges Kulturfestival, und alle Universitäten werden an den Vorführungen und Wettbewerben teilnehmen. Wir wollen uns natürlich von unserer besten Seite zeigen. Und selbstverständlich würden wir uns wünschen, dass du am Tanzwettbewerb teilnimmst. Wenn du gut abschneidest und unserer Universität Ehre machst, dann sehe ich nicht, wie jemand es ablehnen könnte, dir hier eine Stelle zu geben.«

Seine Stimme klang zwar sanft, doch was er meinte, war ebenfalls klar. Wenn ich keinen Erfolg hatte, würde jemand anders den Job bekommen, und wer wusste, was für eine Zukunft mir dann bevorstand. Mir wurde schwindlig. Es war, als sei ich aus einer Art Stillstand herausgeschleudert worden. Plötzlich spürte ich wieder tief in meinem Bauch, dass ich eine Zukunft hatte und dass sie von mir abhing.

Ich straffte die Schultern unter meiner weiten schwarzen Strickweste. »Es wäre mir eine Ehre, für unsere Universität anzutreten. Ich werde mein Bestes geben.«

Rasch wurde mir klar, dass das Festival eine große Sache war. Jeder Anlass, bei dem Han-Studenten und Uiguren miteinander wetteiferten, erhielt schon allein dadurch zusätzliche

Bedeutungsebenen; ein tiefer kultureller Stolz stand auf dem Spiel. Die Universität engagierte mit hohem Aufwand einen berühmten Tanzlehrer vom uigurischen Kulturzentrum, um einen Tanz für uns zu choreografieren. Die Grundidee dabei war, sowohl ein Ensemble zu haben als auch eine Solotänzerin. Ich sollte die erste Tänzerin sein, die Blume im Zentrum vierzig weiterer Mitwirkender. Zu meiner Freude erfuhr ich, dass Mehray in der Gruppe mittanzen sollte.

Wir hatten zwei Monate, um die Show auf die Beine zu stellen, und ich stürzte mich mit Feuereifer in die Arbeit. Wir übten jeden Tag, manchmal stundenlang am Stück, und mein Körper war ständig überreizt. Wir massierten uns gegenseitig die Füße und lachten miteinander über die riesigen Schwielen. Es fühlte sich so wundervoll an, wieder Teil eines Teams zu sein. Elzat war nicht begeistert, dass ich plötzlich so viel Zeit im Training verbachte statt mit ihm, aber ich nahm sein Gemaule kaum wahr.

Mit 41 Tänzern passten wir in keines der Tanzstudios der Universität. Stattdessen mussten wir – zwischen den Essenszeiten – eine der Cafeterias auf unserem Campus benutzen. Der Fußboden war ölig und manchmal verdreckt, und es herrschte nicht gerade die angenehmste Atmosphäre, aber wir hatten nichts anderes. Jeder arbeitete mit äußersten Einsatz. Ich hatte auch vorher schon komplizierte Tanzbewegungen einstudiert, doch dies war die bei Weitem herausforderndste Choreografie, die man mir je vorgegeben hatte. Vieles davon basierte auf traditionellen uigurischen Tänzen, mit Unmengen komplizierter Handgesten und anmutigen Rumpfbewegungen nach den Seiten. Doch es gab auch einen vom Ballett inspirierten Choreografieteil, mit dem ich weniger vertraut war. Vor allem nach monatelanger Tanzabstinenz hatte ich das Gefühl, mich richtig anstrengen und eine Menge nachholen zu müssen, und die Zeit war verdammt knapp.

Wir hatten sogar eine halbprofessionelle Tänzerin in unserer Gruppe, die Ehefrau eines der Professoren unserer Uni. Aynur war früher mit einer regionalen Tanztruppe aufgetreten. Sie war Mitte zwanzig, wirkte mit ihrem starken Make-up und den dünnen Augenbrauen allerdings älter, als sie war. Sie war schlank und recht klein, sodass sie stets hohe Absätze trug. Wir alle nahmen an, dass sie kam, weil ihr langweilig war.

Eines Abends, mehr als einen Monat nach Trainingsbeginn, übten wir gleich nach dem Aufräumen und der Ausgabe des Abendessens in der Cafeteria. Ich arbeitete an der Ballettsequenz, in der ich einen hohen Spagatsprung machen musste, um dann unsicher auf hohen Absätzen zu landen. Ich hatte konstant daran gearbeitet, seit der Choreograf mir die Bewegung gezeigt hatte, und ich beherrschte sie immer noch nicht. Ich suchte mir eine ruhige Ecke der Cafeteria, wo ich nicht jedem im Weg stand, und begann zu springen und mich immer stärker zu fordern. Allmählich spürte ich, dass ich bei meinen Sprüngen wirklich abhob. Meine Beinmuskeln zitterten vor Anstrengung, aber ich fühlte mich beflügelt. Ich wollte abheben und fliegen. Ich war schon so ziemlich am Ende, als ich einen letzten Sprung machte und auf einer glitschigen Stelle auf dem Boden landete. Meine Ferse rutschte unter mir weg, und ehe ich wusste, wie mir geschah, krachte mein Knie mit einem entsetzlichen Knirschen auf den Boden. Mein Körper krümmte sich so heftig, dass meine Armbanduhr auf dem Boden in tausend Stücke zersprang.

»Beweg dich nicht, Gul, keinen Zentimeter!«, riefen alle gleichzeitig.

Ich war viel zu benommen, konnte nur daliegen und ihnen wie aus großer Entfernung lauschen. Schließlich hoben mich zwei der männlichen Tänzer mühelos und vorsichtig auf wie einen verletzten Vogel und trugen mich in die Campus-Klinik.

Zwei Tage lang war das Training abgesagt. Die Ärztin

meinte, ich hätte Glück gehabt. Ich hatte meiner Kniescheibe zwar keinen bleibenden Schaden zugefügt, aber alles war steif und geschwollen. Wenigstens drei Monate lang dürfe ich mein Bein nicht mehr belasten, hieß es, nicht einmal gehen, wenn es sich vermeiden ließ.

»Aber ich muss in vierzehn Tagen an einem Tanzwettbewerb teilnehmen!«, erklärte ich ihr. »Das ganze Team zählt auf mich. Ich kann nicht einfach wegbleiben.«

Die Ärztin klappte die Krankenkartei zu. »Der einzige Wettbewerb, der für Sie infrage kommt, wäre vielleicht der, wie viel Erholung und Ruhe sie in einen Tag packen können.«

Wieder suchte ich den Universitätspräsidenten auf, hinkte vorsichtig auf Krücken zu ihm hinein. Mein Knie war geschwollen, schmerzte und fühlte sich heiß an. Doch ich war entschlossen, rasch wieder gesund zu werden. Durch den Tanzwettbewerb hatte ich zu mir selbst zurückgefunden, war fast wieder geheilt, und der Gedanke, dass mir das nun alles wieder genommen werden sollte, war unerträglich.

Als ich das Büro des Präsidenten betrat, sah ich zu meiner Überraschung, dass Aynur bereits da war und anmutig auf einem Stuhl auf einer Seite des Schreibtischs saß. Ich nahm vorsichtig auf dem zweiten Stuhl Platz.

Die Tür zum Büro öffnete sich erneut, und herein trat Herr Wang, der Vertreter der KPCh an unserer Universität. Alle Studenten kannten ihn schon von Weitem. Seine Position war eine sehr machtvolle, da alle wichtigen Entscheidungen an der Universität von ihm abgesegnet werden mussten.

Herr Wang verlor keine Zeit. »Gulchehra, ich habe mit der Ärztin gesprochen. Sie sagt, dass deine Verletzung erheblich ist und du Ruhe brauchst. Deine Gesundheit und Sicherheit haben selbstverständlich Priorität. Nun sind aber, wie wir alle wissen, auch vierzig weitere Tänzer und Tänzerinnen betroffen. Vierzig andere Tänzer, die unermüdlich trainiert haben, um unserer Schule Ehre zu machen. Unser Ziel ist, zu gewinnen. Das ist keine leichte Aufgabe, aber unsere Studenten opfern ihre Zeit und Energie, um es wahr zu machen. Natürlich wissen wir alle deine Bemühungen zu schätzen. Aber jetzt ist es Zeit, beiseitezutreten.«

Der Präsident seufzte schwer. »Wir haben entschieden, Aynur den Part der Primaballerina tanzen zu lassen.«

»Nein!«, schrie ich, ohne nachzudenken. »Nein, es sind immer noch … zehn Tage bis zum Wettbewerb. Ich habe Tag und Nacht dafür trainiert!«

»Die Ärztin meint, es ist unmöglich, dass du dich schnell genug erholst, um gefahrlos tanzen zu können.«

»Gulchehra«, sagte Aynur leise. »Ich kenne die Bewegungen. Ich habe deine Choreografie schon eingeübt. Ich werde dem Team Ehre machen, das verspreche ich dir.«

Ich war verzweifelt. »Glauben Sie mir, wenn es so weit ist, werde ich tanzen können. Ich werde ins Training gehen und mir alle Veränderungen in der Choreografie einprägen.«

»Wir können nicht riskieren, dass wir den Wettbewerb deinetwegen verlieren«, erwiderte Aynur, und ihre Stimme war geschmeidig wie eine sich durchs Gras schlängelnde Schlange.

»Bitte, nehmen Sie mir das nicht weg«, bettelte ich und kämpfte gegen meine Tränen an.

Mr. Wang und der Präsident wechselten Blicke.

Schließlich meinte der Präsident: »Wir warten noch eine Woche. Du, Aynur, tanzt im Training, und du, Gulchehra, gönnst deinem Knie eine Pause. Nach einer Woche könnt ihr uns beide vortanzen, und wir entscheiden, wer auftritt.«

Als ich am nächsten Tag zur Probe kam, hielt Mehray mich fest und umarmte mich.

Sie blickte auf mein Knie hinunter, das sogar unter dem Kompressionsverband deutlich geschwollen aussah. »Wirst du rechtzeitig für den Wettbewerb wieder okay sein?«

»Ja.« Ich ließ mir auch nicht den Hauch eines Zweifels anmerken.

Der Choreograph klatschte in die Hände, um alle Tänzer zusammenzurufen, und sie eilten herbei, um ihre Formation zu bilden.

Mehray zog scharf den Atem ein. »Was macht denn Aynur da in der Mitte? Sie steht auf deinem Platz!«

Ich zuckte die Achseln, so gut das mit den Krücken unter den Armen möglich war. »Sie glaubt, dass sie meinen Part tanzen wird.«

Mehray hob eine Augenbraue. »Oh? Das sollte sie sich aber besser noch mal überlegen.«

Ich drückte Mehray den Arm und ließ sie gehen, damit sie sich in die Gruppe einreihen konnte.

Nach einer Woche ging es meinem Knie zwar schon viel besser, aber es tat noch immer ziemlich weh. Ich hatte mich komplett auf meine Genesung konzentriert, auf Ruhe und Massage und die Anwendung von Eis- und Wärmekompressen. Ich hatte alles ausprobiert, was mir zur Beschleunigung des Heilungsprozesses einfiel. Am Abend, bevor ich für den Präsidenten tanzen musste, bat ich meine Mutter, mir etwas gegen den Schmerz zu geben.

»Gul, das kann ich nicht«, sagte sie und rieb sich erschöpft die Nasenwurzel. Ihr Haar war grau geworden, und sie kniff nun, wenn sie Rezepte schrieb, die Augen zusammen. »Weil du es dadurch wahrscheinlich noch schlimmer machst.«

Ich trat neben ihren Stuhl und kniete mich neben sie auf den Boden, wie ich es als Kind immer getan hatte. »Bitte, Apa. Ich brauche es. Nach allem …«

Sie fuhr mir mit der Hand übers Haar, dann hob sie mein Kinn, um mir in die Augen zu schauen. »Armes Mädchen, ich sehe, was ich tun kann.«

Als ich am nächsten Morgen in die Cafeteria kam, waren

mehrere Reihen des improvisierten Zuschauerraums bereits mit hochrangigen Funktionären der Universität, unter anderem dem Präsidenten und Herrn Wang, besetzt. An den Rändern wärmten sich die Tänzer auf und lächelten mir zu, als ich eintrat.

Mehray winkte mich zu sich. »Wie geht's deinem Knie?«

»Ok«, sagte ich. »Ich werde tanzen können.« Mein Knie fühlte sich trotz der Spritze, die mir meine Mutter am Morgen verabreicht hatte, steif und empfindlich an.

»Das dämpft den Schmerz für ein paar Stunden«, hatte sie gesagt. Übertreib es nicht. Du willst ja nicht, dass am Ende noch eine schlimmere Verletzung dabei rauskommt.«

Schließlich nahmen alle ihre Plätze auf der Bühne ein. Aynur wurde aufgerufen, um als Erste zu tanzen. Ich sah sie auf der Bühne herumwirbeln. Ihre Beinarbeit war leicht und präzise, doch es fehlte an Leidenschaft. Sie wirkte, als tanze sie aus dem Gedächtnis statt aus dem Gefühl. Und die Ensembletänzer um sie herum sahen aus, als bewegten sie sich nur mechanisch.

Alle klatschten höflich, als Aynur die Bühne verließ. Ich zupfte nervös an meinem Tanzkostüm. Ich musste das schaffen. Die anderen Tänzer flüsterten mir aufmunternd zu, als ich meinen Platz unter ihnen einnahm. Mehray warf mir ein breites Lächeln zu. Ich wusste, dass sie an mich glaubte, und ihr Glaube gab mir Mut.

Als die Musik einsetzte und wir zu tanzen begannen, sprühte der Raum plötzlich vor Energie. Alle spürten es. Unsere Sprünge waren höher, unsere Pirouetten schneller. Ich trieb meine Streckungen so weit, wie es gefahrlos möglich war, und erlebte die gleiche Freude, die ich beim Tanzen immer verspürte. Mehr als alles andere wollte ich mir selbst beweisen, dass ich es schaffen konnte. Nie würde ich aufhören, es zu versuchen.

Als wir fertig waren, jubelten und johlten die Tänzer. Mehrere der Mädchen umarmten mich. Wir wussten, dass wir eine Erfolgschoreografie hatten.

Die Hochschul-Offiziellen im Publikum tauschten Blicke aus. Der Präsident erhob sich und bat uns, den Raum für zehn Minuten zu verlassen, während sie diskutierten. Als wir ihn wieder betreten hatten, harrten wir erwartungsvoll ihrer Erklärung.

»Wir haben beschlossen«, sagte Herr Wang, »dass Aynur bei diesem Wettbewerb tanzen soll.

Eine schockierte Stille trat ein.

Ich konnte es nicht glauben. Doch gegen eine vom Vertreter der KPCh getroffene Entscheidung konnte man nichts einwenden, und das wussten wir alle. Ich sah Aynur nicht einmal an, schlüpfte nur aus meinem Tanzkostüm und ließ es zu Boden fallen. Ich stand da in meinen Trainingsklamotten und wollte gehen. Mein Knie begann zu pochen, und plötzlich war es, als sei ich wieder in jenem Hotelzimmer am Filmset, wo Ilham mir gesagt hatte, dass ich die Rolle verloren hatte. Ich begann Richtung Tür zu hinken.

»Warte. Wenn Gul nicht mittanzt, tanze ich auch nicht.«

Langsam drehte ich mich um. Es war Mehray. Auch sie hatte ihr Kostüm ausgezogen und stand zerzaust und mit zornigen Augen da.

»Lauf mal besser nicht weg, junge Dame!«, brüllte Herr Wang sie an. »Dein Verhalten wird nicht ungestraft bleiben!«

»Aynur ist nicht mal Studentin hier«, meinte nun der männliche Vortänzer ruhig. »Wir wollen doch nicht mit einer Schwindlerin in einen Wettbewerb gehen. Was ist, wenn jemand dahinterkommt und wir disqualifiziert werden? Dann war all die harte Arbeit umsonst.«

Für einen atemlosen Moment trat Stille ein. Dann begannen alle 39 Tänzer ihre Kostüme abzustreifen, bis der Boden der Cafeteria mit bunten Stoffteilen übersät war.

Mehray sagte zu Herrn Wang: »Vielleicht kann Aynur ja für uns alle einspringen.«

Dann hakte sie mich unter, und wir verließen den Raum, eine geschlossene Gruppe, genau wie wir es auch auf der Bühne waren.

Am nächsten Tag rief eine unserer Dekaninnen von der Uni bei uns zu Hause an und bat mich, in ihr Büro zu kommen. Es war eine Uigurin mit freundlichem, breitem Gesicht inmitten von Bücherstapeln, die die gesamte Tischplatte ihres Schreibtischs bedeckten.

Sie räusperte sich. »Nun, Gulchehra, du hast deine natürlichen Führungsqualitäten ja wahrlich unter Beweis gestellt. Ich komme eben von einem Treffen, und wir haben beschlossen, dich tanzen zu lassen.«

Ich schlug mir vor Freude die Hände vor den Mund. Ich würde also doch noch meine Chance bekommen!

Die nächste Woche verging wie im Traum, die Proben dauerten gefühlt Tag und Nacht. Mein Knie tat mir weh, aber ich konnte tanzen, und das tat ich.

Wir fuhren zu dem Wettbewerb und tanzten uns die Seele aus dem Leib. Jede Bewegung, die ich machte, jede Geste, jeder Sprung und jede Hebung, es war alles für meinen Bruder. Meine Füße wurden gehoben wie von kleinen Propellern, und jeder Schritt, den ich tat, kam mir vor ein kleiner Satz. Am Ende überzeugte unsere Choreografie die Preisrichter, und wir landeten auf dem ersten Platz. Ich hatte Herrn Wang noch nie lächeln sehen, an diesem Tag aber grinste er übers ganze Gesicht.

Es war nur ein Tanzwettbewerb, und dennoch bestimmte er meine Zukunft auf eine Art und Weise, die ich erst nach und nach begreifen konnte. Erstens erhielt ich ein offizielles Jobangebot für eine Unistelle, sobald ich meinen Abschluss in der Tasche hätte. Meine Zukunft schien also endlich gesichert. Und zweitens, was genauso wichtig war: Mehray wurde eine lebenslange Freundin. Sie hatte so viel riskiert, als sie der Universitätsleitung die Stirn geboten hatte, und ich lernte von ihrem Mut und ihrer Selbstlosigkeit. Manchmal musste man gewaltige Risiken auf sich nehmen, um zu tun, was man für richtig hielt. Mein Vater hatte mich gelehrt, dass das Wort »Uigur« ursprünglich »Zusammengehörigkeit« oder »Einheit« bedeutete. Ich schwor mir, niemals zu vergessen, von welch entscheidender Bedeutung solche Loyalität war.

***

Während mein Abschlussjahr fortschritt, spürte ich langsam, wie ich mein Leben wieder in den Griff bekam. Mein Bruder aber musste sich nach wie vor mit dem Alltag im chinesischen Strafvollzug herumschlagen. Wochen konnten ohne den geringsten Zwischenfall vergehen, und dann geschah etwas, das das fragile Gleichgewicht störte, etwa als wir erfuhren, dass mein Bruder sein Leben riskiert hatte, um einem anderen Häftling das Leben zu retten.

An einem ansonsten ganz gewöhnlichen Tag hatte es ein Insasse von Kaisars Abteilung geschafft, ein scharfes Schälmesser aus der Küche zu stehlen. Er fuchtelte damit herum und drohte, sich damit umzubringen, sollten die Wärter ihn nicht freilassen. Jeder wusste, dass das ausgeschlossen war, aber man wollte auch nicht, dass der Mann sich während der eigenen Schicht umbrachte. Einer der Wärter versuchte ihn zu packen, doch der Mann hieb mit dem Messer nach ihm. Dann schlitzte er sich zur Warnung den eigenen Arm auf, sodass grellrote Blutstreifen über seine Kleidung und auf den Boden spritzten. Danach wagte sich keiner mehr in seine Nähe.

Kaisar hatte sich schon früher mit dem Mann unterhalten und wusste, dass er ein Hui-Muslim war. Die Hui sind als Ethnie nicht von den Han zu unterscheiden, aber sie praktizieren schon seit Jahrhunderten den Islam. Nachdem die KPCh das Uigurengebiet übernommen hatte, zogen Hunderttausende Hui aus westlichen Teilen Chinas wie etwa Gansu gemeinsam mit den Han in unsere Gegend, um wie diese von den wirtschaftlichen Chancen zu profitieren. Sie standen im Ruf, sehr fromme Muslime zu sein, und mein Bruder hatte sich dieses Wissen zunutze gemacht.

Er näherte sich dem Mann sehr vorsichtig, blieb in mehreren Metern Entfernung stehen. »Freund, es ist in Ordnung, wenn du stirbst. Du bist nur ein Dealer, und niemanden wird es kümmern, wenn du hier drinnen stirbst. Aber du kannst dich nicht umbringen, ohne die Schahada zu sprechen.«

Auch wenn mein Bruder und ich nicht in einer frommen Familie aufgewachsen waren, kannten wir dennoch die wesentlichen Grundsätze unserer Religion, und Kaisar wusste, dass er so die Aufmerksamkeit des Mannes bekommen würde. Die Schahada ist das muslimische Glaubensbekenntnis. Es ist die erste der fünf Säulen des Islam, jener Vorschriften, nach denen ein guter Muslim leben sollte, und sie wird häufig laut gesprochen, um den eigenen Glauben zu bekräftigen.

Einen Moment lang hörte der Mann auf, mit dem Messer herumzufuchteln.

»Wenn du dir das Leben nimmst«, insistierte Kaisar, »landest du in der tiefsten Hölle. Da kannst du doch genauso gut die Schahada sagen und dir was Gutes tun, bevor du gehst, indem du deine Hingabe bekräftigst. Schau, ich spreche sie mit dir. *Ich bezeuge, es gibt keinen Gott außer Allah* …«, begann mein Bruder zu rezitieren, »… *und Mohammed ist sein Prophet* …«

Auch der Mann begann zu beten, schloss die Augen und neigte den Kopf, während das Blut ungehindert an seinem Arm hinunterlief und auf den Boden tropfte. Rasch näherten sich ihm zwei der Wärter und packten ihn. Sie entwanden ihm das Messer, und der Mann begann zu schluchzen.

»Lassen Sie mich seine Wunde verbinden!«, drängte Kaisar, während er sein eigenes Hemd über den Kopf zog, um die Blutung zu stillen. »Er verblutet uns sonst.«

Danach begannen ihn sogar die Wärter ein wenig zu respektieren. Für sein Eingreifen erließ das Gericht Kaisar drei Jahre seiner Haftstrafe und versetzte ihn ins Gefängniskrankenhaus, wo er als Krankenpfleger oder Sanitäter oder auch als Putzmann arbeitete, je nachdem, was gerade gebraucht wurde.

»Es ist zwar nicht direkt Freiheit«, erzählte uns mein Bruder, »aber wenigstens habe ich den ganzen Tag über etwas zu tun.«

Wenn ich an Kaisar dachte, der hinter Gittern saß, hatte ich oft Schuldgefühle wegen der Freiheit, die ich draußen, in der wirklichen Welt, genoss. Was mich umso entschlossener machte, in allem, was ich anfing, mein absolut Bestes zu geben. Ich arbeitete damals an meiner Abschlussarbeit, sammelte lokale Dialekte des Uigurischen aus der Umgebung von Ürümchi. Im Rahmen dieses Projekts reiste ich in die Stadt Kaschgar, von Ürümchi aus eine mehr als dreißigstündige Zugfahrt, um dort zu recherchieren.

Außerhalb Kaschgars gibt es ein wunderschönes Dorf namens Upal. Es liegt in einer kargen Wüstenlandschaft, doch das Dorf wird von einer Oase mit Brunnen und hohen, schmalen Pappeln umschlossen. Upal ist die Heimat von Mahmud al-Kaschgari, des Verfassers eines Wörterbuchs der alttürkischen Dialekte aus dem 11. Jahrhundert und einer der bekanntesten Persönlichkeiten der uigurischen Geschichte. Von meinem Vater hatte ich alles über seine Bücher zur Linguistik und zu den Grundlagen der uigurischen Sprache gelernt. Dass eine Studentin aus der Hauptstadt so weit nach Süden reiste, war ziemlich ungewöhnlich, sodass mir einige Offizielle vom Kaschgar-Bildungszentrum anboten, mich zu Mahmud al-Kaschgaris aufwendig gestaltetem Mausoleum und in die umliegende Gebirgslandschaft zu begleiten. Tatsächlich war das der Grund, warum ich meine Recherchen in einem so weit entfernten Landstrich betreiben wollte. Seit ich ein kleines Kind war, hatte mir mein Vater von Mahmud al-Kaschgari und seinem enormen Einfluss auf die uigurische Kultur erzählt. Dieser Einfluss ist noch überall in unserer heutigen Sprache und Literatur zu erkennen. Viele nennen ihn den Vater der uigurischen Sprache, und er war ein Lehrer für uns alle. Ich wollte an den Ort pilgern, wo er gelebt und studiert und seinen *Dīwān Lughāt al-Turk* beziehungsweise seine *Sammlung der Sprachen der Türken* geschrieben hatte.

Mahmud al-Kaschgaris Grab liegt in unmittelbarer Nähe der berühmten Vierzig Quellen des Dorfes Upal inmitten eines geschützten, etwa vierzig Hektar großen Parks, der von kargen, dürren Bergen umgeben ist. Die Quellen speisen die umgebende Vegetation, und die Hänge sind mit Zedern und Granatapfelbäumen bewachsen. Wo immer Sonne hinfällt, gibt es Wildblumen in allen Farben, ebenso wie wilde Erdbeeren und geduckte immergrüne Sträucher. Und angesichts der Kaninchen, Nachtigallen und Kuckucksvögel, die fröhlich durch die Wälder flitzen, kommt es einem dort vor, als beträte man ein Ölgemälde. Während wir durch die summende Blumenwiese wanderten, fragte ich mich, ob wohl auch Mahmud al-Kaschgari vor all den Jahrhunderten von dem süßen Quellwasser getrunken hatte.

Nach unserer Parktour, als die Verantwortlichen und Kader aus dem Zentrum Kebab essend und Bier trinkend herumhockten, wurde mir allmählich langweilig. Höflich erkundigte ich mich, ob ich mich vielleicht selbst ein wenig umsehen dürfe.

Der oberste Kader gestikulierte breit grinsend mit seinem Kebab. »Selbstverständlich! Geh, genieß unsere herrliche Landschaft, mach viele Fotos und zeig all deinen Freunden daheim, wie wunderschön es hier ist!«

Ich nahm mir eine Flasche Pepsi mit, für den Fall, dass ich Durst bekäme, fand einen hübschen Aussichtsplatz und begann, mir in mein Recherche-Tagebuch zu notieren, was wir an diesem Tag gemacht hatten. Es war einer der ersten Frühlingstage, und das Wetter war herrlich, da eine sanfte Brise die Sonnenglut etwas milderte. In der Wüste kann einem die Sonne riesig vorkommen, wie eine pulsierende, bedrückende Kugel. An jenem Tag, während ich dort saß und meinen kurzen Moment der Stille und Einsamkeit genoss, war sie eher wie eine sanfte Liebkosung.

Während ich in mein Tagebuch schrieb, fiel mein Blick auf ein kleines Mädchen, das aus einiger Entfernung auf mich zukam. Es kam immer näher und blieb etwa fünfzig Meter vor mir stehen. Die Kleine betrachtete mich schüchtern, ruhig, ohne etwas zu sagen. Sie war sehr dünn, ihr Gesicht schmutzig und verschwitzt. In der Hand hielt sie ein Stück Stoff, das sie als Tasche benutzte.

»Komm her«, rief ich ihr zu. »Setz dich ein bisschen zu mir.«

Schüchtern senkte sie das Kinn. »Haben Sie Ihre Flasche schon ausgetrunken?«

Ich musste mich nach vorn beugen, um sie zu hören. »Möchtest du was davon haben? Ich habe sie noch nicht mal aufgemacht.«

Sie schüttelte den Kopf, nein.

Ich merkte, dass sie nicht näherkommen würde, wenn ich weiter mit ihr redete, also tat ich, als würde ich sie ignorieren und mich wieder dem Schreiben widmen.

Sobald ich beschäftigt wirkte, begann sie sich wieder heranzuschleichen, bis sie wenige Meter vor mir stehen blieb. Ich blickte beiläufig auf.

»Hast du Durst? Hier, trink doch.«

»Ich habe keinen Durst. Ich brauche Ihre Flasche.«

»Meine Flasche.« Ich war überrascht. »Warum denn das?«

»Damit ich sie eintauschen kann.« Sie deutete auf ihre behelfsmäßige Tasche. »Ich habe schon elf gesammelt. Wenn Sie mir Ihre geben, habe ich genug, um ins Dorf zu gehen und sie einzulösen.«

»Sobald meine Flasche leer ist, kannst du sie haben, versprochen.« Ich klopfte auf den Boden neben mir. »Setz dich doch ein wenig.«

Widerwillig verdrehte sie ihre Arme miteinander.

»Wohnst du hier?«

»Da unten.« Sie deutete über die Kuppe des Hügels auf ein paar verstreute Häuser im Tal. Ein paar Ziegen kletterten, auf der Suche nach etwas Grünem, das sie fressen konnten, scheinbar schwerelos auf dem felsigen Berghang herum.

»Wie heißt du?«

»Anargul«, erwiderte sie schüchtern.

»Wir tragen beide Blumen in unseren Namen!«, rief ich lachend. »Weißt du, was dein Name bedeutet?«

»Granatapfelblüte«, antwortete sie und lächelte zum ersten Mal. »Wir bauen Granatäpfel an, wie unsere Nachbarn auch.«

»Warum sammelst du diese Flaschen?«, fragte ich sie, als sie sich endlich neben mich setzte, wobei ihre schmale Gestalt unter der Sonne kaum einen Schatten warf.

»Jede Flasche ist acht Cent wert«, erklärte sie mir ernst. »Wenn Touristen kommen, werfen sie ihre Flaschen einfach weg. Ich sammle sie, damit mein Bruder zur Schule gehen kann. Er hat den Test für die Oberschule in Kaschgar bestanden und ist aufgenommen worden, aber das Schulgeld ist teuer. Wenn ich genug Flaschen finde, kann er dortbleiben. Er will Lehrer werden. Wenn er seinen Abschluss geschafft hat, unterstützt er mich, damit *ich* in der Stadt zur Schule gehen kann.«

»Wie alt bist du?«, fragte ich sie.

»Sieben. Mein Bruder ist vierzehn, und er ist sehr klug.«

»Warum gibt es denn hier im Dorf keine Schule für deinen

Bruder?« Ich nahm ein Päckchen getrocknete Feigen aus meiner Tasche und legte sie zwischen uns. Wenn ich eine nahm, nahm auch sie sich eine.

»Die nächste Oberschule ist fünfzig Kilometer von hier entfernt. Sogar zur Grundschule ist es eine halbe Stunde zu Fuß.« Vergnügt knabberte Anargul ihre Feigen, während sie erzählte.

Es war schrecklich, zu sehen, dass schon ein so kleines Mädchen eine so schwere Bürde tragen musste. Doch sie wirkte dabei eher fröhlich als resigniert. Plötzlich wurde mir bewusst, wie viel Glück ich bisher in meinem Leben gehabt hatte. Wie bei einem festlichen Bankett hatte man alles vor mir ausgebreitet – Schulen, neue Kleider, gutes Essen, saubere Betten und Badezimmer. Zwar hatten uns unsere Eltern nicht verwöhnt, doch es hatte uns auch nie an etwas gefehlt. Warum also sollte nicht auch diese andere kleine Blume alles haben, was sie brauchte?

Doch während ich aus der Hauptstadt kam, wo es für Uiguren wenigstens ein paar Chancen gab, wie etwa den Job, den man mir an der Universität versprochen hatte, lebten Anargul und ihre Familie in einer ländlichen, überwiegend uigurischen Region, und nichts von dem Reichtum, den die Han um sie herum gewannen – aus Öl, Gas, Kohle, Mineralien, Wasser und anderen natürlichen Ressourcen –, landete in den Händen der einfachen Leute der Gegend. Im südlichen Teil der Uigurenregion, wo die Bevölkerung zu fünfundneunzig Prozent aus Uiguren, Kasachen, Tadschiken und so weiter bestand, war das Bruttoinlandsprodukt pro Kopf durchschnittlich nur halb so hoch wie das der gesamten Region. Der Reichtum konzentrierte sich durchgehend dort, wo die Han waren.

Ich reichte ihr das Feigenpäckchen und die volle Pepsiflasche. »Nimm das mit nach Hause und sag deinen Eltern, dass ich sie bewundere.«

Zögernd akzeptierte sie die Geschenke.

»Wenn ich das nächste Mal nach Upal komme, besuche ich dich«, versprach ich. »Und geh weiter zur Schule!«

Sie nickte und hüpfte mit ihrer Trophäe in der Hand den Hang hinunter.

Rasch notierte ich mir unser ganzes Gespräch für mein Rechercheprojekt, ehe ich zur Gruppe zurückkehrte. Ich konnte richtig spüren, wie sich in meinem Kopf die Rädchen drehten. Sobald ich wieder bei den anderen war, sagte ich: »Sie sind doch die Leute, die für die Bildung in der Region Kaschgar verantwortlich sind, nicht wahr?«

»Das ist korrekt«, meinte einer der Kader und klang amüsiert.

»Das ist der Geburtsort Mahmud al-Kaschgaris, des größten Lehrers, den diese Region je hervorgebracht hat. Doch von einem hiesigen Kind habe ich erfahren, dass es in diesem Dorf nicht einmal eine Mittelschule gibt!« Ich war empört, aber ich wusste, dass ich die wirklichen Probleme nicht ansprechen konnte, nicht öffentlich und nicht gegenüber diesen Männern. »Gehört es nicht zu Ihren Aufgaben, sicherzustellen, dass es für jedes Kind Schulen gibt?«

Die Männer schwiegen einen Moment lang. Dann meinte einer der älteren Kader: »Ja, das ist richtig, und wir zahlen auch für möglichst viele Kinder, damit sie nach Ürümchi gehen und dort studieren können. Aber sobald sie erst einmal in der Stadt sind, wollen sie nicht mehr zurück, das ist das Problem. Das Dorf hat keine guten Schulen, das stimmt. Aber es gibt einfach nicht genug Geld, um den Lehrern ein gutes Gehalt zu zahlen. Wollen Sie nicht kommen und hier ein Bildungsangebot aufbauen?«

Darauf hatte ich keine Antwort. Ich war nicht in Kaschgar zuhause. Aber Anargul hatte mich gerührt. Ich wollte einen Weg finden, um ihr und anderen Kindern zu helfen, um ihnen die eigene reiche Kultur nahezubringen und sie dabei zu unterstützen, in einer Gesellschaft, die in allem gegen sie war, voranzukommen. Es musste einen Weg geben.

Als ich von meiner Reise nach Hause kam, erzählte ich meinem Vater von Upal und Anargul.

»Die Reichen werden reicher und die Armen immer nur ärmer«, sagte mein Vater. »Und was willst du dagegen tun? Du wirst deinen Abschluss an der Pädagogischen Hochschule machen. Man bildet dich zur Lehrerin aus. Was ist deine Lösung?«

»Ich habe keine«, sagte ich. Ich gab nicht zu, dass ich etwas Größeres schaffen wollte, als den ganzen Tag lang in einem engen Klassenzimmer zu stehen. »Aber irgendwie kommt es mir nicht richtig vor, dass all die Studenten in Ürümchi am Ende in der Stadt bleiben und andere Stadtkinder unterrichten.«

»Wirst du nicht genau das Gleiche tun, wenn du am Ende an deiner Uni bleibst und dort unterrichtest?«

Ich nickte. »Aber wenn ich nach Upal oder in irgendein anderes kleines Nest gehe, hocke ich dort nur fest, unterrichte immer nur eine Handvoll Kinder. Ich weiß schon, dass man etwas damit bewirken kann, aber …«

»Du willst mehr Wirkung entfalten«, beendete mein Vater meinen Satz für mich. »Sei vorsichtig, meine Tochter, und erwarte dir nicht zu viel.

***

Den ersten Anhaltspunkt dafür, was auf mich zukommen könnte, erhielt ich wenige Monate vor meinem Studienabschluss, als sich das Amt für Öffentliche Sicherheit (Public Security Bureau, PSB) an die Universität wandte, um Studenten als Führer für eine bevorstehende Ausstellung zu finden. Der sogenannte »Volkskrieg gegen Drogen« – ebenjene politische Initiative, die Kaisar zum Verhängnis geworden war – war intensiviert worden, und das PSB machte eine Ausstellung, die sowohl über den Zustrom von Drogen in unsere Region informieren sollte als auch über all die schweren Strafen, die die Gesetzesbrecher erwartete. Sie suchten dafür fünfzehn bis zwanzig attraktive junge Männer und Frauen, die fließend Uigurisch und Mandarin sprachen. Dieselbe Dekanin, die mir geholfen hatte, meinen Platz im Tanzwettbewerb zu behaupten, fand, dass ich die Anforderungen erfüllte, sodass sie mich fragte, ob ich mich nicht als Kandidatin aufstellen lassen wolle. Von ihrem Gesicht konnte ich ablesen, dass sie fürchtete, ich könnte wegen meines Bruders ablehnen; doch ganz im Gegenteil wollte ich anderen Leuten dabei helfen, nicht in die gleiche Falle von Drogen und Gewalt zu tappen. Ich sprach vor und wurde ausgewählt, eine der Führerinnen zu sein.

Jeden Morgen nahm ich in aller Frühe den Bus ins Stadion von Ürümchi, wo ich die anderen Führer traf. Die Ausstellung füllte die gesamte Arena mit einem Zickzack-Parcours von Plakaten und Ständen. Tagelang übten wir, lernten, was man unter dem »Volkskrieg gegen Drogen« verstand, welche unterschiedlichen illegalen Drogen es gab und welche furchtbaren Folgen sie haben konnten. Wir hörten, was im Uigurengebiet alles geschah, wo Teenager und vielversprechende junge Erwachsene in einen Strudel aus Verbrechen und Verzweiflung gezogen wurden. Das alles war mir nur allzu vertraut, und es war schmerzhaft, dabei zuzuhören. Während all dieser Unterrichtsstunden musste ich fortwährend denken: *Das ist es. Das hat meine Familie zerstört.*

Für die anderen war die Ausstellung eine Gelegenheit, ihre angehenden Karrieren als Funktionäre oder PSB-Beamte voranzutreiben. Für mich aber war sie eine Art Rache.

Als wir uns am letzten Morgen unserer Schulung in unseren schicken Uniformen in Reih und Glied stellten, deutete der Chefausbilder auf mich. »Ich hoffe, inzwischen kennt ihr alle euren Text genauso gut wie Gulchehra. Sie ist dermaßen professionell, dass sie sofort beim Fernsehen anfangen könnte!«, witzelte er.

Die anderen Führer lachten, und auch ich tat es lachend ab. Aber es war, als besäße dieser Gedanke einen kleinen Widerhaken, der sich in meinem Hirn einnistete und mich nicht mehr losließ.

Als die Idee, Fernsehprofi zu werden, derart explizit an mich herangetragen wurde, war es, als sei bei mir ein Schalter umgelegt worden. Das war meine große Bühne; das war die Plattform, von der aus ich eine Menge Leute erreichen und wirklich etwas bewirken konnte. Tag und Nacht träumte ich nun davon, ein Fernsehstar zu werden.

Nach Eröffnung der Ausstellung war jede Schule und Universität verpflichtet, ihre Schüler und Studenten zu schicken, und auch jede Arbeitseinheit musste kommen. Eine Firma nach der anderen gab ihren Beschäftigten für einen Nachmittag frei, damit sie sich die Ausstellung ansehen konnten. Bald galt ich als eine der beliebteren Führerinnen, und die Leute drängelten sich, um in meine Gruppe zu kommen. Als alles vorbei war, kam der Chef des PSB von Ürümchi vorbei, um uns zu gratulieren, dass wir einen tollen Job gemacht hatten. Danach zog er mich zur Seite.

»Gulchehra«, sagte er und musterte mich ernst. »Wir werden dir eine Stelle als Nachwuchsmitglied in der Internationalen Einheit für Drogenkriminalität anbieten. Zunächst müssen wir dich zwei Jahre lang in Shanghai ausbilden.«

Ich war völlig überrumpelt und platzte mit dem Ersten heraus, das mir in den Sinn kam. »Ich muss mit meinem Vater reden.«

Im Bus nach Hause fühlte ich mich hin- und hergerissen. Nie hatte ich eine *gute Genossin* werden wollen, die von einem System profitierte, das auf der Unterdrückung so vieler anderer beruhte. Andererseits aber konnte dies auch eine Chance sein, um meinem Bruder zu helfen. Wenn ich Teil des Systems wäre, hätte ich auch die nötigen Beziehungen, um ihn aus dem Gefängnis zu holen. An diesem Abend ging ich nach Hause und erzählte meinen Eltern, dass man mir einen Job beim PSB angeboten hatte.

Das Gesicht meines Vaters verfinsterte sich. »Ich habe dich schon von so vielem abgehalten, Gul, dich immer gedrängt, besser zu werden, dich anzustrengen, Erfolg zu haben. Und wozu das alles?«

»Aber, Dada, du verstehst das nicht. So kann ich Kaisar helfen.«

Aus dem Augenwinkel sah ich, dass meine Mutter leise zu weinen begonnen hatte.

»Nein.« Mein Vater setzte sich noch ein wenig gerader auf seinen Stuhl. Einen Moment lang sah er aus wie vor der Verhaftung meines Bruders – voller Vitalität und Selbstvertrauen, noch ungebrochen. »Kaisar ist meine Verantwortung, nicht deine. Er hat seine Träume schon verloren, und ich kann nicht zulassen, dass dir dasselbe passiert. Hast du etwa davon geträumt, Polizistin zu werden?«

»Natürlich nicht!«, platzte es aus mir heraus. »Ich will zum Fernsehen.«

Er lehnte sich zurück.

»Was um Himmels willen redest du da?«, warf meine Mutter ein.

»Ich habe darüber nachgedacht. Wenn ich die größtmögliche Anzahl von Menschen erreichen oder die größtmögliche Anzahl von Kindern aufklären will, was wäre dann besser als das Fernsehen?«

Meine Mutter seufzte, wie sie es getan hatte, als ich noch ein Kind war und ihr erzählt hatte, dass ich eines Tages Profitänzerin sein wollte.

»Gulchehra. Meine Tochter.« Die Augen meines Vater

wirkten nun wieder müde. »Wenn ich etwas gelernt habe, dann dies: Für Eltern ist es die größte Freude, ihre Kinder gedeihen zu sehen, und die größte Verzweiflung, zu erleben, wie ihr Potenzial zerstört wird. Wenn du eine Fernsehkarriere anstrebst, will ich dir nicht im Weg stehen.«

Ich blickte auf meine Mutter. Langsam nickte sie, das Gesicht noch immer nass von Tränen.

»Und wie mache ich das dem Leiter des PSB klar?« Ich kriegte Magenkrämpfe, wenn ich daran dachte. »Wie kann ich denen denn absagen?«

»Erzähl ihnen einfach, dass Lehrerin dein Traumberuf ist«, meinte meine Mutter ruhig.

»Genau«, pflichtete mein Vater ihr bei. »Sag ihnen, dass an der Normal University schon ein Job auf dich wartet. Sie können ja wohl schlecht von dir verlangen, nicht Lehrerin zu werden, oder?«

Und genau das tat ich. Sie ärgerten sich darüber, konnten mir aber, wie mein Vater vorausgesagt hatte, schlecht vom Lehrerberuf abraten. Danach ging ich zu der Dekanin, die mich immer unterstützt hatte. Ich erzählte ihr, dass ich das Angebot des PSB abgelehnt hatte.

»Ach, da bin ich froh!«, rief sie aus. »Wir können dich also behalten!«

Ich blickte auf meine Hände. »Danke, Frau Dekanin, für alles, was Sie für mich getan haben. So viel von meinem Erfolg habe ich Ihnen zu verdanken!«

Sie lächelte herzlich. »Für unsere Besten tun wir unser Bestes.«

»Aber ich kann mein Leben nicht in einem Klassenzimmer verbringen. Ich will nicht nur ein paar hundert Schüler auf einmal unterrichten. Ich will unsere ganze Nation unterrichten.« Rasch blickte ich auf, um ihr in die Augen zu sehen. »Verstehen Sie mich?«

Die Dekanin schwieg eine Weile. Dann meinte sie: »Ich werde ein paar Anrufe für dich tätigen.«

Für den nächsten Tag vereinbarte die Dekanin ein Treffen mit dem Präsidenten und dem Vizepräsidenten. Als ich ihnen erzählte, dass ich für Xinjiang TV arbeiten wollte, versuchten sie alles in ihrer Macht Stehende, um mich davon abzubringen. Ich würde eine großartige Lehrerin abgeben, meinten sie, und dass ein Fernsehjob kein ernstzunehmender Beruf sei. Außerdem war Xinjiang TV der größte lokale Fernsehsender, und obwohl er nicht zum Verbund des Chinesischen Zentralfernsehens gehörte, war er dennoch weitgehend der Aufsicht der Han unterworfen. Aber nichts, was sie sagten, konnte mich davon abbringen. Ich hatte meine Entscheidung getroffen.

»Du weißt, was das zur Folge hat, oder?«, meinte der Präsident. »Als erstes müsste die Universität ihr Stellenangebot offiziell für nichtig erklären. Dann müsstest du, um von Xinjiang TV überhaupt in Betracht gezogen zu werden, vom Büro für Rundfunk, Film und Fernsehen auf Herz und Nieren geprüft werden. Das ist nämlich der Zentralregierung unterstellt. Dort sind alle Han-Chinesen. Aber um beim Büro überhaupt einen Fuß in die Tür zu bekommen, braucht man eine offizielle Einführung durch eine bekannte Einrichtung wie etwa eine Universität oder eine Firma, die über gute politische Beziehungen verfügt.«

»Aber ... die Normal University hat doch solche Verbindungen, oder?«, fragte ich vorsichtig.

»Oh ja«, erwiderte die Dekanin und blickte auf ihre Kollegen.

Der Präsident seufzte. »Du gehst ein großes Risiko ein, Gul. Du weißt, dass du eine sichere Stelle ablehnst, nicht wahr? Auf Lebenszeit!«

»Ja«, sagte ich mit leiser Stimme.

Er nickte rasch mit dem Kopf, und zum letzten Mal war ich aus seinem Büro entlassen.

Nachdem der Präsident der Pädagogischen Hochschule entsprechende Vorkehrungen getroffen hatte, brachte er mich höchstpersönlich in einer universitätseigenen und auf Hochglanz polierten schwarzen Limousine zum Interview bei Xinjiang TV. An diesem Morgen hatte ich große Sorgfalt auf meine Kleidung verwendet, meine dichten schwarzen Haare gebürstet und trug nun ein schlichtes dunkelblaues Kleid, das meine Augenfarbe unterstrich. Ich war so nervös, dass ich zitterte.

In einem dicken Umschlag hatte der Vizepräsident alle meine offiziellen Dokumente mitgebracht: mein Diplom, meine Noten, Preise, die ich gewonnen hatte, Empfehlungen von Dozenten. Alles, was ich bis zu jenem Zeitpunkt in meinem jungen Leben erreicht hatte.

Das unauffällige Gebäude von Xinjiang TV stand im langen Schatten des Amtes für Radio, Film und Fernsehen. Es war ein elfstöckiger, rechteckiger Betonklotz mit identischen Fensterreihen, die auf einen riesigen Parkplatz hinausgingen. Wärter flankierten den Eingang, und nur, wer einen Termin hatte, schaffte es am Sicherheitsschalter vorbei. Wir betraten den Bau und fragten uns zur Personalabteilung durch. Ein Sekretär führte uns zum Büro der Personalleitung. Als wir klopften, öffnete uns eine hochgewachsene Han-Chinesin mit großen Muttermalen am Hals.

Ohne sich weiter vorzustellen, winkte sie uns hinein. Das Büro war groß und kahl mit einem langen, leeren Konferenztisch in der Mitte. Sie marschierte ans Kopfende des Tischs und ließ uns am anderen Ende stehen.

Der Vizepräsident der Universität begann ihr meine Leistungen und Erfolge zu schildern, Preise, die ich gewonnen hatte, Fähigkeiten, die mich auszeichneten. Ich hörte schweigend zu, und mein Herzschlag beschleunigte sich. Ich wappnete mich für eventuelle Fragen. Die Antworten hatte ich mir sorgfältig zurechtgelegt.

Über den langen Tisch hinweg überreichte der Vizepräsident der Universität das dicke Kuvert mit meinen Papieren an die Personalchefin.

Doch sie würdigte es keines Blickes. »Wir haben zurzeit nicht die Absicht, jemanden einzustellen«, meinte sie kühl. Und schmiss das Kuvert auf den Tisch zurück.

Während meine kostbaren Unterlagen über den Tisch schlitterten, rutschte mir das Herz in die Hose. Sechzehn Jahre lang hatte ich fleißig gelernt und studiert. Hatte ich alles, was ich war und konnte, in meine Ausbildung investiert. In diesem Moment aber schien es, als sei alles umsonst gewesen. Sie hatte sich meine Unterlagen nicht einmal angesehen!

»Schön«, sagte ich zu ihr. »Wenn *Sie* mich nicht brauchen, ich brauche Sie auch nicht.« Ich knallte ihr den Umschlag mit all meinen Dokumenten mit einem satten Klatschen zurück auf den Tisch. Ich wusste, dass ich damit meine Aussichten, je für den Sender zu arbeiten, zunichtemachte, aber in diesem Augenblick war mir das egal. Ich war beleidigt worden und nicht bereit, es kleinlaut hinzunehmen.

Ich stürmte zur Tür hinaus, damit sie meine Tränen nicht sah. Brennende Scham machte sich breit, wo vorher Begeisterung gewesen war.

»Was sind Sie bloß für eine Studentin?«, brüllte sie mir nach. »Nie habe ich einen unhöflicheren Menschen erlebt!«

Ich hörte, wie der Vizepräsident der Universität sich wieder und wieder entschuldigte, während er meine Unterlagen zusammenklaubte und mir nach draußen folgte. Sobald wir im Freien waren, gebot er mir Einhalt.

»Was tust du denn, Gul? Du zerstörst ja deine ganze Zukunft! Deine Zukunft ist schon vorbei. Puff! Hat sich in Luft aufgelöst!« Er wirkte verärgert, doch inzwischen weiß ich, dass er auch Angst hatte.

In mir tobte es noch immer. »Was habe *ich* denn getan?

Wenn sie mir keinen Job geben will, schön. Aber wie kann sie so unverschämt sein?«

Ich konnte es nicht akzeptieren. Ich hatte nur gewollt, dass man mir eine Chance gab, aber nicht einmal die hatte ich bekommen.

Am Nachmittag meldete sich eine Sekretärin der Universität und bestellte mich zu einem Treffen ins Büro des Präsidenten. Ich wollte nicht hin.

»Was hast du dir denn jetzt wieder eingebrockt, Gulchehra?«, fragte mein Vater. »Wenn der Universitätspräsident dich zu einem Gespräch einbestellt, dann gehst du da hin.«

Als ich vor dem Büro des Präsidenten eintraf, war ich immer noch wütend. Mehrere Spitzenleute der Universitätsverwaltung waren anwesend und erwarteten mich mit grimmigen Mienen. Sie erklärten mir, dass ich zu Xinjiang TV zurück und mich entschuldigen müsse. Wenn nicht, würden künftige Studenten nie wieder eine Arbeit beim Sender finden. Man könne es nicht riskieren, beim Amt für Radio, Fernsehen und Film auf der schwarzen Liste zu stehen.

»Es geht hier nicht nur um dich«, erklärte der Präsident. »Dein Handeln wirkt sich auch auf all die Studenten aus, die nach dir kommen.«

Ich protestierte heftig. Aber am Ende kriegten sie mich dann doch klein, und ich versprach, den Sender noch einmal aufzusuchen und mich zu entschuldigen.

Am nächsten Tag kehrte ich zum Sender zurück, weil ich es einfach hinter mich bringen wollte. Doch anstatt mich zur selben Frau zu bringen, führte man mich zum Büro des Chefs von Xinjiang TV. Er saß hinter seinem Schreibtisch, als ich bei ihm klopfte.

»Sie sind also die Studentin, die unserer Personalchefin ihre Bewerbungsunterlagen auf den Tisch geklatscht hat.« Er blickte nicht einmal von seinem Schreibtisch auf.

»Nein, bin ich nicht«, erwiderte ich hitzig. »Sie hat *mir* meine Papiere hingeschmissen. Ich habe sie ihr nur zurückgegeben. Wenn sie sie nicht braucht, brauche ich sie auch nicht.«

Er blickte auf, musterte mich über die Ränder seiner großen dicken Brillengläser hinweg. »Wie kann eine so zierliche Person eine so laute Stimme haben?« Er lehnte sich in seinem Stuhl zurück, und die Andeutung eines Lächelns erschien in seinem Gesicht. »Wenn Sie zu Xinjiang TV kämen, um bei uns arbeiten, was würden Sie gerne machen? Erzählen Sie mal?«

Ich holte tief Luft und sagte: »Ich will eine Sendung machen, die unsere uigurische Kultur präsentiert.«

Sein Gesicht zeigte keine Regung.

»Ein Kinderprogramm.« Ich hatte es mit meinem Vater genau durchgesprochen, ehe ich mich um den Job bewarb. Kindersendungen wurden nicht so streng kontrolliert wie Programme, die sich an Erwachsene wandten. Und dass Kinder etwas über ihr eigenes Erbe erfuhren, war ganz entscheidend – denn das Überleben unserer ganzen Tradition hing davon ab. Ich wollte, dass auch andere Kinder das lernten, was mein Großvater und mein Vater mich gelehrt hatten. »Immer größere Teile des Programms sind inzwischen chinesisch und werden nur uigurisch synchronisiert. Ich will eine Sendung auf Uigurisch machen mit uigurischen Geschichten.«

Der Büroleiter runzelte die Stirn, und mir wurde bang. Ich hatte Angst, womöglich zu weit gegangen zu sein. Mein Vater hatte mich immer davor gewarnt, Uiguren in Machtpositionen zu trauen. Sie waren nur deshalb so weit aufgestiegen, weil sie sich mit ihren Han-Bossen gut stellten. Viele von ihnen waren *gute Genossen*; manche hatten sich einen gewissen Grad an Unabhängigkeit bewahrt. Doch es war unmöglich, das auf den ersten Blick zu erkennen. Der Bürochef hatte mit mir im Dialekt von Ürümchi gesprochen, der mir seit meiner Kindheit vertraut war; ich konnte mir vorstellen, dass er in derselben Mahalla aufgewachsen war wie ich, das gleiche Naan und den gleichen sauren Joghurt gegessen hatte. Aber vielleicht glaubte er ja, dass das chinesische Programm tatsächlich besser war oder empfand keine besondere Loyalität gegenüber der eigenen Kultur. Vielleicht befand er sich in seinem eigenen Job in einer schwierigen Lage und konnte es sich nicht leisten, Risiken einzugehen. Nur weil er ein uigurisches Gesicht hatte, bedeutete das noch lange nicht, dass wir auf derselben Seite standen. Ich schluckte schwer.

Vielleicht hatte ich in diesem Moment einen sehr gefährlichen Fehler begangen. Nach einer längeren Pause nahm er einen Stift zur Hand. »Ok, Gulchehra Hoja. Ich will dir eine Chance geben. Komm und schau, ob du dein Kinderprogramm realisieren kannst. Natürlich musst du dich hier erst einmal beweisen. Ich werde deine Arbeitspapiere unterschreiben.«

Bis zur Abschlussfeier wussten alle, dass ich den Job bei Xinjiang TV bekommen hatte. Mehray freute sich für mich und bestand darauf, am Abend vor unserem Abschluss gemeinsam mit einigen unserer Freunde ein Gratulations-Dinner für mich auszurichten. Sogar Abdul kam, obwohl ich seine Chinesisch-Nachhilfestunden nach der Verhaftung meines Bruders total vernachlässigt hatte. Er würde demnächst in sein Dorf zurückkehren, um seine Kindheitsliebe zu heiraten und die bereits auf ihn wartende Stelle als Uigurisch-Lehrer anzutreten.

Als ich ihm erzählte, es tue mir leid, dass ich keine Zeit mehr für unsere Stunden gehabt hätte, winkte er lachend ab. »Chinesisch wird mir daheim im Dorf nicht wirklich viel nützen«, meinte er. »Ich bin sowieso der Einzige dort, der es spricht!«

»Du weißt, dass du eine sehr wichtige Aufgabe übernimmst«, sagte ich zu ihm.

Er runzelte ein wenig die Stirn, weil ich so feierlich klang. Dann nickte er stumm.

Sogar während der Zeit, die wir an der Universität verbrachten, waren die Themen, zu denen wir uns laut äußern wollten oder konnten, immer weniger geworden.

Nach der Graduiertenfeier am nächsten Tag schlenderten die Absolventen auf dem Campusrasen herum, mochten sich nicht voneinander trennen. Ich wollte mich später mit Elzat zu einem schicken Essen treffen. Wir sahen uns immer noch, und in einigen Monaten würde er für ein Jahr zu einem intensiven Sprachkurs an die Jiaotong Universität in Shanghai wechseln. Er wollte vielleicht ins Ausland gehen, um in einem westlichen Land Physik zu studieren. Da das Studium in Deutschland ziemlich günstig war, hatte er sehr hart gearbeitet und fleißig Deutsch gelernt.

Jeder brach nun zu seinem eigenen Abenteuer auf, und wir verstreuten uns in alle Himmelsrichtungen – wie der Sand in der Wüste. Ich wusste, dass es nie wieder so sein würde wie in diesem Moment.

Abdul entdeckte mich neben der Bibliothekstreppe, wo ich mich mit Mehray unterhielt. In seinem Anzug, der ihm mindestens eine Konfektionsgröße zu groß war, wirkte er attraktiv und sehr jung. »Gulchehra«, sagte er schüchtern. »Machst du ein Foto mit mir? Damit ich mich immer an dich erinnern kann.«

Mehray griff sich die Kamera. »Du wirst gar keins brauchen«, meinte sie trocken. »Bald musst du nur noch den Fernseher einschalten und du hast Gul direkt in deinem Wohnzimmer!«

Er lachte. »Wir haben noch keinen Fernseher. Aber sobald ich arbeite, werde ich meiner Angetrauten als erstes einen besorgen.«

»Du wirst ein sehr guter Ehemann werden«, sagte ich zu ihm. »Und jetzt posieren!«

Wir machten ein Foto zusammen, und Mehray holte ein paar unserer anderen Freunde für ein Gruppenfoto.

Abdul zog ein zusammengefaltetes Papier aus seiner Tasche. Er überreichte es mir, als handle es sich um eine wertvolle alte Schriftrolle.

»Was ist das?«

Verlegen blickte er zur Seite.

Ich faltete das Papier auseinander. Dickes Geschenkpapier. Ein schwacher Duft stieg davon auf. »Schokolade?«

Er lächelte. »Von damals, als ich das erste Mal Schokolade gegessen oder überhaupt erfahren habe, dass es so etwas gibt. Behalt sie, ok? So wirst du dich vielleicht auch immer an mich erinnern.«

Ich sah zu, wie er langsam davonging. Ich wusste, dass ich ihn wahrscheinlich nie wiedersehen würde, und ich spürte ein leises Ziehen im Magen. Der Studienabschluss markierte eine neue Phase in unser aller Leben. Abdul würde in seine Heimat zurückkehren, um zu heiraten. Mehray hatte noch ein Jahr Uni vor sich, doch sie hatte bereits ein Angebot, nach ihrem Abschluss für ein Jugendmagazin in Ürümchi zu arbeiten. Und ich würde demnächst meinen Traumjob bei Xinjiang TV antreten. Wir waren keine Kinder mehr, die von unseren Eltern und freundlichen Schulbeamten behütet wurden und mit unterschiedlichen Berufswegen herumexperimentierten. Bald würden wir hinausgehen in die Welt und uns allen vor uns liegenden Herausforderungen stellen.

3

DIE SAAT DER DESILLUSIONIERUNG

Mein erster Job bei Xinjiang TV war der einer Junior Redakteurin und Co-Produzentin. Es gab nur drei neue Mitarbeiter in diesem Jahr: mich, einen frisch gebackenen Absolventen der Kunsthochschule, der als Musikredakteur engagiert wurde, sowie eine weitere Frau, die Videoredakteurin war. Sie steckten uns in eine einmonatige Trainingseinheit, in der wir mehr oder weniger lernten, wie die Dinge im Sender funktionierten. Doch auch danach traute man uns kaum etwas zu, und meine Begeisterung flaute ab. Man erwartete von uns, dass wir frühmorgens im Sender erschienen und ihn erst spätabends wieder verließen, doch im Büro hockten wir nur herum oder erledigten untergeordneten Kram, trugen etwa den Moderatoren Wasser nach oder brachten den Redakteuren die Zeitungen ins Büro. Wann immer ich meine Verwandten traf, fragten sie mich, wann ich denn nun im Fernsehen käme. Frustriert musste ich ihnen dann sagen, dass ich nicht als Moderatorin engagiert worden war: Ich war nur eine Produzentin, und eine Nachwuchsproduzentin obendrein. Doch insgeheim brannte ich darauf, meine eigenen Inhalte zu verantworten; und eines Tages die Sorte von Sendung zu moderieren, die ich in meinem Vorstellungsgespräch vorgeschlagen hatte.

Ein paar Monate nach meiner Einstellung und während ich mich durch einen weiteren, endlos scheinenden Tag zäher Langeweile quälte, unterhielt ich mich mit meinen jungen Kollegen über das, was ich mir so vorstellte: eine fröhliche, unterhaltsame, aber dennoch lehrreiche Sendung für Kinder. Ich hatte einiges davon in groben Zügen skizziert und zeigte es ihnen. Und da ihnen die Idee wirklich zu gefallen schien, sagte ich: »Dann lasst es uns doch machen.«

»Aber wir haben weder das nötige Können noch die Ausrüstung«, protestierte die Videoredakteurin. »Wir haben kein Geld, keinen Zugriff auf Kameras, keine Erfahrung. Wie sollen wir denn ganz allein ein Programm auf die Beine stellen?«

»Wir haben Erfahrung. Wir waren doch auf der Uni, oder? Und was wir nicht können, können wir lernen.«

Ich wollte mich beweisen, und dazu war mehr nötig als nur herumzuhocken und darauf zu warten, dass sich irgendetwas ergab. Wie so oft in meinem Leben, wenn ich Hilfe oder Rat brauchte, ging ich erstmal zu meinem Vater.

»Wenn du wahrgenommen werden willst«, erklärte er mir, »fang mit unserer Kunst und Tradition an. Nichts, was sich irgendeiner selbst ausdenkt, kann so reich sein. Und wenn du eine Sendung für Kinder machen willst: Musik ist der ideale Lehrmeister. Da solltest du anfangen.«

Ich ließ mir das durch den Kopf gehen. Trotz der schleichenden Zensur im öffentlichen Leben, die wir alle spürten, war es dennoch möglich, die uigurische Kultur auf subtile und nicht bedrohliche Weise zu fördern. Musik und Kindergeschichten waren da womöglich genau das Richtige. Ich beschloss, meine alte Oberschule aufzusuchen, wo ich mit dem stellvertretenden Schulleiter sprach, der auch einer meiner Lehrer gewesen war. Ich fragte, ob ich einige der Schüler beim Spielen von Instrumenten und beim Lernen filmen könne. Nach kurzem Überlegen stimmte er zu.

Dann kam der schwierigere Teil. Ich ging ein Risiko ein, erzählte ihm, dass ich kein Geld hatte, um Filmmaterial zu besorgen oder für die Fahrtkosten aufzukommen. Ich brauchte Hilfe.

Der stellvertretende Schulleiter war ein freundlicher Mann, und ob er nun glaubte, dass die Sendung Erfolg haben würde, oder ob er mich einfach unterstützen wollte, er war bereit, mir 2.000 Yuan – etwa 450 Dollar – aus dem Schulbudget zu geben.

Das war mehr, als ich mir erhofft hatte, und dennoch würde es nicht reichen. Im Sender filmten wir mit professionellem Videoband, das pro 65-Minuten-Band 250 Yuan kostete. Um ein halbstündiges Programm zu drehen, brauchte ich mindestens vier Bänder. Das allein würde fast die Hälfte dessen, was der stellvertretende Direktor mir überlassen hatte, verschlingen. Ich musste aber auch einen Kameramann und andere Supportmitarbeiter engagieren, die in der Regel 150 Yuan pro Tag verlangten. Wir würden mindestens zwei Tage lang drehen. Da kam rasch was zusammen. Ich rechnete mir aus, dass ich wohl ein Gesamtbudget von etwa 5.000 Yuan für die Sendung veranschlagen musste.

Ich wollte nicht aufgeben. Ich beschloss, der Musikinstrumentenfabrik von Ürümchi einen Besuch abzustatten. Der Inhaber der Firma war ein Freund meines Vaters, und ich vermutete, dass er mich empfangen würde. Zum Glück hatte ich recht.

»Ich mache eine Sendung, um Kinder an unsere traditionellen Instrumente wie die Dutar heranzuführen, zu zeigen, wo sie herkommen, wie sie hergestellt werden und wie man sie spielt. Falls Sie Interesse haben, könnten wir einige Teile in Ihrem Verkaufsraum drehen. Das wäre eine tolle Werbung für Sie.« Ich merkte, dass ihn das interessierte, weil er – obschon ein vielbeschäftigter Mann – immer noch zuhörte. »Die Eltern werden als erstes an Sie denken, wenn sie beschließen, ihren Kindern ein Instrument zu kaufen.«

Er nickte nachdenklich.

»Aber um die Sendung machen zu können, brauchen wir eine Anschubinvestition. Ich habe 2.000 Yuan, aber das sind

3.000 zu wenig.« Ich schenkte ihm meine gewinnendstes Lächeln. »Ich garantiere Ihnen, es wird Ihnen Umsatz bringen!«

»Meine größte Sorge«, sagte er, »ist die, dass unsere Kinder unsere eigenen Instrumente nicht mehr erlernen. Hörst du, was im Radio gespielt wird? Die Hälfte davon ist chinesisch, und der Rest ist Müll. Ich werde dein Projekt unterstützen.«

Und damit war unser Budget gesichert.

Mit einfacher Kameraausrüstung und einem groben Drehplan in der Hand suchte ich die Musikräume meiner alten Oberschule auf. Ich fragte, ob einer der Lehrer bereit sei, eine Stunde vor der Kamera zu halten. Nach etwa der Hälfte las ich den Kindern – um ihnen fünf Minuten Pause zu gönnen – eine Kindergeschichte mit einem kurzen Musikvideo vor. Und als wir mit Drehen und Schneiden fertig waren, hatten wir ein dreißigminütiges Programm.

Meine Kollegen waren sich nicht sicher, ob wir das Video unseren Vorgesetzten beim Sender wirklich zeigen sollten. Sie hatten Angst, man könnte uns feuern, weil wir unsere Kompetenzen überschritten hatten, ohne auch nur zu versuchen, eine Erlaubnis einzuholen. Aber ich wollte nicht, dass all unsere Arbeit umsonst gewesen sein sollte. Ich war stolz auf unser Werk und war mir sicher, dass es auch den Kindern gefallen würde. Ich ließ nicht locker, bis sie schließlich zustimmten. Wir würden das Risiko eingehen.

Ich rief den Büroleiter an, der mich eingestellt hatte, ebenso wie den Präsidenten von Xinjiang TV und den Leiter der Produktion. Ich erzählte jedem der drei, dass wir etwas produziert hätten und ihr Feedback und ihren Rat benötigten. Wir mochten ja vielleicht noch Anfänger sein, doch wir hätten unsere eigene Stimme, unsere eigene Sicht auf die Dinge und eine Vision, wie Fernsehen für eine uigurisches Publikum aussehen könnte.

Also organisierten wir eine Vorführung. Meine Hände

zitterten, als ich das Video einlegte. Mir war, als würde unsere künftige Karriere von diesem einen Augenblick abhängen. Wenn ihnen unser Werk nicht gefiel, und sie der Ansicht waren, dass wir nur die Zeit des Senders verschwendeten, konnten wir noch am selben Tag gefeuert werden. Und wenn irgendetwas schiefging – hatten mir die anderen gesagt –, würde mein Kopf, der der Anführerin, rollen.

Das Video begann zu laufen. Während der ersten fünf Minuten plauderten die Vorgesetzten unter sich und schenkten dem Film keine Beachtung. Doch dann erschien ich auf dem Bildschirm, um das Programm vorzustellen und zu meinem imaginierten Publikum zu sprechen. Ich hatte mich bewusst jugendlich gekleidet und sprach mit hoher Mädchenstimme. Ich wollte, dass die Kids mich als eine Art ältere Schwester betrachteten.

Als der Büroleiter, der Produktionschef und der Präsident des Senders mich sprechen hörten, wurden sie aufmerksam und sahen zu. Und als das Video zu Ende und die Musik verklungen war, blieben sie stumm. Minutenlang schien sich keiner zu rühren.

Ich hielt den Atem an. Womöglich war dies das Ende meines kurzen Fernseh-Gastspiels. Dann begann der Büroleiter zu klatschen. »Das habt ihr ganz allein gemacht?«, fragte er.

Wir nickten vorsichtig.

»Und keiner hat euch geholfen?«, meinte er skeptisch. Als wir erneut nickten, lächelte er. »Ok, bringt mir ein Freigabeformular, damit wir es senden – und schauen können, wie unsere Zuschauer reagieren. Danach entscheiden wir.«

»Aber … aber es ist noch nicht fertig!«, rief ich.

»Für mich sieht es fertig aus. Wir nehmen es diese Woche ins Programm.«

Ein paar Tage nach der Ausstrahlung wurden wir alle formlos zu einer Besprechung gerufen.

»Gulchehra«, begann der Bürochef, »die anderen erzählen mir, dass du für diese Sendung verantwortlich bist. Stimmt das?«

Ich schluckte schwer und nickte.

»Weißt du, wie viele Anrufe wir zu der Ausstrahlung bekommen haben?« Er wirkte sehr feierlich. »Eltern, Lehrer, Kinder …«

Ich schlug die Augen nieder. War unsere Sendung wirklich so schlecht gewesen? Hatten wir versehentlich etwas gesagt, das die Zensoren verärgert hatte? Wir hatten nichts Politisches angesprochen, doch zu diesem Zeitpunkt Mitte der 1990er schien bereits die Existenz als Uigure zu einem Politikum zu werden.

»Alle sind begeistert!«

Ein Gefühl der Erleichterung durchströmte mich. Man würde mich nicht entlassen!

»Gulchehra, stell ein Team zusammen«, sagte er. »Du kannst mit der Sendung weitermachen.«

Das war die Geburtsstunde meines Programms. Bis ich meine eigenen Kinder bekam, war es für mich das, was einem Sohn oder einer Tochter am nächsten kam. Und sehr rasch wurde klar, dass wir damit auf ein Thema gestoßen waren, das einen Nerv traf. Als ich im zarten Alter von zweiundzwanzig Jahren meinen Job bei Xinjiang TV antrat, entwickelte sich der Besitz eines Farbfernsehers im Uigurengebiet gerade in rasendem Tempo zum Statussymbol. Alle wollten die Welt in ihr eigenes Wohnzimmer holen. Doch die meisten Programme von Xinjiang TV kamen von außerhalb und waren entweder uigurisch synchronisiert oder wurden gleich auf Chinesisch gesendet und nur mit uigurischen Untertiteln versehen. Ich wusste, dass uigurische Kinder Programme in ihrer eigenen Muttersprache brauchten, in denen Geschichten aus unser traditionellen Literatur erzählt wurden. Viele Uiguren hatten das Gefühl, dass unsere Kultur unter der chinesischen subsumiert wurde. Neben der direkten

Zensur – die auch die Unterdrückung öffentlicher Proteste und die Einstellung vieler Zeitungen, die von den Han als »minderwertig« betrachtet wurden, einschloss – gab es die schleichenden kulturellen Einflüsse des chinesischen Fernsehens, Radios und Kinos. Alle politischen Realitäten in der Uigurenregion verstärkten diese Dynamik: Alles Chinesische war zukunftsweisend, während alles Uigurische als »rückständig« galt. Ich war entschlossen, dem so weit wie möglich entgegenzuwirken und dabei gerade noch unter dem Radar zu bleiben. Und überhaupt: Wie viel Ärger konnte ein Kinderprogramm schon anrichten?

***

Während ich meine beruflichen Ziele verfolgte, fand ich auch weiterhin Zeit, mich mit Elzat zu treffen. Dating im Uigurengebiet war nicht wie Dating in der westlichen Welt. Es war alles sehr keusch, und die gesamte Community diente als eine Art omnipräsente Anstandsdame. Ich war bei Xinjiang TV sehr beschäftigt, und er hatte eine volle Lehrverpflichtung, sodass wir im Grunde nicht viel Zeit miteinander verbrachten. Doch wir wussten, dass wir ein Paar waren; es gab eine stillschweigende Abmachung zwischen uns, die keiner näheren Definition bedurfte.

Nachdem allmählich klar wurde, dass Elzat und ich ernsthaft miteinander gingen, nahm mich meine Mutter eines Nachmittags beiseite und sprach das Thema Männer zum ersten Mal direkt an.

»Wenn du einen Freund haben willst«, sagte sie und klang dabei ernst, »solltest du von Anfang an sehr wählerisch sein. Denn sobald du dich mal wirklich entschieden hast, war es das auch. Eines Tages wird er dein Mann sein.«

Ich merkte, wie mir etwas mulmig wurde.

»Elzat ist ein sehr feiner Mann.« Sie strich mir die Haare

aus der Stirn. »Attraktiv, treu, aus guter Familie. Er war während all unserer Schwierigkeiten für dich da. Ich will nur, dass du weißt, dass wir deine Wahl gutheißen.«

»Er ist fünf Jahre älter«, wandte ich vorsichtig ein. »Ich weiß nicht, ob …«

Meine Mutter schüttelte den Kopf. »Das alles spielt letztlich keine Rolle. Entscheidend ist, dass er mal gut für dich und eure Kinder sorgen kann.«

Das scheint die Lektion gewesen zu sein, die damals jede uigurische Mutter ihren Töchtern eintrichterte. So etwas wie Sexualerziehung oder Aufklärung gab es nicht – nicht einmal über anatomische Grundkenntnisse verfügten wir –, doch es wurde unbedingt von uns erwartet, dass unser erster Freund auch unser letzter sein würde. Ansonsten galt man als flatterhaft oder, schlimmer noch, als moralisch suspekt. Dass ich bereits begonnen hatte, an meinen Gefühlen für Elzat zu zweifeln, konnte ich meiner Mutter nicht sagen.

Im Winter nach meinem Einstieg beim Fernsehen zog Elzat nach Shanghai, um Deutsch zu lernen, und ich blieb in Ürümchi zurück. Am Anfang war es schwer; er fehlte mir – er und seine beruhigende Gegenwart. Ich war es gewohnt, fast täglich mit ihm zu reden, und nach seiner Abreise reduzierte sich das auf einen Anruf pro Woche. Ganz langsam aber merkte ich, dass mein Leben auch ohne ihn erfüllt war. Er hatte sehr ausgeprägte Meinungen hinsichtlich dessen, was ich anziehen sollte oder welche Farben ihm an mir gefielen oder auch nicht. Seit Kaisar im Gefängnis war, hatte ich mich darauf verlassen, dass Elzat mir in kleinen wie großen Entscheidungen zur Seite stand. Als er dann jedoch weg war, merkte ich, dass mich das Gefühl meiner wiederentdeckten Autonomie beglückte. Ich begann, das Alleinsein zu genießen, ebenso wie die Freiheit, selbst zu entscheiden, wie ich meine Zeit verbrachte und wie ich mich kleidete.

Außerdem schätzte ich die Zeit und die Freiheit, mich in

meine Arbeit zu stürzen. Ich verbrachte Zwölfstundentage im Büro, schrieb Drehbücher, entschied über Themen, suchte Kinder als Teilnehmer, und natürlich drehte ich auch. Mein Gesicht wurde durch die Sendung so bekannt, dass Eltern mich auf der Straße aufhielten und mir begeistert erzählten, wie verrückt ihre Kinder nach mir seien. Ich wusste, dass das zu einem großen Teil an meiner TV-Präsenz lag, aber auch der Inhalt unserer Sendung spielte eine Rolle. Ich war keine Politikerin, und ich war auch keine Freiheitskämpferin. Dennoch versuchte ich, in bescheidenem Maße etwas zu bewirken.

Meine Arbeit führte dazu, dass ich Beziehungen zu Leuten aus der Geschäftswelt des Uigurengebiets pflegte, was sich in mehrfacher Hinsicht als entscheidend erweisen sollte. Der Sender hatte uns ein Budget für unser Programm zugeteilt, das aber nur für das Allernotwendigste reichte: Videokassetten, die Arbeitsstunden des Kameramanns, eine Minimalbesetzung und mein bescheidenes Gehalt. Wenn wir andere Requisiten oder Materialien benötigten oder an einem Originalschauplatz drehen wollten, fehlte uns oft das Geld, um es anständig zu machen. Trotzdem taten wir, was uns bei unserem knappen Budget möglich war. Traditionelle uigurische Musik war immer dabei, und oft sang ich auch selbst. Ich las Geschichten vor und schlüpfte dabei in die unterschiedlichen Rollen. Auch Rätselgedichte aus der uigurischen Tradition setzte ich ein, in denen Sachen beschrieben werden und man erraten muss, worum es sich dabei handelt.

Während eines Brainstormings kam ich auf die Idee, unsere Sendung interaktiver zu gestalten. Ich wollte unsere jungen Zuschauer stärker einbeziehen. Als wir daher die nächste Folge aufnahmen, las ich eines dieser traditionellen Rätsel vor.

»Und jetzt hört mal genau zu, meine Freunde. Was ist das? Es ist was zu essen und hat einen Stein, und im Stein ist was zu essen?«

Ich las es ein zweites Mal vor. Dann drehte ich mich zur Kamera: »Wisst ihr, wie die Antwort lautet? Wenn ihr glaubt, die Lösung zu kennen, schickt mir eure Antwort in einem Brief. Jeder, der die richtige Antwort hat, bekommt einen Preis!« Am Ende der Sendung nannte ich die Adresse des Senders.

Am nächsten Tag hatte ich einen Stapel Briefe auf meinem Schreibtisch liegen. Am darauffolgenden Tag war er mehr als doppelt so hoch. Wir wurden mit Einsendungen förmlich überschwemmt! So viele Kinder hatten uns ihre Antworten geschickt, dass es mehrere Stunden dauerte, sie alle durchzugehen. Und viele von ihnen hatten auch die richtige Antwort gegeben: die Aprikose, die einen Stein besitzt, der eine Bittermandel umschließt.

Ich freute mich, weil es zeigte, dass viele Kinder unsere Sendung sahen und sich daran beteiligen wollten. Doch es gab ein kleines Problem: Ich hatte keine Preise.

Verzweifelt ging ich zum Büroleiter und schilderte ihm die Situation. »Ich kann die Kinder doch nicht enttäuschen! Ich habe es ihnen versprochen.«

Er lachte. »Ich habe mich schon gefragt, wann ich dich hier sehen würde.« Er rückte seine Brille zurecht. »Aber ich fürchte, für Preise haben wir kein Budget. Du hast dich in die Geschichte reingeritten, nun sieh mal zu, wie du da wieder rauskommst.«

Hektisch überlegte ich, was ich den Kindern schicken könnte – Postkarten mit einem interessanten Foto? Eine handgeschriebene Mitteilung von mir? –, aber nichts, was mir einfiel, kam mir wie ein echter Preis vor. Dann erinnerte ich mich an meinem Besuch beim Direktor der Musikinstrumentenfabrik von Ürümchi vor dem Dreh unserer ersten Sendung, und ich hatte eine Idee.

Einen ganzen Tag lang lief ich herum und besuchte sämtliche Spielzeugfabriken und Süßigkeitenhersteller unserer Stadt.

Ich erzählte allen Inhabern von unserem Programm und wie begeistert sich die Kinder daran beteiligt hätten.

»Wenn Sie eins von unseren Rätseln sponsern, geben wir eine kurze Einführung zu Ihrer Firma und zu Ihrem Produkt. *Der Preis dieser Woche stammt von der Firma Xinjiang Date Süßwaren!* Wir danken Ihnen in der Sendung für Ihre Unterstützung, und die Kinder lernen, wenn sie ihren Preis bekommen, Ihr Produkt kennen.«

Wie sich herausstellte, unterstützten die meisten Geschäftsleute, die ich ansprach, unser Programm sehr gern. Auch der Bürochef beim Sender war zufrieden, weil es dazu beitrug, Geschäftskontakte zwischen dem Sender und der Firmenwelt aufzubauen. Und die Kids bekamen kleine Preise für das Lösen der Rätsel. Es war eine Win-win-Situation für alle. Nicht nur dass es gute Publicity war; mehr und mehr schienen sich alle an der überwältigenden Präsenz chinesischsprachiger Medien und dem damit einhergehenden kulturellen Druck zu stören. Angesichts des rigorosen Vorgehens der Behörden empfanden die Menschen das Bedürfnis, alles zu unterstützen, was dazu beitrug, unser Erbe zu bewahren.

Das war eine Zeitenwende im Vergleich zu den 1980ern, in denen ich groß geworden war. Jene Jahre, in denen die chinesischen Machthaber in Beijing untereinander diskutierten, wie sich Ostturkestan am besten in China als Ganzes integrieren ließe, waren im Uigurengebiet eine Zeit relativer Freizügigkeit und Liberalität gewesen. In ganz China war damals nach der Gewalt und der Unterdrückung durch die Kulturrevolution eine allgemeine Lockerung zu spüren, und sogar im Uigurengebiet gab es gewisse Freiräume, sich mit traditioneller Musik und Volkstanz zu beschäftigen (etwa auf den großen Festen, die mein Großvater zu geben pflegte), und sogar so etwas wie Religionsfreiheit, zumindest in der privaten Sphäre der eigenen vier Wände. Frauen wie meine Großmutter durften den Hidschab tragen, ohne schikaniert zu werden, und Männer konnten sich Bärte wachsen lassen, falls sie es wünschten.

Es war eine Zeit, in der die schrecklichen Wunden der Kulturrevolution zu heilen begannen, und uigurische Intellektuelle konzentrierten sich auf die Sicherung historischer Hinterlassenschaften und die Entwicklung eines uigurischen Nationalbewusstseins. Historiker zeichneten eine bis zu den Hunnen zurückreichende uigurische Geschichte auf, Musiker stellten das kanonische musikalische Erbe der Zwölf Muqam zusammen, und Schriftsteller schrieben Romane und Gedichte, die uns halfen, eine kollektive nationale Identität herauszubilden. Es kam zu einer Art kulturellen Blüte, die sich als ebenso reich wie kurzlebig erweisen sollte.

Während dieser Epoche wurden vor allem in kleinen und großen Städten einige islamische und uigurischsprachige Schulen eröffnet, und gegen Ende der 1980er besuchten im gesamten Uigurengebiet mehr als zehntausend Schüler solche Einrichtungen. Viele begrüßten diese Schulen als Möglichkeit, ihre Kinder in traditionellen uigurischen Bräuchen und Glaubensvorstellungen zu erziehen, und, was ganz wesentlich war, sie in ihrer eigenen Sprache unterrichten zu lassen. Manche hatten das Eindringen der Han-Chinesen ins Uigurengebiet seit langem als unmögliche Kombination betrachtet – ebenso unbeständig wie ein Gemisch aus Wasser und Öl.

1990 spürten wir dann alle, wie sich der Boden unter uns verschob. Obwohl mein Bruder und ich noch auf die Oberschule gingen und nur die verhaltenen Stimmen der im Arbeitszimmer meines Vater diskutierenden Erwachsenen hörten, begann das Jahrzehnt mit einem der größten Proteste, die es im Uigurengebiet seit der blutigen Unterdrückung in der Jahrhundertmitte gegeben hatte. In Baren, einer beschaulichen, konservativen Stadt im Südwesten mit überwiegend uigurischer Bevölkerung und ansehnlicher kirgisischer Minderheit brachen

Proteste aus, weil plötzlich Einschränkungen der freien Glaubensausübung verordnet worden waren. Mehr als dreihundert Menschen gingen auf die Straße, weil sie die Entscheidung der lokalen Behörden, sie am Bau einer neuen islamischen Schule und Moschee in der Stadt zu hindern, verärgerte. Die Sache eskalierte, als bewaffnete Polizisten eingesetzt wurden und wahllos auf die Protestierenden zu schießen begannen. Laut offiziellen Medien hatten die Polizisten unter Einsatz ihrer eigenen Sicherheit und mitunter sogar ihres eigenen Lebens eine gewalttätige Demonstration niedergeschlagen. Doch nach dem, was wir von anderen Uiguren hörten, waren zwischen zehn und fünfzehn friedliche Demonstranten von Polizeikräften getötet worden, nur weil sie ihr Recht zu friedlicher Religionsausübung verteidigen wollten. Die Faktenlage war zwar dürftig, doch die Spannungen verschärften sich, sogar in so weit entfernten Städten wie Ürümchi.

Eine der Maßnahmen, die die Han-Behörden als Reaktion auf die Proteste ergriffen, war die Schließung von Moscheen und uigurischen Schulen. Einige Moscheen wurden dem Erdboden gleichgemacht, während man andere – unter völliger Missachtung der Einheimischen, denen man ihre religiösen Heiligtümer und Zentren des Gemeindelebens nahm – nichtreligiösen Zwecken zuführte. Die Funktionäre wollten damit »illegale religiöse Aktivitäten« bekämpfen, womit die meisten öffentlichen und friedlichen Bekundungen des islamischen Glaubens gemeint waren. Sie zwangen die Imame, sich einer ideologischen Schulung zu unterziehen sowie ihre Loyalität zum chinesischen Staat zu beteuern, und Han-Mitglieder der Kommunistischen Partei wurden ins Uigurengebiet geschickt, um die Umerziehung der religiösen Führer zu beaufsichtigen und sicherzustellen, dass man sich an die Regeln hielt. Am Ende wurden mehr als zehn Prozent der Imame gezwungen, ihre Funktion als Religions- und Gemeindeführer aufzugeben, weil sie nicht kapitulieren wollten. Die neuen Vorschriften hatten zur Folge, dass es sogar verboten war, dass Nachbarn privat in ihren eigenen vier Wänden zusammenkamen, um ihren Glauben zu praktizieren oder über den Islam zu sprechen. Vordergründig war zwar die Religionsausübung das Ziel, doch es fühlte sich an, als stehe unsere gesamte Kultur unter Beschuss. Denn wir alle hatten Großmütter, die den Hidschab trugen, oder einen Cousin, der in die Moschee ging.

Durch die gesamte uigurische Region ging ein Raunen, ob man nicht versuchen solle, Ostturkestan als unabhängigen Staat wiederherzustellen. Für die chinesischen Machthaber war das ein gewaltiges Problem. Sie waren besorgt über die latenten Feindseligkeiten zwischen den beiden Volksgruppen – den Han und den Uiguren – und wegen der sogenannten »Separatisten«, d.h. Uiguren, die der Meinung waren, dass uigurisches Land von uigurischen Anführern kontrolliert werden sollte. Da Ostturkestan über reiche Öl- und Gasvorräte verfügt, ebenso wie über große Vorkommen seltener Erden und weite Baumwollfelder, die alle die Schatullen der KPCh füllen, stand bei einer potenziellen Unabhängigkeitsbewegung in der Uigurenregion viel auf dem Spiel.

Inmitten dieses Klimas zunehmender Feindseligkeit betrachtete ich mein Kinderprogramm als einen kleinen Beitrag zu unserem Bemühen, die uigurische Kultur und ihre uralten Traditionen hochzuhalten. Weil es sich an Kinder wandte, konnte ich immer irgendwie unter dem Radar fliegen. Und da ich selbst noch so jung war, keine fünfundzwanzig, war ich mir auch der Gefahren, die ich damit einging, nicht so bewusst.

Und dann beschäftigten mich natürlich auch noch andere Dinge, etwa, wie ich meine Beziehung zu Elzat trotz der Entfernung aufrechterhalten konnte. Während unseres wöchentlichen Telefonats versuchten wir krampfhaft, Themen zu finden, ja, ich begann diese Anrufe sogar ein wenig zu fürchten, was mir wiederum schreckliche Schuldgefühle machte. Ich hatte die Hochzeiten meiner Freundinnen miterlebt und gesehen, mit welcher Begeisterung sie diesen nächsten Abschnitt ihres Erwachsenenlebens angingen. Alle wirkten sie so verliebt in ihre Männer, so erpicht darauf, eine Wohnung mit ihnen zu teilen, gemeinsame Entscheidungen zu treffen, Kinder zu bekommen und die gemeinsame Zukunft zu planen. Und obwohl ich mich sehr für sie freute, musste ich dabei immer nur daran denken, wie sehr sich meine Gefühle für Elzat seit seiner Abreise abgekühlt hatten. Wir stritten uns nie, was allerdings daran lag, dass ich ihm nie widersprach. Bei der Arbeit war ich extrovertiert und meinungsstark; ihm gegenüber hatte ich das Gefühl, als würde ich meine wahren Gedanken und Gefühle immer tiefer in mir vergraben. Durch das Kinderprogramm beschäftigte ich mich intensiver als je zuvor mit uigurischer Musik und Literatur, doch Elzat konnte künstlerischen Bestrebungen nicht viel abgewinnen. Er fand es langweilig, wenn ich von meiner Arbeit erzählte, und wenn er über Physik redete, spürte ich, wie ich glasige Augen bekam.

Das Jahr war im Nu vorbei, und als Elzat aus Shanghai zurückkehrte und ich ihn auf dem Flughafen von Ürümchi abholte, merkte ich sofort, dass sich etwas verändert hatte. Es war nicht nur das Jahr der Trennung und die zwangsläufig damit einhergehende Entfremdung; es war etwas Tieferes, das unausgesprochen blieb. Er wirkte zerstreut und in emotionaler Hinsicht sogar noch distanzierter. Dennoch versuchten wir, die Uhr zurückzudrehen. Während ich gleichzeitig darauf wartete, dass er mal ein ernsthaftes Wort mit mir würde reden wollen – was dann, einige Wochen nach seiner Rückkehr, auch geschah.

Wir saßen auf einer Bank in einem der pappelbestandenen Parks von Ürümchi, während uns eine angenehme Herbstbrise durch die Haare blies und die Sonne auf den gepflasterten Wegen schimmerte. Er ergriff meine Hand und hielt sie in seiner

»Gulchehra, es wird Zeit.«

»Zeit wofür?« Ich fühlte mich ein wenig alarmiert. War dies der Augenblick, in dem er mir mitteilte, dass alles zu Ende war? Ich wünschte es mir und fürchtete es gleichzeitig.

»Wir sind seit sechs Jahren zusammen. Wir kennen einander so gut, und es gibt Erwartungen an uns und unsere Zukunft. Ich will, dass du weißt, dass ich meine Pflichten dir gegenüber niemals vernachlässigen werde.«

Ich senkte den Kopf. Nun wusste ich, worauf er hinauswollte.

»Ich denke, es wird Zeit, dass wir unsere Hochzeit planen.«

Mir wurde bang, so flach und ausdruckslos, wie seine Stimme klang. In dieser Stimme schwang weder Freude noch Ungeduld noch Liebe. Es war die Stimme eines Mannes, der sich gestählt hatte, um eine langjährige Vereinbarung durchzuziehen, von der er nicht mehr wusste, warum er sie eingegangen war. Es hatte alles so gar nichts mit meinen einstigen Plänen zu tun: diese Ehe, die kaum aus echter Zuneigung, sondern lediglich aus einem bedrückenden Gefühl der Verantwortung heraus geschlossen wurde.

Ich schwieg. Denn hätte ich etwas gesagt, wäre ich wohl mit allem, was ich tatsächlich fühlte, herausgeplatzt. Ein Jahr lang hatte ich als Fernsehmoderatorin gearbeitet und vor der Kamera mit Hunderten von Menschen gesprochen. Doch nun bekam ich vor diesem Mann kein einziges Wort über die Lippen.

Elzat nahm mein Schweigen als Zustimmung. »Morgen komme ich mit meinen Eltern zu euch. Unsere Mütter werden sich um alles Weitere kümmern.« Er tätschelte mir die Hand, ehe er sie behutsam auf meinen Schoß zurücksinken ließ. »Alles wird gut, mach dir keine Sorgen.«

Am nächsten Abend kamen seine Eltern vorbei, und unsere Familien unterhielten sich angeregt. Nach der Verhaftung meines Bruders schien es viele Jahre überhaupt keine guten Neuigkeiten mehr gegeben zu haben. Nur Verzweiflung und Traurigkeit.

Während ich die beiden Elternpaare betrachtete, die gemütlich über den Hochzeitstermin plauderten und darüber, wo wir mal wohnen sollten und was wir für unsere erste Wohnung brauchen würden, fühlte ich mich wie betäubt. Meine Eltern waren sichtlich begeistert von der Neuigkeit unserer Verlobung, und ich schaffte es nicht, mich gegen ihre Wünsche zu stellen. Außerdem wusste ich, dass es hässliche Gerüchte geben würde, falls Elzat und ich nicht taten, was man von uns erwartete, nachdem wir so lange zusammen gewesen waren. Es gab schon genug Gerede über Kaisar und seine Misere, das nie zu verstummen schien. Mein Eltern wollten einfach nur, dass eins ihrer Kinder eine Familie gründete und ein normales, ruhiges Leben führte. Was für einen Vater, eine Mutter sicher kein unvernünftiger Wunsch war.

Als ich einige Tage später mit Mehray Tee trank und ihr von der bevorstehenden Hochzeit erzählte, breitete sich ein strahlendes Lächeln über ihr Gesicht. Dann sah sie mich an, und ihr Lächeln verschwand.

»Aber Gul, freust du dich denn gar nicht?« Ihre samtenen dunklen Augen blickten besorgt. »Du heiratest demnächst einen wunderbaren Mann, einen Mann, der für den Rest deines Lebens für dich sorgen wird. Warum guckst du denn so traurig?«

Ich schluckte schwer, um nicht weinen zu müssen. »Ich bin nicht traurig.«

Sie schüttelte den Kopf. »Wie lange kennen wir uns jetzt, hm? Hab ich dich nicht immer durchschaut wie eine Schwester?« Sie zupfte heftig an meinem Ärmel. »Aber du und Elzat, ihr seid beide erfolgreich, habt beide eine glänzende Zukunft vor euch. Und ihr passt so gut zusammen. Ein richtiges Traumpaar!«

Unberührt dampfte unser Tee vor uns auf dem Tisch. Die

Kellnerin hatte uns auch kleine Tellerchen mit gerösteten Sonnenblumenkernen und Datteln dazugestellt, doch mir war, als könnte ich nie wieder etwas essen. Mein Magen war völlig verkrampft.

»Ich habe in diesem Jahr alle unsere Freundinnen heiraten sehen«, erzählte ich ihr, »und keine von ihnen scheint es ertragen zu können, länger als ein paar Stunden von ihrem Mann getrennt zu sein. Aber Elzat und ich haben gerade ein Jahr getrennt voneinander verbracht, und am Ende habe ich mich alleine glücklicher gefühlt als mit ihm zusammen.«

Mehray wirkte bestürzt. »Oh Gul, du bist ja wirklich nicht glücklich, oder?«

»Ich glaube nicht, dass ich ihn liebe«, flüsterte ich. Ich schämte mich dieser Worte, und ich schämte mich meiner Gefühle. Wie konnte ich ihn *nicht* lieben, nachdem wir sechs Jahre zusammen gewesen waren? Damals war ich mir gar nicht sicher, was Liebe überhaupt war, doch ich wusste, dass sie sich *so* – so schwer, dass sie wie ein Anker mein Herz nach unten zog – nicht anfühlen konnte. In vielem war ich nach wie vor auf Elzats emotionale Unterstützung angewiesen, das war so seit Kaisars Verhaftung. Aber das war keine Basis für eine Ehe, die ein Leben lang halten sollte. »Das Ganze kommt mir wie eine Lüge vor«, stieß ich hervor. »Und ich will nicht für den Rest meines Lebens lügen müssen.«

»Wenn es wirklich so ist, Gul, dann musst du mit Elzat reden.« Mehray starrte mich an und wirkte sehr ernst. »Und du musst mit deinen Eltern reden, ehe das noch weitergeht.«

Ich wusste, dass sie recht hatte. Aber zu meinem Vater konnte ich nicht gehen. Trotz allem, was ich mit ihm teilte und teilen konnte, dies war zu persönlich. Und meine Mutter hatte sowieso schon genug am Hals. Ich beschloss, meine Großmutter zu besuchen, die mir, seit ich als kleines Mädchen zu ihr auf den Schoß geklettert war, gute Ratschläge erteilt hatte.

Ich setzte mich auf die alte vertraute Couch in ihrer Wohnung und kam direkt zur Sache. »Omi, ich will nicht heiraten.«

»Was meinst du damit?« Ihr freundliches Gesicht verzog sich, sodass sich um den Mund tiefe Falten bildeten. »Bist du denn nicht glücklich mit Elzat? Er ist doch ein netter Junge.«

»Er ist nett, aber … ich empfinde nichts für ihn. Apa und Dada wollen, dass ich heirate, eine Familie gründe, ein normales Leben führe. Ich verstehe das ja. Aber wie soll ich ihn heiraten, wenn ich ihn nicht liebe?«

»Ach Gul.« Sie tätschelte mir die Wange, wie sie es schon getan hatte, als ich noch ein Kind war. »Du bist so lange mit ihm zusammen, ich dachte wirklich, du liebst ihn. Aber wenn du ihn nicht aus tiefstem Herzen liebst, kann dich niemand zwingen, ihn zu heiraten. Wir sind Muslime. Wenn man mit jemandem nicht zusammen sein will, kann einen im Islam auch keiner dazu zwingen.«

»Vater und Kaisar gehen nur an Feiertagen in die Moschee«, sagte ich. »Und Apa betet nicht mal.«

Meine Großmutter wirkte schockiert. »In ihrem Herzen ist deine Mutter eine gute Muslimin. Hält sie sich nicht an die Regeln des Islam? Sie trägt ihren Glauben vielleicht nicht nach außen, aber dafür gibt es viele Gründe. Du bist jetzt erwachsen, du weißt, wie die Dinge hier stehen. Ich bin eine alte Frau, was ich in meinen eigenen vier Wänden mache, kümmert keinen. Für deine Eltern gilt das nicht. Dein Vater steht schon unter gewaltigem Druck, weil er nicht in die KPCh eintreten will. Jeder muss heute auf der Hut sein.«

Ich nickte, fühlte mich gescholten.

»Geh und rede mit deiner Apa«, meinte sie mit weicherer Stimme.

»Sie wird so enttäuscht sein.«

»Besser ein paar Tage enttäuscht als ein Leben lang unglücklich«, beschied mir meine Großmutter.

Ich wusste, dass sie recht hatte. Ich lief schnurstracks nach Hause und fand meine Mutter in der Küche. Ich musste sofort mit ihr reden, sonst würde ich den Mut verlieren.

»Oh Gul, bin ich froh, dass du da bist! Ich habe über die Hochzeitseinladungen nachgedacht. Cremefarbenes oder blassblaues Papier, was meinst du? Du kannst es dir noch überlegen, aber triff deine Entscheidung so schnell wie möglich. Wir müssen sie bald drucken lassen, damit wir sie rechtzeitig verschicken können.«

»Apa, ich bin nicht bereit dafür.«

Ihr Löffel, mit dem sie eben noch in ihrer weiten, nach Karotten und Lamm duftenden Pfanne gerührt hatte, erstarrte. »Was?«

»Ich liebe ihn nicht.«

Einen langen Augenblick herrschte Stille. Dann blaffte sie mich an: »Was willst du damit sagen, du liebst ihn nicht? Warum warst du dann sechs Jahre mit ihm zusammen? Wenn das dein Gefühl war, warum hast du es nicht schon vor Jahren beendet?«

Mein Herz fühlte sich an wie ein Vogel, der in meiner Brust hektisch mit den Flügeln schlug. Ich blickte zu Boden. »Ich weiß nicht warum. Aber wir waren gerade ein Jahr lang getrennt, und ich hatte Zeit nachzudenken. Ich habe einfach das Gefühl, wir passen nicht zusammen. Ich habe ihn nicht einmal vermisst, während er weg war, und ich glaube auch nicht, dass ich ihm gefehlt habe.«

»Schande!« Wie aus dem Nichts weinte meine Mutter auf einmal, schrie und schüttelte so heftig den Kopf, dass sich die grauen Haare aus ihrem Knoten lösten. »Das ist ja so eine Schande! Wie soll ich noch mehr Schande in meinem Leben ertragen? Dein Bruder hat Schande über die Familie gebracht, und jetzt willst du uns so etwas antun? Wie soll ich das deinem Vater beibringen? Was ist nur aus dir geworden? Was für Gerüchte werden sie über dich und unsere Familie in die Welt setzen? Können wir nicht einfach mal ein bisschen Frieden haben in dieser Familie?«

Nie hatte ich meine Mutter derart unkontrolliert erlebt, nicht einmal in den schlimmsten Monaten nach der Verhaftung meines Bruders, als sie nicht ohne zu heulen am Esstisch Platz nehmen konnte.

»Und wenn ich heirate, werden wir dann Frieden in der Familie haben?«

Die Frage schien sie nur noch mehr zu erzürnen, und ihre Augen verengten sich zu Schlitzen. »Dein Vater und ich haben sechs Jahre auf diesen Moment gewartet«, zischte sie. »So lange hast du an diesem Mann festgehalten; was werden die Leute denken, wenn du ihn jetzt abservierst? Wie kannst du uns einen solchen Gesichtsverlust zumuten!«

Dann hob sie den Arm und schlug mir ins Gesicht, verpasste mir eine schallende, brennende Ohrfeige.

Noch nie in meinem Leben war ich geschlagen worden. Ich war derart benommen, dass ich auf einen Stuhl neben dem Küchentisch sank. Die Wange glühte, als hätte man mir einen scharlachroten Buchstaben eingebrannt. Würden nun alle glauben, dass ich Elzat zum Narren gehalten hatte? Dass ich eine Art »leichtes Mädchen« war? Unsere ganze Familie kriminell und verkommen? Der Gedanke war unerträglich. Ich spürte, wie etwas in mir sehr hart wurde, wie Eis, das sich über einem vormals warmen Wassertümpel bildete.

»Ich werde unsere Familie nicht entehren, Mom. Ich werde meine Pflicht erfüllen.« Ich erhob mich vom Tisch und schaute ihr fest in die Augen. »Und ich denke: cremefarben. Für die Anzeigen. Alles andere kannst du mit Elzats Mutter entscheiden.«

Unser Hochzeitstag erweckte wohl in jeglicher Hinsicht den Anschein eines sehr glücklichen Ereignisses. Die meisten Freunde unserer Familie aus der Mahalla waren gekommen, ebenso wie die Kollegen meines Vaters, Leute aus dem Sender und natürlich auch Elzats gesamte Familie und seine Freunde. Wir hatten eine riesige Hochzeitstorte und ein Festbankett mit mehr Essen, als man in einem Monat hätte verspeisen können. Es gab Livemusik, gespielt von Musikern, die ich schon als Mädchen gekannt hatte, und ständig wurde getanzt und gelacht. Ich wusste, dass ich das Klischee der sittsamen Braut perfekt erfüllte. Mein schwarzes Haar war zu einem Chignon zurückgenommen, mit weißen Blüten geschmückt, und feine Ringellöckchen umrahmten mein Gesicht. Ich trug ein langes weißes Brautkleid mit perlenbesticktem Mieder und einen hauchdünnen Schleier mit handgeklöppelter Spitze. Mein Vater hatte mir eine zarte Perlenkette geschenkt, und meine Mutter half mir beim Schminken, sodass meine Augen besonders dunkel und strahlend wirkten. Elzat trug einen maßgeschneiderten Smoking und hatte die Haare sorgfältig frisiert. Er sah aus wie ein Filmstar. Sogar das Wetter war sonnig und ideal temperiert, und die klare Luft duftete, als sei sie von den Bergen zu unserem Veranstaltungsort an einer hübschen Stelle am Stadtrand hereingeweht worden. Nach außen hin war alles perfekt.

Aber in meinem Innern hatte ich beim Wiederholen des Ehegelöbnisses das Gefühl, als würde ich die erste wirkliche Lüge meines Lebens aussprechen. Und noch dazu eine Lüge, mit der ich für den Rest meines Lebens würde leben müssen.

In jener Nacht, als ich zum ersten Mal, nun offiziell vermählt, neben Elzat im Bett lag, spürte ich, wie sich mein Herz vor Entschlossenheit verhärtete. Wenn ich schon eine Ehe ohne Liebe führen musste, würde ich das Kinderkriegen so lange wie nur möglich hinauszögern. In der Zwischenzeit aber würde ich mich vollkommen auf meine Karriere konzentrieren. Wollten wir doch einmal sehen, wie weit ich es bringen konnte.

***

Es war eine gute Zeit, um mich in meine Arbeit zu stürzen. Im Laufe eines Jahres entwickelte sich unsere Sendung von einem brandneuen zu einem in der gesamten Uigurenregion bekannten Programm. Langsam erhielt ich so viel Fanpost, dass ich nicht mehr alle Einsendungen beantworten konnte, nicht einmal durch eine Postkarte, die ich lediglich unterschieb. Ich empfand Verantwortung gegenüber meinen jungen Fans, sodass ich den Sender bat, eine Assistentin einzustellen, um die Briefe in Kategorien einzuteilen: die mit Botschaften, die ich unbedingt persönlich beantworten musste, solche, bei denen eine Postkarte genügte, und jene, die meine Assistentin an meiner Stelle beantworten würde.

Ich erhielt viele Zuschriften von Kindern aus ländlichen Regionen. Sie sahen unsere Sendungen, die in verschiedenen interessanten Teilen Ürümchis gedreht worden waren, und träumten vom Leben in der großen Stadt. Ihre Briefe klangen meist sehnsüchtig. Als ob sie schon in sehr jungen Jahren die Grenzen spürten, die ihren Träumen gesetzt waren. Ich wollte ihnen zeigen, dass auch die Kinder fernab der Stadt wichtig waren, doch aufgrund unserer mangelnden Ausrüstung und des kleinen Budgets kamen wir nicht besonders weit über Ürümchi hinaus. Es war unmöglich, die Sendung zu einem Kind in einem über tausend Kilometer entfernten Dorf zu bringen. Das uigurische Gebiet war viel zu groß, als dass unser Sender es hätte abdecken können.

Und dann schrieb mir ein kleiner Junge einen Brief, den ich nicht ignorieren konnte. *Ich mag Ihr Programm so gern, und jeden Abend schließe ich die Augen und wünsche mir, ich könnte einmal dabei sein. Ich will mit den Stadtkindern spielen, aber ich weiß, dass sie nicht mit mir spielen würden. Wenn wir nur nicht so arm wären.*

Alles an diesem Brief rührte mich. Ich wollte nicht, dass sich die Kinder vom Land weniger wertvoll fühlten als die, die in den Städten aufwuchsen. Das wirtschaftliche Gefälle war überall spürbar, aber besonders offensichtlich war es auf dem Land, wo Han-Firmenchefs sich bereicherten und die uigurischen Arbeiter auf den Baumwollfeldern und in den Kohlebergwerken kaum über die Runden kamen. Eines der Ziele meiner Sendung war der Versuch, alle uigurischen Kinder mit ihrem gemeinsamen Erbe in Kontakt zu bringen. Um unsere Geschichten zu mögen, brauchte man weder Geld noch Privilegien; sie waren für alle da.

Ich griff nach dem Brief und marschierte ins Zimmer des Büroleiters. Noch immer war ich ihm dankbar, dass er mir die Chance gegeben hatte, meinen Traum zu verwirklichen. Ob er wohl auch für die Träume unserer jungen Zuschauer ein offenes Ohr haben würde?

»Danke, dass Sie mich eingestellt haben«, begann ich ohne weitere Vorrede. »Es ist jetzt schon über ein Jahr her, und ich hoffe, dass es sich für Sie gelohnt hat.«

Er lächelte. »Jeden Tag sehe ich, was für eine gute Entscheidung es war. Du hast dem Sender neues Leben eingehaucht. Du hast alles erfüllt, was du mir damals angekündigt hast.«

»Nicht ganz. Erinnern Sie sich noch, dass Sie mir versprochen haben, dass wir möglichst viele Kinder erreichen sollten?«

Er nickte vorsichtig.

Ich reichte ihm den Brief des Jungen über den Schreibtisch und wartete, während er las. Dann deutete ich auf die an der Wand hängende Karte des Uigurengebiets. »Wie Sie wissen, ist hier Ürümchi und hier das Dorf dieses kleinen Jungen.« Ich fuhr mit dem Finger über die gesamte Strecke bis zum Rand der Karte. »Wie schaffen wir es, die Sendung zu ihm zu bringen?«

»Wenn er einen Fernseher hat, kann er sie sich angucken«, meinte der Bürochef.

»Aber sehen Sie sich doch den Brief an. Er will sich die Sendung nicht nur ansehen, er will Teil davon sein!« Ich ging ein wenig vor seinem Tisch auf und ab und mein Körper vibrierte vor Energie. »Momentan drehen wir nur in der Stadt. All diese privilegierten Stadtkinder und schicken Hochhäuser und breiten Straßen. Nie zeigen wir, was in den Dörfern passiert. Nie drehen wir mit Kindern außerhalb von Ürümchi. Sie fühlen sich übergangen, oder schlimmer noch, als seien sie nicht so viel wert wie die Stadtkinder. Und das ist nicht, was wir mit unserem Programm erreichen wollen.«

Der Bürochef hatte sich in seinen Stuhl zurückgelehnt und rieb sich nachdenklich das Kinn. »Und, was schlägst du vor, was kann man da tun?«

»Ich will in die Dörfer fahren und dort filmen. Aber mit unserer jetzigen Ausrüstung geht das nicht. Die Reichweite ist zu begrenzt, und wir haben keine Fahrzeuge. Ich will den Dorfkindern einfach zeigen, dass sie uns genauso am Herzen liegen. Sollte das nicht eins unserer Ziele sein?«

Er schüttelte den Kopf. »Gulchehra, du könntest ein Pferd überreden, einen Hut aufzusetzen.«

Ich musste lächeln. Ich wusste, dass ich pathetisch klang, vielleicht sogar ein bisschen verrückt, aber so empfand ich es eben.

»Ok, ok«, seufzte er, »ich werfe noch mal einen Blick auf unser Budget. Formuliere einen Vorschlag, und wir schauen, was sich machen lässt.«

Ich rannte zurück an meinen Arbeitsplatz, um das Budget auszuarbeiten. Schon eine Woche später hatten wir eine neue Kamera, einen neuen Transporter sowie den neuen Budgetposten »Reisekosten«. Ab da verschrieb ich mich dem Ziel, mindestens die Hälfte unserer Sendungen auf dem Land zu drehen.

Mein Team und ich begannen das gesamte Uigurengebiet zu bereisen. Ich wollte diese Kinder persönlich unterrichten, ihnen Geschichten vorlesen, sie ihre Dorfgeschichten erzählen lassen. Gleichzeitig bedeutete das Drehen einer Kindersendung in diesen Gegenden, dass auch unsere Zuschauer in den Städten erfahren würden, wie es ist, mit einem Dorfbrunnen aufzuwachsen statt mit fließend Wasser im Haus. Vor allem aber lernte *ich* dabei mehr als irgendwer sonst. Ich war in einer privilegierten Familie in der Hauptstadt aufgewachsen, und es gab vieles, was ich nie zuvor gesehen hatte. Langsam bekam ich das Gefühl, mein Leben in einem selbstsüchtigen, engen Kreis verbracht zu haben. Genau wie Anargul mich unerwartet auf die Idee gebracht hatte, eine Fernsehkarriere zu verfolgen, konnte ich auch von jedem dieser Dorfkinder etwas lernen.

In vielen Dörfern war die Armut so groß, dass die Kinder ohne Frühstück zur Schule geschickt wurden. Während der Morgenstunden wirkten sie dann immer apathisch, nicht etwa, weil sie nicht lernen wollten, sondern weil ein leerer Magen mehr ablenken kann als alles andere. Ich hatte die Möglichkeit, mit den Lehrern der Dorfschulen über ihre Herausforderungen zu sprechen: fehlende Bücher, hungrige Kinder, Eltern, die ihre Kinder während der Erntesaison daheim behielten, damit sie beim Pflücken der Baumwolle halfen. Dann kehrte ich nach Ürümchi zurück und rief einen Bekannten aus dem Bildungsbüro an, oft einfach nur, um zu berichten, was ich gesehen hatte. Mittlerweile kannte ich eine Menge mächtiger Leute, und mehr als alles andere wollte ich meine Verbindungen nutzen, um Gutes zu tun.

Doch wann immer ich die Freude in den Kindergesichtern sah, sobald wir mit dem Spielzeug und den Büchern (die sie nach Abschluss der Dreharbeiten behalten durften) aus unserem Transporter stiegen, hatte ich das Gefühl, das wäre die eigentliche Arbeit: uigurische Kinder zusammenzuführen und ihnen ihr kulturelles Erbe nahezubringen. Während sie schüchtern die Kamera musterten, mit der der Kameramann sie filmen würde, und lernten, wie Radio- und Videowellen sich über große Entfernungen fortbewegten, war mir, als würde ich Zeuge ihrer geistigen Entwicklung. Vielleicht konnte ich über keines der wirklichen Probleme sprechen, etwa darüber, dass unsere uigurischen Lehrbücher durch chinesische ersetzt wurden, oder darüber, dass Atheismus in den Schulen inzwischen im Lehrplan stand. Aber ich konnte den Kindern uigurische Geschichten erzählen und mich vor der Kamera mit ihnen in ihrer Muttersprache unterhalten. Ich wusste, dass ich mich auf einem schmalen Grat bewegte, aber ich sorgte dafür, dass es immer lustig und locker blieb. Solange man meine Sendung nur als Kinderunterhaltung betrachtete – dachte ich –, ließen sich Unannehmlichkeiten vermeiden.

Mittlerweile empfand ich es als zusätzlichen Bonus, dass ich einen Großteil meiner Zeit unterwegs war, statt in die kalte stille Wohnung zurückzumüssen, die ich mit Elzat teilte. Unser Verhältnis zueinander war kühl, aber stabil. Ich hatte mich damit abgefunden, den Rest meines Lebens mit einem Menschen zu verbringen, den ich nicht rückhaltlos liebte. Es war ein Opfer, das ich meiner Familie zuliebe erbrachte.

Eines Tages kam ich einen halben Tag früher als geplant von einer Reise zurück. Elzat unterrichtete noch. Ich fühlte mich rastlos, deswegen fing ich an aufzuräumen, als ich mit dem Auspacken fertig war. Normalerweise erledigte Elzat die meiste Hausarbeit. Er war ordentlicher als ich, und er legte großen Wert darauf, dass sich in unserer Wohnung alles am richtigen Platz befand. Weil ich mir seine ganzen Regeln nicht merken konnte, waren wir stillschweigend übereingekommen, dass er sich darum kümmern und ich mein Bestes geben würde, nicht alles durcheinanderzubringen. Aber mir fiel auf, dass die Bücherregale schon eine ganze Weile nicht mehr abgestaubt worden waren, also nahm ich den Staubwedel und machte mich an die Arbeit. Die kleineren Bücher ließ ich stehen, die größeren staubte ich einzeln ab. Zuletzt ein dickes Deutschwörterbuch, das Elzat aus Shanghai mitgebracht hatte. Als ich es in die Hand nahm, fielen ein Stück Papier und zwei Fotos zwischen den Seiten heraus.

Ich hob die Bilder auf, und obwohl ich nur kurz hingesehen hatte, wusste ich plötzlich, dass es sich um Fotos von Elzat mit einer anderen Frau handelte. Sie war Han-Chinesin, ziemlich hochgewachsen, mit langem glattem schwarzem Haar. Er wirkte glücklich und entspannt, und daran, wie sich ihre Schultern berührten, konnte man die Vertrautheit zwischen ihnen erkennen. Auf der Rückseite beider Bilder stand *Shanghai*, mit dem Jahr, das Elzat vor unserer Hochzeit als Student dort verbracht hatte. Das Blut floss jetzt langsamer durch meine Adern, und ich konnte spüren, wie es unter meiner Kopfhaut pulsierte. Mein Gesicht fühlte sich erst heiß an, dann kalt, und eine seltsame Mischung aus Wut und Unglauben raste durch meinen Körper. Ich sah mir den Brief an, doch er war auf Deutsch verfasst worden, mit ein paar chinesischen Schriftzeichen dazwischen. Am Datum konnte ich erkennen, dass der Brief erst wenige Monate alt war. Am Ende gab es einen ganzen Satz auf Chinesisch: *Ich liebe dich.*

Ich ließ den Staubwedel fallen. In diesem Moment war mir alles andere egal, ich wollte nur genau verstehen, was in diesem Brief stand. Ich nahm mir Elzats dickes Deutschwörterbuch und übersetzte den Brief, umständlich, Wort für Wort. Dafür brauchte ich den gesamten Nachmittag, und obwohl mir eine grobe Übersetzung gelang, gab es Teile, die ich nicht richtig verstehen konnte. Aber als ich fertig war, hatte ich herausgefunden, dass die Frau an demselben Sprachprogramm in Shanghai teilgenommen hatte wie Elzat, und dass die beiden dort ein Verhältnis begonnen hatten. Die Frau war sehr unglücklich über unsere Heirat. Sie hatte geschrieben: *Ich weiß, du bist ein guter Mann und fühlst dich ihr gegenüber verantwortlich. Aber du bist nicht glücklich, und ich bin es auch nicht. Ich weiß, das zwischen uns ist mehr als eine Affäre. Es ist Liebe.*

Ich saß in dem kühlen Zimmer wie eine Fremde in meinem eigenen Haus. Alle Objekte um mich herum – die Kristallvase, die ein Hochzeitsgeschenk gewesen war, Elzats aufgeräumter Schreibtisch, das gerahmte Foto von uns beiden in seinem Bücherregal –, das alles erschien mir fremd. In diesem Augenblick war die alte Gulchehra, diejenige, die es seit meiner Geburt gegeben hatte, tot. Mein Herz war tot. Ich spürte überhaupt keinen Schmerz. Nur ein Gefühl der Scham. Nicht, weil ich ihn geliebt hatte, sondern weil ich betrogen worden war. Dass er mich so hintergangen hatte, machte aus meinem Leben einen Witz. Ich hatte mein Lebensglück geopfert, um ihn zu heiraten, und jetzt stellte sich heraus, dass er das Gleiche für mich getan hatte. Er war nicht glücklicher in dieser Ehe als ich. Die Beschämung schnitt mir so tief ins Herz, dass es sich anfühlte, als hätte man mich erstochen. Ich war ihm mit achtzehn Jahren begegnet und hatte ihn geheiratet, als ich vierundzwanzig war. Und jetzt, mit nicht einmal sechsundzwanzig Jahren, hatte ich herausgefunden, dass er eine Affäre hatte. Innerhalb eines Augenblicks war alles zerstört.

Ich wusste nicht, was ich tun sollte oder konnte, doch ich wusste, dass ich es keinen Augenblick länger in dieser Wohnung aushielt. Ich nahm meine Handtasche und machte mich auf den Weg zum Haus meiner Eltern. Ich wollte einfach nur mit meiner Mutter sprechen und ihre tröstende Hand in meinem Haar spüren. Ich war so schockiert und verletzt, dass ich nicht einmal darüber nachdachte, wie sie wohl reagieren würde.

Bei meiner Ankunft fand ich meine Eltern in einer Umarmung auf der Couch vor. Ich hatte den Eindruck, beide hätten geweint.

»Was ist denn passiert?«, fragte ich verwirrt. Es war, als hätten sie meine Neuigkeiten schon erfahren.

»Es geht um Kaisar.«

Ich hatte geglaubt, mein Herz wäre zu abgestumpft, um außer irgendetwas anderes außer Beschämung zu empfinden, doch als ich seinen Namen hörte, wurde alles nur noch schlimmer. »Ist ihm etwas zugestoßen?«

Mein Vater erhob sich. Er war unsicher auf den Beinen. »Er hatte eine Auseinandersetzung mit einem Mithäftling. Seine Strafe ist um drei Jahre verlängert worden.«

»Wie ist das denn möglich? Er hat doch seine eigene Sicherheit aufs Spiel gesetzt, um Auseinandersetzungen zu verhindern, und jetzt ist er selbst in eine verwickelt? Das kann nicht stimmen.«

»Wir werden es herausfinden«, erwiderte mein Vater. Er klang erschöpft.

Meine Mutter hatte noch nicht einmal zu mir hochgeschaut. Beide wirkten so zerbrechlich, als wären sie mit jedem vergangenen Jahr um fünf Jahre gealtert.

Plötzlich hatte ich das Gefühl, es ihnen nicht sagen zu können. Ich brachte es nicht über mich, den Berg an Traurigkeit noch größer zu machen. Also setzte ich mich auf die Couch, legte einen Arm um meine Mutter und ließ sie an meiner Schulter weinen.

Als ich das Haus meiner Eltern verließ, war es dunkel geworden, aber ich fühlte mich noch nicht bereit, wieder in meine Wohnung zurückzukehren. Ich konnte Elzat nicht gegenübertreten, und es war zu spät, als dass ich noch zu einer Freundin hätte gehen können, ohne dass das Besorgnis ausgelöst hätte. Dann fiel mir mein Cousin Nijad ein. Während meiner ganzen

Kindheit hatte ich mich bei Problemen mit den anderen Kindern in der Nachbarschaft an ihn gewandt. Er hatte sich immer um mich gekümmert und stand mir so nahe wie ein großer Bruder. Ihm vertraute ich ohne Vorbehalte.

Ich machte mich auf dem Weg zu seinem Haus auf der anderen Seite der Stadt. Als ich dort anklopfte, war es nach zehn Uhr abends. Ich muss völlig aufgelöst und wild gewirkt haben, denn sobald mich die Frau meines Cousins sah, warf sie ihrem Mann einen Blick zu und erhob sich von der Couch.

»Unterhaltet euch erst einmal in Ruhe. Ich gehe schlafen.« Leise schloss sie die Tür hinter sich, und wir konnten ungestört miteinander reden.

Ich hielt mit meiner Meinung nicht hinter dem Berg und versuchte auch nichts zu beschönigen. Ich erzählte Nijad alles von dem Brief und den Bildern, die ich gefunden hatte, und fragte ihn, was ich tun solle. Meine Augen waren völlig trocken, allerdings zitterte mir die Stimme.

Nijad dachte lange nach. Dann seufzte er. »Gul, du bist jetzt eine verheiratete Frau, und du bist schon mehr gereist als wir alle! Du hast viel gesehen. Aber tief in dir drin bist du immer noch sehr naiv. Du hattest schon immer ein reines Herz. Aber du kennst die Welt der Männer nicht. Niemand von uns spricht mit den Frauen darüber, nicht mit unseren Müttern, nicht mit unseren Ehefrauen, nicht einmal mit unseren Schwestern. Als ich geheiratet habe …« Er zögerte. »Ich … Ich hatte vorher ein paar Freundinnen. Darüber habe ich mit meiner Frau nie gesprochen, und es hat auch keinen Einfluss auf meine Ehe. Männer haben ihre Bedürfnisse.« Er wirkte verlegen. »Schau, vielleicht hat sich Elzat in Shanghai sehr allein gefühlt, als es passiert ist. Er kannte doch dort niemanden, oder? Ihr müsst einander sehr vermisst haben. Es ist schwierig, seine schöne junge Freundin zurückzulassen. Vielleicht war diese ganze Sache einfach nur ein furchtbarer Fehler, und jetzt tut ihm alles leid.«

»Wenn es ein Fehler war, warum hat er dann den Brief und die Bilder behalten?« Ich versuchte, meine Stimme weiterhin ruhig klingen zu lassen, konnte jedoch spüren, wie meine Wut wuchs. Wenigstens empfand ich wieder etwas. »Warum hat er nicht mit mir darüber reden können, als es passiert ist? Oder bei seiner Rückkehr? Wie konnte er nur alles vor mir geheim halten? Vor seiner eigenen Frau!«

»Gul«, erwiderte mein Cousin sanft. »Es ist schon spät. Du bist erschöpft und kannst nicht mehr klar denken. Du solltest jetzt nach Hause gehen. Sprich mit Elzat. Sag ihm, dass du davon weißt, und sei ehrlich, was deine Gefühle angeht. Aber triff jetzt keine Entscheidungen. Du solltest nichts überstürzen.«

Ich schüttelte den Kopf und wollte etwas sagen, doch plötzlich packte mich Nijad am Arm. Er hatte mich nicht mehr so angefasst, seit wir Kinder waren.

»Hör mir jetzt ganz genau zu, Gul. Wenn du dich scheiden lässt, wird dein ganzes Leben dadurch schlimmer. Du bist schön, und du bist erfolgreich, aber eine Scheidung würde das alles kaputtmachen. Was würden wohl deine Vorgesetzten beim Fernsehen denken? Du sollst doch ein Vorbild für die Leute sein! Wenn sich eine Frau scheiden lässt, geben alle ihr die Schuld, nicht dem Mann. Egal, was vorgefallen ist, und egal, wer die Schuld trägt. Und wie willst du denn erklären, dass dein Mann eine Affäre mit einer Han-Chinesin hatte?«

Ich senkte den Kopf. Ich hatte die Leute sagen hören, Han-Chinesen und Uiguren zusammenzubringen sei, wie Schafe und Schweine in denselben Stall zu stecken: Man konnte sie zum Zusammenleben zwingen, doch zu einer Vermischung kam es nie. Ich kannte keinen einzigen Fall von uigurischen und han-chinesischen Partnern, und eine solche Eheschließung war nahezu unvorstellbar. Dafür sorgte nicht nur der gesellschaftliche und politische Druck, auch die kulturellen Unterschiede ließen sich nur schwer überwinden. Und trotzdem hatte mein Mann eine Affäre mit einer Han-Chinesin gehabt.

»Das bedeutet eine so große Schande für alle Beteiligten«, fuhr Nijad fort. »Er hat sich mit einer Person eingelassen, die andere Werte hat als wir. In meinen Augen war er auch nie ein *zuverlässiger Genosse*! Wenn du es wirklich überhaupt nicht mehr erträgst, mit ihm zusammenzuleben, zieh einfach unauffällig aus und erzähle es niemandem, solange es nicht sein muss. Aber bevor du irgendetwas tust, solltest du wissen, dass jeder Mann seine schmutzigen Geheimnisse hat. Mach ihm keine allzu schlimmen Vorwürfe.«

Ich entzog Nijad meinen Arm und verließ ohne ein weiteres Wort sein Haus. Dann lief ich ziellos durch die Straßen, passte nicht einmal auf, in welche Richtung ich mich bewegte. Zum zweiten Mal fühlte ich mich verraten. Mein Cousin hatte Elzat verteidigt, sich auf seine Seite geschlagen! Vielleicht hatte er geglaubt, er würde mir helfen oder mich beschützen, indem er mir die Realität der Situation nahebrachte, aber damit half er mir nicht. Ich war schon sehr weit von zu Hause entfernt, lief jedoch immer und immer weiter, als könnte ich auf irgendeine Weise geradewegs aus Ürümchi hinaus und in ein anderes Leben laufen. Es war dunkel, und vor den Restaurants saßen trinkende Männer. Für eine Frau war es hier nach Einbruch der Dunkelheit nicht besonders sicher. Doch ein kleiner Teil von mir wollte angegriffen werden. Ich wollte eine Art Rache, ich wollte, dass Elzat ein Echo des Schmerzes empfand, den ich gerade spürte. Ich wollte ihn verletzen, und wenn ich dabei verletzt werden würde, war mir das egal.

Als ich zu unserem Wohnblock zurückkehrte, wartete Elzat vor dem Haupttor auf mich. Er wusste, dass ich den Brief gefunden hatte, weil ich den zusammen mit den Fotos auf seinem Schreibtisch hatte liegenlassen, damit er alles sehen würde.

Er machte einen Schritt auf mich zu. »Gott sei Dank bist du wieder da, Gul! Ich habe mir solche Sorgen um dich gemacht.«

Ich stieß ihn beiseite, ohne ihn anzusehen. »Sorgen um mich? Wirklich?«

Er folgte mir schweigend die Stufen zu unserer Wohnung hinauf.

Drinnen wandte ich mich endlich um und schaute ihn an. »Warum hast du mir nicht gesagt, dass du so unglücklich bist?«

»Ich bin nicht unglücklich! Ich bin sehr glücklich mit dir.«

»Wie kannst du glücklich mit mir sein und gleichzeitig eine Liebesaffäre mit einer anderen Frau haben? Das ergibt doch keinen Sinn. Du hast diese Bilder behalten, also muss dir das Ganze sehr viel bedeuten.«

Er schüttelte den Kopf. »Nein, du verstehst das nicht. Der Brief kam mit der Post, und ich bin in Panik geraten. Ich wusste nicht, wie ich ihn loswerden sollte, ohne dass du es mitbekommst. Ich weiß, das war unglaublich dumm, aber ich habe einfach alles im Wörterbuch versteckt und wollte mich später darum kümmern. Ich wollte alles zerreißen und wegwerfen. Ich empfinde nichts für diese Frau.«

Schnell verwandelte sich meine Wut in Verletzung, und zum ersten Mal an diesem Tag traten mir die Tränen in die Augen. »Du hast mich zerstört«, flüsterte ich. »Ist dir das klar? Du hast mich umgebracht. Ich bin nicht mehr dieselbe Gulchehra, die ich war, als wir geheiratet haben, und falls ich dich jemals wirklich geliebt habe, liebe ich dich jetzt bestimmt nicht mehr. Vor unserer Hochzeit wusste ich, dass wir nicht die Richtigen füreinander sind. Doch inzwischen ist sogar die bloße Zuneigung verschwunden, die ich einmal für dich empfunden habe. Vorher hatte ich Respekt für dich. Aber jetzt empfinde ich überhaupt nichts mehr für dich.« Es war, als schaute ich jemanden an, den ich vor langer Zeit gekannt hatte, der aber inzwischen wie ein Fremder war.

»Es tut mir so leid. Es war ein schrecklicher Fehler! Ich wollte nicht …«

»Was machen wir jetzt?«, unterbrach ich ihn. »Ich kann nicht mehr einfach so tun, als wären wir Mann und Frau. Das alles ist eine Lüge!«

Er folgte mir in die Küche. »Sag das nicht! Es ist keine Lüge. Alles ist real.«

»Es wird meine Eltern ins Grab bringen. Aber ich kann nicht hierbleiben.«

Etwas Wildes trat in seinen Blick. »Sag so etwas nicht, Gulchehra. Ich werde sterben, wenn du gehst!«

Ich schaute ihn düster an. »Ich werde sterben, wenn ich hierbleibe.«

Er langte zum Schneidebrett hinüber, und plötzlich glänzte ein Küchenmesser in seiner Hand.

Unwillkürlich machte ich einen Schritt zurück. »Nicht, Elzat. Hör einfach auf damit.«

Er hatte zu weinen angefangen, und sein attraktives Gesicht war jetzt fleckig und verzerrt. »Du darfst nicht von mir weggehen, Gul, ich kann das nicht zulassen.«

»Was hast du mit dem Messer vor?« Meine Panik steigerte sich. Diese ganze Szene war unglaublich, wie aus einem Film, und ich fühlte mich, als befände ich mich nicht mehr in meinem eigenen Körper.

Er schaute auf das Messer, als wäre ihm nicht einmal bewusst gewesen, dass er es in der Hand hielt. »Du glaubst doch nicht … Ich würde dir nie etwas antun! Wie kannst du das nur denken? Wie kannst du nur.« Seine Stimme brach. »Ich würde dir nie etwas antun«, flüsterte er.

»Dann leg das hin.« Ich versuchte vernünftig zu klingen, doch die Situation geriet mit jeder Sekunde mehr außer Kontrolle.

»Wenn du mich verlässt, bringe ich mich um.« Sein Griff

um das Messer wurde fester. »Ich meine es ernst, Gul, ich bringe mich um. Wenn du nicht meine Frau bist, will ich nicht mehr leben.«

»Hör endlich auf!«, schrie ich. Wir hatten uns wegen der Nachbarn bemüht, leise zu sein, weil wir wussten, dass man durch die dünnen Wände des Wohnblocks fast alles hören konnte. Aber jetzt hielt ich es nicht mehr aus. »Leg das Messer hin, Elzat. Du führst dich auf wie ein Kind!«

Schluchzend hob er sich das Messer an die Kehle.

Ich sprang vor und griff danach. Es gelang mir, den Griff dort zu fassen, wo er in die Klinge überging, und der scharfe dünne Stahl durchschnitt meine Haut, als wäre sie Luft. Blut strömte auf Elzats Hemd.

Er schaute an sich herunter und dachte vielleicht zuerst, es wäre sein eigenes. Aber es kam von der Seite meiner Hand: Dort hatte das Messer einen schlimmen, tiefen Schnitt verursacht. Er starrte meine Hand an und ließ das Messer fallen, das mit einem Klappern auf dem Boden aufkam und in eine Ecke rutschte. Elzat ließ sich mit dem Rücken gegen die Küchenschränke sinken und barg weinend den Kopf in den Händen.

Ich wickelte meine Hand in ein Küchenhandtuch und hob sie über den Kopf. Noch tat die Verletzung nicht weh, aber ich wusste, es würde eine Narbe zurückbleiben. Ich schaute auf die zusammengekauerte Gestalt des Mannes hinab, der einmal mein Ehemann gewesen war, und ich spürte, wie sich mein Herz mit einer neuen Empfindung zusammenzog: Mitleid.

***

Nach dieser Nacht blieb ich einige Tage bei meinen Eltern. Ich erzählte ihnen nicht, was geschehen war, denn ich brachte es nicht über mich, sie noch unglücklicher zu machen. Aber ich bat meine Mutter, mir mein langes, dickes Haar abzuschneiden. Sie war schockiert, gab jedoch irgendwann nach. Es war, als wüsste sie, dass etwas geschehen und ich nicht mehr dieselbe wie früher war. Vielleicht glaubte sie ja, ich würde endlich meine Rolle als Ehefrau, als Erwachsene akzeptieren. In gewisser Weise traf das wohl auch zu. Als sie fertig war, hatte ich eine schicke schulterlange Frisur. Ich drehte den Kopf hin und her und bewunderte den Anblick meines mir um die Wangen fallenden Haars. Eine moderne Frau, sagte ich zu mir selbst. Eine brandneue, moderne Frau.

Ich hatte mich ein paar Tage krankgemeldet, um bei meinen Eltern zu sein und mich ein bisschen aufzurappeln. Doch ich konnte meine Arbeit und andere Leute nicht ewig meiden. Wenn ich gehofft hatte, mein Job würde mir Zuflucht vor dem Chaos zu Hause gewähren, so musste ich meinen traurigen Irrtum bald erkennen.

Es hatte bereits Anzeichen dafür gegeben, dass sich die politische Lage immer weiter zuspitzte und dass sich das irgendwann auch auf meine Sendung auswirken würde. Als Erstes gingen die chinesischen Behörden systematisch gegen die Maschraps vor, von den Gemeinden geführte Begegnungsstätten für Jungen und Männer. Wie meine Familie durch die Erfahrung mit Kaisar auf so schmerzliche Weise hatte herausfinden müssen, gab es überall Drogen – sogar solche, die man sich in die Vene spritzte, was die Verbreitung von HIV und anderen Erkrankungen zur Folge hatte.

Um diese Geißel, die unter der jungen männlichen Bevölkerung wütete, in den Griff zu bekommen, nutzen die Gemeindeältesten traditionelle Treffpunkte wie den Maschrap, wo Jugendliche und ältere Männer sich amüsieren, essen, Spiele spielen, singen, tanzen, über den Islam sprechen und im Allgemeinen auf gesunde Art und Weise Dampf ablassen konnten. Die jüngeren Besucher brachte man in Fußballteams zusammen, wo sie trainierten und leidenschaftlich gegeneinander spielten. Im Jahr 1995 beteiligten trafen sich mehr als zehntausend junge Männer in den Maschraps. Das gab ihnen Struktur und Unterstützung, und für die Gemeinschaft im Allgemeinen hatte es durchweg positive Effekte. Doch die chinesischen Behörden sahen darin nur eine Machtstruktur, die nicht ihre eigene war, und eine potenzielle Unruhequelle.

Den systematischen Aktionen gegen die Maschraps war eine Bewegung unter einigen Maschrapmitgliedern vorausgegangen, bei der es um den Boykott von Alkohol ging. Wie Drogen hatte der einen negativen gesellschaftlichen Einfluss auf die uigurischen Gemeinden gehabt, und einige Maschraps ermutigten ihre Mitglieder zur Abstinenz. Das islamische Alkoholverbot diente ebenfalls als Inspiration. Doch die meisten der Spirituosengeschäfte in der uigurischen Region wurden von Han-Chinesen geführt, und Trinken ist ein wichtiger Teil der männlichen Han-Kultur. Die Entscheidung, den Alkoholkonsum reduzieren zu wollen, wurde von den Behörden als versuchte Abgrenzung und auch als mögliches Anzeichen latenten »Spaltertums« eingeordnet. Die Behörden reagierten rasch mit einem Verbot aller Maschraps und sämtlicher damit im Zusammenhang stehender Zusammenkünfte. Das betraf sogar die Fußballspiele, die so viele Jungen liebten und die sie brauchten, damit ihr Leben außerhalb des Schulunterrichts eine Struktur erhielt. Jungen, die genauso waren, wie mein Bruder gewesen war. Ich konnte mir nur vorstellen, wie anders Kaisars Leben wohl verlaufen wäre, hätte er Zugang zu einem Maschrap gehabt. Wahrscheinlich hätte er sich dann überhaupt niemals auf Drogen eingelassen. Wahrscheinlich wäre er dann längst Arzt, vielleicht sogar Vater, und sicher ein produktives Mitglied der Gesellschaft statt jemand, den man in einer Gefängniszelle verrotten lassen wollte.

Nach dem Verbot gingen viele Maschraps einfach in den Untergrund, doch einige Gruppen widersetzten sich der Auflösung auch ganz offen. In diesem Jahr organisierten die Marschraps in Gulja, jener Stadt westlich von Ürümchi, aus der meine beiden Eltern stammen, ein Fußballturnier, und als die Behörden die nötige Erlaubnis verweigerten, versammelten sich mehr als tausend Menschen zu einem Protest. Man begegnete ihnen mit schwer bewaffneten Han-Soldaten und Militärfahrzeugen. Obwohl an diesem Tag wie durch ein Wunder niemand zu Tode kam, war die Botschaft nur zu deutlich. Kein Bereich uigurischen Lebens war sicher, alles konnte uns jederzeit genommen werden, selbst so etwas wie die Fußballklubs unserer Kinder.

Oder unsere Kindersendung im Fernsehen.

Nicht lange nach meiner Rückkehr aus dem Krankenstand wurde ich zu einer Besprechung gerufen. Der Büroleiter war anwesend, zusammen mit mehreren Repräsentanten der Kommunistischen Partei. Es war kein großes Meeting, doch mit ihm änderte sich unsere Arbeitsweise grundlegend.

Die Parteifunktionäre waren gekommen, um uns »Anregungen« für die neue Programmgestaltung zu präsentieren. Wir wurden gebeten, mehr zweisprachige Features zu produzieren und viel weniger auf Uiguren ausgerichtete Inhalte einfließen zu lassen. Allen war bewusst, dass diese Anregungen ganz eindeutig obligatorische Änderungen darstellten. Als Teil der neuen Initiative drängte man uns, »Freundschaftssendungen« mit Han-Schulkindern zu produzieren, in denen Uiguren und Han-Chinesen beim gemeinsamen Spielen und Lernen gezeigt wurden.

Auf dem Papier sah das nicht unbedingt schlimm aus, doch wir beim Fernsehsender wussten alle, wie begrenzt die Gemeinsamkeiten zwischen der Han-Kultur und der uigurischen sind: Unsere Sprachen, unsere religiösen Überzeugungen, unsere Musik, unsere Perspektive auf die Geschichte, unsere Geschichten, unsere Feiertage und Feste, sogar unsere Umgangsformen unterscheiden sich voneinander. In der realen Welt verbrachten Han-Kinder und uigurische Kinder nicht oft Zeit miteinander, selbst dann nicht, wenn sie auf dieselbe Schule gingen. Und die Eltern bestärkten ihre Kinder darin. Han-chinesische Eltern erklärten üblicherweise, der Umgang mit Uiguren sei nicht sicher. Uigurische Eltern wiederum befürchteten, ihre Kinder könnten in etwas hineingezogen werden, das sie nicht durchschauten, und auf diese Weise sich selbst und ihre Angehörigen in Gefahr bringen.

Als die Jahrtausendwende näher rückte, zeichnete sich bereits eine düstere Entwicklung ab. Dann wurde in der Uigurenregion eine offizielle Politik der sogenannten zweisprachigen Bildung verpflichtend eingeführt. Der offiziellen Propaganda zufolge handelte es sich dabei um eine einfache Initiative zur Verbesserung der Chinesischkenntnisse in der uigurischen Bevölkerung. Tatsächlich stellte diese Maßnahme aber einen weiteren entscheidenden Schritt bei dem Versuch dar, die uigurische Kultur zu vernichten und die Uiguren mit Han-Traditionen, atheistisch geprägten Verhaltensweisen und Moralvorstellungen sowie mit chinesischen Sozialverhaltensregeln zu indoktrinieren. Alle im Bildungswesen Tätigen, von der Grundschule bis zur Universität, mussten die Unterrichtssprache auf Chinesisch umstellen. Selbst Kurse über uigurische Literatur und die Geschichte der Region der Uiguren, so begrenzt und wenig neutral, wie sie waren, mussten auf Chinesisch stattfinden. Uigurische Lehrbücher wurden systematisch zerstört und durch chinesische ersetzt, und Lehrende mussten an rigorosen Umschulungsprogrammen teilnehmen. Als diese Gesetzgebung erlassen wurde, fühlte sich das an wie ein plötzlicher Axthieb. Tatsächlich hatte dieses Beil jedoch seit einem Jahrzehnt über uns geschwebt.

Die Produktion dieser Freundschaftssendungen erwies sich als sehr schwierig. Was wir auch versuchten – sie wirkten immer unecht und gestellt. Die Han-Kinder fühlten sich in Gegenwart der uigurischen Kinder ganz offensichtlich unbehaglich, und die uigurischen Kinder schauten verängstigt drein, als könnte jede Geste, jeder Gesichtsausdruck eine Befragung zur Folge haben, was ja auch durchaus im Bereich des Möglichen lag. Niemand konnte sich vor der Kamera ungezwungen verhalten, und natürlich hatte das auch einen Einfluss darauf, wie ich mich gab. Jedes Mal am Ende einer Aufnahme sank mein Mut, weil ich wusste, dass wir das Rohmaterial auseinandernehmen und versuchen mussten, zu retten, was zu retten war. Das gestaltete sich immer schwieriger.

Eines Tages bestellte man mich in das örtliche Büro der Kommunistischen Partei und teilte mir mit, ich hätte in meiner Sendung eine verwirrende Geschichte eingesetzt, aus der die Kinder falsche Schlüsse ziehen könnten.

Überrascht fragte ich nach, was damit gemeint sei. Mir fiel nichts ein, was in meiner Sendung verwirrend für Kinder hätte sein können.

»Sie haben da eine Geschichte über ein Schaf und eine Wölfin erzählt, wissen Sie noch?«

Natürlich erinnerte ich mich an die Geschichte: ein uraltes Volksmärchen mit relativ einfacher Handlung, das fast alle Uiguren kennen und das mir mein Vater erzählt hatte, als ich ein Kind war.

Ein Schaf und seine drei Lämmchen leben zusammen in einem gemütlichen kleinen Haus. An einem eiskalten Wintertag macht sich das Schaf auf Nahrungssuche, und auf dem Rückweg entdeckt es eine Wölfin am Straßenrand. Beim Näherkommen sieht das Schaf, dass sich zwei winzige Welpen an den Wolfsbauch schmiegen. Dem Schaf tun die Wölfin und ihre Kinder leid, und es erkundigt sich, was sie da in der Kälte machen. Die Wölfin antwortet höflich, sie seien auf dem Weg in die Stadt und hätten nirgends unterkommen können. Das

Schaf lädt sie zu sich nach Hause ein, damit sie nicht in der Kälte bleiben müssen. Die Wölfin und ihre Welpen folgen dem Schaf, und sie geben sich so freundlich wie nur möglich. Sie sei völlig harmlos, beteuert die Wölfin. Ihre Beine, so erklärt sie, seien alt und schwach, und nach einem langen, guten Leben habe sie kaum noch Zähne im Maul. Das Schaf vertraut der Wölfin allmählich, und irgendwann geht es wieder nach draußen auf Nahrungssuche. Die Lämmchen bleiben allein mit der Wölfin und ihren Welpen zurück. Bei seiner Heimkehr findet das Schaf ein leeres Haus vor. Die Wölfin und ihre Welpen sind weg, und von den geliebten Lämmchen ist nur noch ein bisschen weiche Wolle übrig.

Mein Vater hatte damals darauf geachtet, dass ich begriff, welche Lektion es da zu lernen gab: Es ist wichtig, sich gütig und großzügig zu verhalten, aber genauso wichtig, weise zu handeln. Man muss immer wissen, wer der Feind ist, und darf im Umgang mit ihm weder zu vertrauensselig noch zu leichtgläubig sein. Eine Lektion, die jeder im Alltagsleben gebrauchen konnte. Aber die Leute im Büro der Kommunistischen Partei waren davon überzeugt, ich hätte das Märchen aus politischen Motiven in meine Sendung eingebaut.

»Es gibt Tausende alter Geschichten. Warum haben Sie ausgerechnet diese ausgewählt?«

»Weil sie so unkompliziert ist«, gab ich zurück und versuchte, dabei nicht empört zu klingen. »Ich habe sie auf ganz einfache Weise interpretiert, und die Kinder machen das genauso. Vorsicht ist geboten, wenn man einschätzt, wem man trauen kann. Gilt das nicht für jede Kultur oder gesellschaftliche Situation?«

Letzten Endes spielte es keine Rolle, was ich bei dieser Unterredung sagte. Die Entscheidung stand bereits fest. Man erklärte mir, bevor ich in Zukunft eine Geschichte in einer meiner Sendungen benutzen könne, müsse ich die Erlaubnis des Büros einholen. Erst nach der Zustimmung dürfe ich die

Geschichte erzählen. Und das alles wegen eines Märchens. Das war der Anfang vom Ende meiner Freiheit beim Gestalten meiner Sendung. Und ich wusste, sämtlichen meiner uigurischen Kolleginnen und Kollegen erging es ebenso.

In der Zeit all dieser Ereignisse in der Arbeit sprachen Elzat und ich kaum miteinander. Jeden Abend kam ich erschöpft nach Hause und ging häufig gleich ins Bett. Er schlief auf der Couch, und in der Wohnung herrschte inzwischen das Chaos von Menschen, die nicht glücklich miteinander waren.

Eines Abends hielt ich es nicht mehr aus und ging ins Wohnzimmer. »Wir müssen irgendetwas unternehmen, Elzat. Einer von uns muss für eine Weile weg.«

»Einer Scheidung werde ich nicht zustimmen«, erklärte er.

»Gut, aber ich werde nicht für immer so leben.«

»Ich weiß«, erwiderte er erschöpft. »Vielleicht brauchen wir wirklich Zeit getrennt voneinander, damit uns wieder bewusst wird, was wir am anderen schätzen. Erinnerst du dich an das Stipendium in Österreich, für das ich mich vor einigen Monaten beworben habe? Es gibt Neuigkeiten: Ich habe es bekommen.«

»Gut. Ich wünsche dir viel Erfolg.« Das klang steif und unnatürlich.

»Zuerst muss ich aber für einen Intensivsprachkurs nach Beijing.«

»Vielleicht begegnet dir ja dort jemand Nettes«, kommentierte ich bitter.

»Bitte, Gul, nicht.« Er schaute mich mit flehendem Blick an. »Ich tue das für uns. Wenn ich zurückkomme, werden die Dinge zwischen uns besser stehen, das verspreche ich dir.«

»Gut«, erwiderte ich, glaubte ihm aber kein Wort. »Wenn du Hilfe beim Packen brauchst, sag mir Bescheid.«

Nachdem Elzat nach Beijing aufgebrochen war, erweiterte

sich mein Arbeitskreis noch mehr. Wegen meines bereits hohen Bekanntheitsgrades wollten die Parteifunktionäre beim Sender meinen Status unter den Uiguren zur Werbung für ein neues Programm mit Gesellschaftsbezug nutzen. Die Behörden in Beijing hatten damit begonnen, verarmte uigurische Kinder gezielt von zu Hause wegzuholen, damit sie eine Han-Erziehung bekamen. Weil das den Eltern natürlich überhaupt nicht gefiel, sollte ich Geschichten produzieren, die Eltern dazu ermutigten, ihre Kinder auf Schulen in zwölf verschiedenen chinesischen Städten zu schicken, damit sie dort Chinesisch lernten.

Doch bei meinen Begegnungen mit diesen Kindern wurde mir klar, wie grausam und verquer dieses Konzept war. Die Kinder hatten kaum das Teenageralter erreicht, und man wollte sie aus dem einzigen Zuhause wegholen, das sie kannten, weg von den Eltern, die sie liebten und denen sie vertrauten. Stattdessen sollten sie in einer ihnen völlig fremden Umgebung leben. Durch die Trennung von ihrer Sprache, von denen, die sie liebten, und von ihrer eigenen Kultur setzte man diese so jungen Menschen furchtbarem Stress aus. Manche von ihnen aßen nichts mehr, andere vermissten ihre Eltern und Freunde so sehr, dass sie kaum aufhören konnten zu weinen. Es war unerträglich, ihnen in die Augen zu sehen und darin einen so großen Schmerz zu lesen.

Während der ganzen Phase, in der ich Sendungen zur Förderung dieses Programms zusammenstellte, sagte ich mir: Wenn sie uns wirklich helfen wollen, warum bauen sie dann keine guten Schulen in den uigurischen Gemeinden? Wenn diese Kinder in Armut leben, warum unterstützt man ihre Eltern nicht finanziell, statt dass man ihnen die Kinder wegnimmt? Ich hatte den Eindruck, es sollte gar nicht darum gehen, das Leben in den uigurischen Gemeinden zu verbessern und den Menschen dort zu helfen. Vielmehr schien dahinter eine viel tückischere Absicht zu stehen: die Zerstörung uigurischer Heime und Familien, das Unterbinden des Weitergebens von Kultur und religiösen Überzeugungen von einer Generation an die nächste. Weil man sie von ihren Eltern, Großeltern und Heimatgemeinden weggeholt hatte, waren diese Kinder orientierungslos, von ihrer eigenen Kultur abgeschnitten. Sie konnten sich nur an das klammern, was ihnen ihre Han-Lehrer und die Behörden zuwarfen. Rettungsringe, die lediglich den Verzweifelten Trost boten.

Ich musste an Anargul und ihren Bruder zurückdenken, die nur für den Versuch, eine grundlegende Ausbildung zu bekommen, ihre Heimat hatten verlassen müssen. Mehr als einmal hatte ich Kontakt zu Anargul gesucht. Doch wenn ich an ihr Dorf schrieb, bekam ich nie eine Antwort. Ich hatte gehofft, ihr ein wenig Geld für ihre eigene Ausbildung schicken zu können, nachdem sie so hart dafür gearbeitet hatte, ihren Bruder zu unterstützen. Aber sie war verschwunden, vielleicht in noch größere Armut, vielleicht aber auch in eine bessere Zukunft. Für mich gab es keine Möglichkeit, das herauszufinden.

Eines wusste ich jedoch ganz genau: Daraus, Kinder von ihren Eltern wegzuholen, würde nichts Gutes entstehen. Trotzdem musste ich in jeder Sendung vor der Kamera verkünden, dass es sich dabei um eine ganz ausgezeichnete Maßnahme zum Wohl der Gemeinschaft handelte. Ich sprach darüber, wie wichtig die uigurischen Kinder der Kommunistischen Partei waren, welch außergewöhnliche Chancen man ihnen bot. *Schauen Sie doch, die Kinder sind so glücklich! Sie haben noch nie so hohe Gebäude und so schicke Autos gesehen!*

Doch für Kinder hat Glücklichsein nichts mit hohen Gebäuden oder schicken Autos zu tun – es hängt von Liebe und Geborgenheit, von Familie und Freunden ab. Und die nahm man ihnen weg.

Ich war den Kindern gegenüber immer häufiger zum Lügen gezwungen, dabei hatte ich meine ganze Karriere darauf aufgebaut, ihnen zu helfen. Das stürzte mich in eine tiefe Verzweiflung.

Wenn ich jetzt Kinder für die Sendung interviewte, reagierten sie häufig mit Weinen auf die Bitte, von ihrem neuen Leben fern von zu Hause zu erzählen. Deswegen konnte ich sie die Fragen nicht selbst beantworten lassen, sondern musste vor jeder Sendung ein Skript verfassen. In der Vergangenheit hatte eines der schönsten Elemente unserer Sendung für mich – und auch für unser Publikum – darin bestanden, dass die Kinder vor der Kamera manchmal so Erstaunliches und Unerwartetes von sich gaben.

Doch jetzt musste ich jedes Kind sorgfältig auf jeden einzelnen Take vorbereiten. Da gab es ein kleines Mädchen, das kaum älter wirkte als fünf Jahre, und ihre winzigen Hände waren fast zu klein, um ein Mikrofon zu halten.

Behutsam brachte ich sie ans Set. »Bist du bereit?«, erkundigte ich mich und setzte ein gezwungenes Lächeln auf.

Als sie mit gesenktem Blick nickte, bebten ihre winzigen Lippen.

»Hör zu, ich frage ich dich jetzt gleich, ob es dir gefällt, hier zur Schule zu gehen, und du weißt ja, was du dann antwortest, oder?«

Sie nickte wieder.

»Und was?«

»Dass ich sehr gern hier zur Schule gehe«, flüsterte sie.

»Und dann werde ich dich fragen, ob dir die Stadt gefällt. Und was wirst du dann antworten?«

»Dass mir die Stadt so gut gefällt, dass ich kein Heimweh mehr habe.« Ihre Stimme klang fest, doch sie hatte lautlos zu weinen begonnen.

Mir war, als presste eine Faust mein Herz zusammen. Ich fühlte mich, als würde ich ein Kind missbrauchen und meinem Opfer die Antworten eingeben. Ich beugte mich ganz nah zu ihr hin und flüsterte sehr leise: »Ich weiß, dass du dein Zuhause vermisst. Ich weiß, wie du dich fühlst, und es geht mir ganz schrecklich schlecht deswegen.«

Sie schaute mir nicht in die Augen. Natürlich traute sie mir nicht – wie auch?

Einer unserer Produzenten, ein Han-Chinese, holte das Mädchen vor die Kamera.

Ich straffte die Schultern und setzte ein falsches Lächeln auf. »Ich weiß, du bist zum ersten Mal im Fernsehen, und ich weiß auch, dass du sehr nervös bist. Aber wenn du gefilmt wirst, musst du glücklich wirken, okay? Nicht weinen.«

Das Ganze war eine Farce, und ich spürte, wie ein heimtückisches, bedrückendes Schuldgefühl von mir Besitz ergriff und alles, was ich tat, förmlich beschmutzte. Ich liebte diese Kinder. Sie bildeten die Grundlage meiner ganzen Karriere, sie und die unschuldige Freude, die sie in so vielen Dingen entdeckten. Ich erinnere mich bis heute an den Blick in den Augen dieser uigurischen Kinder. Ich wusste, sie hofften, ich würde ihnen helfen, nach Hause zu kommen, könnte ihren Eltern eine Nachricht zukommen lassen, damit die sie nach Hause holten. Aber mir waren völlig die Hände gebunden. Stattdessen log ich und sagte, es handele sich um die privilegiertesten Kinder in Xinjiang.

Früher war meine Sendung eine Quelle ständiger Freude für mich gewesen, doch sie hatte sich in eine Last verwandelt, die mich so sehr niederdrückte, dass ich nur noch unruhig schlief und oft aus Albträumen aufschreckte. Ich stellte mir vor, wie es wäre, selbst Kinder zu haben und zu wissen, dass der Staat sie jederzeit von mir würde wegholen können. Wie könnte ich damit leben, und wie konnte ich mich an der Werbung für ein Programm beteiligen, das ich für zutiefst unmenschlich hielt?

Bei der Rückkehr von diesen Filmaufnahmen ging ich zu meinem Vater, um mit ihm zu sprechen. Die Reise hatte mich erschöpft, und ich vermochte die Tränen kaum zurückzuhalten.

»Ich glaube einfach nicht, dass ich das noch lange durchhalte«, sagte ich zu ihm.

Überrascht schaute er mich an. »Was ist denn passiert? Du hast sehr viele andere Angebote ausgeschlagen, um diesen Job annehmen zu können. Was hat sich geändert?«

Als ich ihm von dem Gesehenen berichtete und von all dem Leid erzählte, das ich bei diesen Kindern miterlebt hatte, schüttelte er den Kopf. »Eine Position wie deine bedeutet eine unglaublich große Verantwortung. Was auch immer in der Gesellschaft vor sich geht, du wirst dich direkt damit auseinandersetzen müssen.« Er nahm meine Hand. »Tochter, du kannst dich nur all dem stellen und darfst nicht aufgeben. Du musst selbst die kleinste Gelegenheit nutzen, um diesen Kindern Hoffnung zu schenken. Auch wenn es nur eine einzige Minute in einer dreißigminütigen Sendung ist. Wenn du diesen Kindern ein bisschen über unsere Geschichte erzählen oder ihnen beibringen kannst, stolz auf sich selbst zu sein, dann ist das dein Sieg.«

Doch selbst darum musste ich kämpfen. Jede Sekunde der Sendezeit war genau im Skript festgelegt. Die Zensurmaßnahmen wurden immer strenger. Man kontrollierte unsere Themen, unsere Skripts, unsere Mitwirkenden. Man kürzte unser Budget immer weiter, bis es sich so anfühlte, als müsste ich ersticken.

Immer stärker wurde mir bewusst, dass ich als Angestellte von Xinjiang TV nur ein kleines Rädchen in der großen Maschinerie der streng von der chinesischen Regierung kontrollierten offiziellen Medien war. Dann brachen im Februar 1997 über mehrere Tage erneut Proteste in Gulja aus. Diesmal kam es zu gewalttätigen Ausschreitungen. Die Maschraps hatten sich seit dem Verbot vor einigen Jahren nicht aufgelöst, und es herrschte eine unendliche Frustration, weil es den Leuten nicht gestattet wurde, sich zu versammeln oder offen ihre Meinung kundzutun, ihre eigene Religion zu praktizieren oder persönliche Entscheidungen wie den Verzicht auf Alkohol zu treffen. Die Leute skandierten religiöse Parolen, und einige forderten Unabhängigkeit für Ostturkestan. Die chinesischen Behörden reagierten rasch und brutal: mit Gewehren, Polizeihunden und Tränengas. Als die Protestierenden nicht weichen wollten und während der nächsten Tage tatsächlich noch mehr ganz gewöhnliche Bürger auf die Straße gingen, holten die chinesischen Behörden in Bussen Soldaten und Sicherheitspersonal aus den umliegenden Regionen in die Stadt, sogar aus dem weit entfernten chinesischen Lanzhou. Sie verhängten eine Ausgangssperre über Gulja, sodass Anhänger einer paramilitärischen Polizei durch die Straßen patrouillierten und gewöhnliche Bürger in Angst und Schrecken versetzten, wenn diese sich vorsichtig für notwendige Besorgungen wie Einkäufe nach draußen wagten.

Ich wusste durch Freunde und Verwandte aus der Region von den Protesten, auch wenn mir keine Details bekannt waren.

Am Telefon flüsterten sie, Tausende seien verhaftet und Hunderte getötet worden. Aus zuverlässigen Quellen hieß es, die Protestierenden seien bei eiskalten Temperaturen draußen festgehalten worden, nachdem man sie mit Wasserwerfern völlig durchnässt hatte, sodass sie Erfrierungen erlitten und sogar einige Amputationen durchgeführt werden mussten. Alle lebten in Angst, unter den Augen der Han-Soldaten, die ganz offensichtlich keine Skrupel hatten, wenn es darum ging, Gewalt zu gebrauchen, um die Leute vor Ort unter Kontrolle zu halten.

Als ich im März desselben Jahres mit meinem Vater die Heimat meiner Eltern besuchte, so wie wir das jedes Jahr taten, um unsere Angehörigen zu sehen, fanden wir die Stadt vollkommen verändert vor. Es war, hätte man über jeden einzelnen Haushalt ein Leichentuch ausgebreitet. Niemand sprach auf der Straße mit anderen oder begrüßte seine Nachbarn freundlich; stattdessen hasteten alle vorüber, ohne irgendjemandem in die Augen zu schauen. Man konnte die Angst wie einen üblen Geruch in der Luft wahrnehmen. Als ich mit meinen Tanten und Cousinen einige Einkäufe erledigte, stoppten uns Han-Polizisten mit Gewehren. Ich hatte noch nie zuvor solche Waffen gesehen, und plötzlich waren sie auf meine Beine gerichtet. Die Männer verlangten unsere Ausweise, und als sie feststellten, dass ich nicht aus Gulja stammte, wollten sie von mir wissen, was ich hier tat. Ich schaute ihnen bei meiner Antwort in die Augen, weil ich nicht bereit war, ihnen meine Angst zu zeigen. Aber als sie uns endlich in Ruhe ließen und wir uns auf den Weg zum Markt machen konnten, hatte ich sehr weiche Knie.

»So sieht es jetzt aus«, flüsterte meine Tante, die mich fest am Arm hielt. »Wer weiß, wie lange das so gehen wird. Die haben jetzt die Kontrolle.«

Mein Vater hatte mir beigebracht, dass die Uiguren sich immer selbst regiert hatten, abgesehen von kurzen Phasen, in denen sie von einer anderen Macht wie China beherrscht wurden. Doch als ich von der brutalen Gewalt in Gulja erfuhr, vermochte ich nicht mehr einzuschätzen, was noch passieren könnte. Die Unterdrückung war offensichtlich und zugleich gewalttätig geworden, obwohl es sich bei dem betroffenen Gebiet den Chinesen selbst zufolge angeblich um eine »Autonome Region« handelte. Selbst in Ürümchi konnte man inzwischen nur noch sehr bedingt offen mit Nachbarn und Freunden sprechen, deswegen durchbrachen lediglich Gerüchte und Geflüstertes die offiziellen Berichte im etablierten Fernsehen und Radio. Doch anderswo fanden solche Diskussionen statt, sogar weltweit. Jahre später sollte ich herausfinden, dass das Massaker von Gulja direkt zu der Entscheidung des US-Kongresses geführt hatte, bei Radio Free Asia Sendungen in uigurischer Sprache einzuführen.

***

GROSSVATER

Rechts: Mein Großvater Zikri Elpattar (Mitte, am Mikrofon) war ein berühmter uigurischer Musiker. Auf diesem Foto aus den 1970er-Jahren sieht man ihn bei einer Muqam-Aufzeichnung. Muqam ist die sehr komplexe traditionelle Musik der Uiguren, und mein Bowa komponierte in Ruhsari Muqam, einem ganz besonderen Stil. Seine Werke wurden in beliebten uigurischen Opern und als Melodie zahlreicher Lieder immer wieder verwendet. Bowa galt schon seit den 1930er-Jahren als großes Talent; damals war er führendes Mitglied von Sanayi Nafesi, einer Gruppe, die sich auf traditionelle uigurische Musik spezialisiert hatte. Später leitete er das Uigurische Theater und das Muqam-Ensemble. Ich wuchs in einem Haus voller Künstler und Musiker auf.

Rechts: Bowa (rechts) im Alter von etwa siebzehn mit seinem besten Freund, Qeyyumbeg Hoja (die Namensgleichheit ist Zufall). Qeyyumbeg wurde später während der Revolution zur Unabhängigkeit Ostturkestans 1944-1949 General in der Volksarmee von Ostturkestan.

Links: Sanayi Nafesi, 1941.

Mein Bruder Kaisar und ich hatten während unserer Kindheit und Jugend immer ein enges Verhältnis. Er ist nur anderthalb Jahre jünger als ich. Er nannte mich nie Gul, sondern immer *hhede* (Schwester). Wir sind seelenverwandt. Wenn ich daran denke, dass ich ihn nie wiedersehen werde, muss ich weinen.

Beim Tanzfestival der Ürümchi City High School schafften wir es mit unserem Tanz „Die Blume und die Schmetterlinge“ auf den ersten Platz. Ich bin die Blume in der Mitte, in der Hauptrolle!

In der High-School-Zeit durfte ich als Repräsentantin der uigurischen High Schools und eine der besten Studierenden der Region nach Beijing reisen.

STUDIUM

Oben: Das Foto ist gestellt, aber es geht mir um die Landschaft hinter mir, die ich so sehr liebe. Nirgendwo auf der Welt ist es so schön wie in meiner Heimat.

Unten: Auch rund um Toqquzaq in der Präfektur Kaschgar gibt es wunderschöne Landschaften. Hier traf ich die sechsjährige Anargul, die zu einem der wichtigsten Menschen in meinem Leben werden sollte. Nach unserer Begegnung wusste ich, was meine Aufgabe im Leben sein sollte: Ich wollte Kinder inspirieren, ihre Träume zu leben. Im folgenden Jahr bekam ich meine Chance. An der Xinjiang Normal University nahm ich mein Studium auf, um später Lehrerin zu werden.

STUDIUM

Oben: Um Lehrerfahrung zu sammeln, unterrichte ich eine Gruppe Sechstklässler. Es geht um die uigurische Sprache und Literatur. Hinten an der Tafel steht „Chinesisch lernen. Chinesisch beherrschen. Chinesisch benutzen". Ein Omen.

Links: In meinem zweiten Studienjahr wurde ich als Vertreterin Chinas zum 7. World Student Dance Festival in Japan geschickt. Ich gewann eine Goldmedaille.

Mit 23 Jahren wurde ich die erste Moderatorin einer Kindersendung in uigurischer Sprache in Ostturkestan. Hier trage ich ein traditionelles Etles-Kleid und eine Doppa-Kappe. Das löste an Schulen bald einen regelrechten Doppa-Trend aus!

Auf der Titelseite der einzigen Kinderzeitschrift Ostturkestans, *Die kleinen Blumen von Tarim*. Der Tarim ist der größte Fluss im Süden Ostturkestans. Wir bezeichnen ihn als unsere Mutter.

Im Schmetterlingskostüm für eine Sendung.

Bei Aufnahmen an der Maralbeshi-Schule in Kashgar. Inzwischen war ich wirklich ziemlich berühmt!

FAMILIE

Meine Angehörigen sind für mich die wichtigsten Menschen auf der Welt. Hier sieht man mich mit meiner Momma, meiner Großmutter, die mich mit großgezogen hat. Sie brachte mir bei, wie man die Welt liebt und wertschätzt.

Mein Bruder, mein Cousin Nijad und ich an meinem zwanzigsten Geburtstag.

Mein Dada an seinem sechzigsten Geburtstag. Er schickte mir dieses Foto zusammen mit den Worten „Salam Aleikum, meine liebe Tochter. 60 Jahre! Ich vermisse dich so sehr“ nach Amerika.

Meine wunderschöne Mutter an ihrem sechzigsten Geburtstag.

Im Jahr 2006 organisierte ich von den USA aus den fünfundsechzigsten Geburtstag meines Vaters. Alle seine Freunde kamen, um mit ihm sein besonderes Leben zu feiern. Mindestens vier der Männer auf diesem Foto hat man seitdem in Konzentrationslager gebracht.

Mein Bruder Kaisar schickte mir dieses Foto meiner Eltern in ihrem Garten in Ghulga Turpanyuz per SMS. „Sie warten auf dich", schrieb er dazu.

Apa, Dada und Kaisar drei Jahre nachdem ich Ürümchi verlassen hatte. Sie hatten sich in dieser Zeit so sehr verändert.

FREIHEIT UND GEFANGENSCHAFT

Das letzte Familienfoto, aufgenommen wenige Tage vor meinem Aufbruch nach Europa. Nie hätte ich mir vorstellen können, nie wieder nach Ostturkestan zurückzukehren. Ich träume davon, dass es ein weiteres solches Familienfoto geben wird.

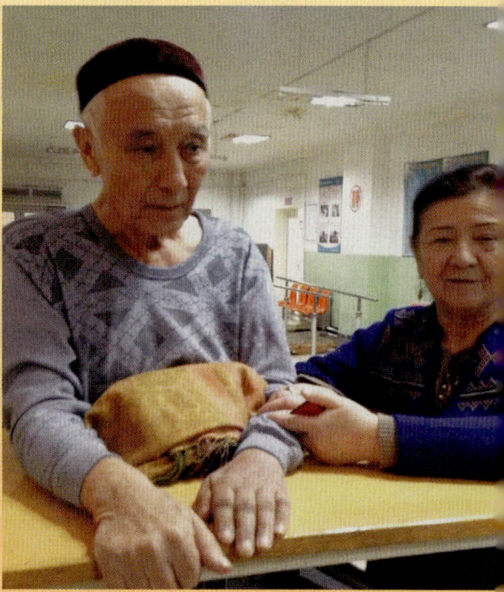

Apa und Dada im Dezember 2017 im Krankenhaus von Ürümchi, wenige Tage bevor sie verhaftet wurden und verschwanden. Zwei Jahre lang war dies mein letztes Foto von ihnen.

Ich gab meine sämtlichen Ersparnisse für eine Traumreise nach Paris aus. Dieses Bild schickte ich meinem Dada, zusammen mit den Worten „Ich füttere Freiheit und Frieden mit Liebe“. In Ostturkestan stehen Tauben symbolisch für Freiheit und Frieden – und frei war ich. Kurz darauf beantragte ich das Visum für die USA.

Nach diesem Ausdruck des Protests in der uigurischen Gemeinschaft gegen die chinesischen Herrscher mussten Angestellte des Fernsehsenders Chinesisch und chinesisches politisches Gedankengut lernen. Ständig gab es politische Propagandameetings, bei denen man indoktriniert wurde und Slogans von sich zu geben hatte, und wir mussten unsere Sendungen so verändern, dass sie der politischen Linie von Beijing entsprachen. Die klassischen Geschichten des uigurischen Kanons gehörten jetzt der Vergangenheit an; stattdessen gab es andere über die chinesischen Kaiser und ihre Taten.

Ich ging weiterhin früh ins Büro und spät wieder nach Hause, arbeitete hart. Damals wusste ich nicht, was ich sonst hätte tun sollen. Elzat war in Beijing, meine Eltern und Freunde hatten ihr eigenes Leben, und ich versuchte mit dem ganzen Druck beim Fernsehsender zurechtzukommen. Ich war inzwischen Produktionsassistentin, trug also eine gewisse Verantwortung. Außerdem durfte ich nun Teile des Senders betreten, die mir zuvor verwehrt gewesen waren, zum Beispiel den Raum, in dem die Bänder mit dem Rohmaterial aufbewahrt wurden.

Eines Tages suchte ich dort nach einem Band zum Wiederverwerten. Während ich die Regale durchforstete, fiel mein Blick auf eine Hülle mit dem Etikett Gulja 1997. Ich hörte meinen eigenen Herzschlag in den Ohren, und zwar so laut, dass ich meinte, alle im ganzen Sender müssten es auch mitbekommen. Bevor ich mich anders entscheiden konnte, griff ich mir das Band, schob es ins Abspielgerät und sah zu, wie vor mir Protestierende erschienen. Die Aufnahme war aus großer Höhe gemacht worden, vielleicht vom Dach eines Gebäudes aus, und die Menge dort unten wirkte sehr klein und verletzlich. Doch die Menschen hoben die Fäuste, sie schrien, standen solidarisch zusammen. Einen Augenblick lang empfand ich großen Mut. Die Menschen waren so tapfer, und das schenkte mir einen hellen Funken Hoffnung. Dann musste ich daran denken, wie die

Polizisten ihre Waffen auf mich und meine Tanten und Cousinen gerichtet hatten. Ich erinnerte mich an die Straßen von Gulja, die wie die Straßen einer Geisterstadt gewirkt hatten, und an die ganze Brutalität bei den Protesten. Dann überfiel mich eine schockierende Erkenntnis: Einige der Menschen, die ich da vor mir sah, waren aller Wahrscheinlichkeit nach tot.

Ich hörte ein Geräusch an der Tür und beeilte mich, das Band wieder in seine Hülle zu stecken. Ich verließ den Raum und tat, als wäre nichts geschehen. Doch seitdem konnte ich keinen Han-Polizisten mehr so anschauen wie früher. Jeder von ihnen war zu einem potenziellen Mörder geworden.

Bald darauf schickte man mich zu einem Sprachtraining, damit ich sowohl auf Chinesisch als auch auf Uigurisch Sendungen moderieren konnte. Obwohl ich ganz ausgezeichnet Chinesisch sprach und es mir leichter fiel als vielen meiner Kollegen, war der politische Druck wie eine tickende Zeitbombe. Auf meinen Reisen wurden mir außerdem immer deutlicher bewusst, welche unterschiedlichen Erwartungen man an das Leben von Han-Chinesen und an das von Uiguren stellte. Viele der Vorteile, die die aufblühende wirtschaftliche Entwicklung des späten 20. Jahrhunderts in China für die Han-Chinesen mit sich brachte, hatten die uigurischen Gemeinden noch nicht erreicht. Wenn man sich durch die Städte bewegte, wurde ganz offensichtlich, dass die Uiguren in armen Vierteln und häufig am Stadtrand lebten, während man in den Han-Gegenden über eine bessere Infrastruktur, ein besseres Abfallentsorgungssystem, einen besseren Personennahverkehr und einen besseren Zugang zu diversen Dienstleistungen verfügte. Selbst in den Gebieten mit einem hohen uigurischen Bevölkerungsanteil und einigen uigurischen Vertretern wie im südlichen Teil Ostturkestans wurde letzten Endes alles von Han-Beamten, Parteisekretären und Polizisten kontrolliert. Alle Sekretäre der Kommunistischen Partei in den Regierungsabteilungen, in den privaten und staatlich geführten Betrieben waren Han-Chinesen. Uiguren blieb der Zugang zu den höheren Rängen der Gesellschaft verwehrt, in denen man durch viele große und kleine Beschlüsse über unser Schicksal entschied. Das bedeutete, dass sich die wirtschaftliche, die politische und in zunehmendem Maße auch die soziale Macht in den Händen jener konzentrierte, die neu in die Uigurenregion kamen. Sie verstanden weder die uigurische Sprache noch die uigurische Kultur, sondern verunglimpften im Gegenteil alles Uigurische als rückständig. In ihren Augen stellte die uigurische Kultur eine Bedrohung dar, die es auszurotten galt.

Ich konnte deutlich erkennen, dass die von uns produzierten Sendungen nicht länger die Wahrheit widerspiegelten. Meine Skripts wurden drastisch bearbeitet, um chinesische Regierungsmaßnahmen im bestmöglichen Licht darzustellen, das Leiden der Uiguren hingegen kehrte man unter den Teppich. Es gelang mir kaum noch, natürlich wirkende Aufnahmen der Kinder zu bekommen. Wir unterlagen immer strikterer Zensur, bis ich irgendwann selbst nicht mehr viel von dem glaubte, was ich da von mir gab.

Nach sechs Monaten kehrte Elzat aus Beijing zurück. Fast unmittelbar darauf begann er mit seinen Vorbereitungen für Österreich, wo er sein Studium fortsetzen sollte. Ich fühlte mich, als wäre ich während seiner Abwesenheit stärker geworden, obwohl mich manchmal auf der Straße oder im Bus, wenn ich an gar nichts Bestimmtes dachte und dann ein glückliches Paar vor mir sah, das Händchen hielt oder sich aneinanderlehnte, ein scharfer Schmerz durchzuckte. Ich war unabhängiger geworden und traf jetzt meine eigenen Entscheidungen, bezahlte dafür jedoch einen furchtbaren Preis.

Elzat erhielt endlich sein Visum als Gastwissenschaftler von der Staatlichen Bildungskommission, und im Spätherbst brach er nach Europa auf. Ich begleitete ihn nicht einmal zum Flughafen. Ich war gerade damit beschäftigt, ein weiteres Feature für eine neue »Freundschaftssendung« zu drehen. Im Herzen hatte ich ihm schon hundertmal Lebewohl gesagt.

Zu dieser Zeit arbeitete ich immer lange und war kaum zu Hause. In die Wohnung kam ich nur zum Schlafen, ganz selten machte ich mir dort etwas zu essen, und so war es mir auch recht. Dieser Ort war mich für mich zu sehr mit unglücklichen Erinnerungen behaftet, als dass ich mich dort hätte wohlfühlen können.

Das neue Jahrtausend rückte näher, und für diesen wichtigen Übergang arbeiteten mein Team und ich an einer besonderen Sendung. Die sollte ganz auf Chinesisch statt auf Uigurisch gestaltet werden, denn so musste das inzwischen ablaufen. Wir hatten verschiedene Features darüber, wie man das neue Jahrtausend richtig begann, wie man die Vergangenheit losließ und sich ohne Altlasten auf den Weg in das neue Jahrtausend machte. Wir gaben Tipps, wie sich unsere Zuschauer zu besseren Menschen entwickeln konnten: indem man eifrig Chinesisch lernte, was wir immer unbedingt nennen mussten. Es ging auch darum, wie man dafür sorgen konnte, nicht mehr von Leuten oder Erinnerungen behelligt zu werden, die einen nicht länger positiv beeinflussten.

Als ich am Silvesterabend nach Hause ging, dachte ich: Du erzählst einem ganzen Publikum, dass man einen Plan für die neue Zeit braucht, für einen Neuanfang. Wie sieht es denn bei dir selbst aus?

In der Nähe meiner Wohnung entdeckte ich ein Internetcafé, das trotz des Festtags noch immer geöffnet war. Ich wollte sowieso nicht gleich nach Hause. Den Umgang mit E-Mails hatte ich gerade gelernt, und ich beschloss, Elzat eine solche Nachricht zu schicken:

Ein gutes neues Jahr. Heute ist der letzte Tag im Dezember 1999. Ein neues Jahr beginnt. Ich habe heute dem Publikum erklärt, wie man sich auf einen Neuanfang vorbereitet, was man tun sollte, was man haben sollte, was wir alle verdienen. Mein ganzes Leben lang ist es mir darum gegangen, wie die Menschen um mich herum glücklich werden können. Ich habe einfach alles getan und sicherzustellen versucht, dass alle zufrieden sind. Ich denke, ich muss dieses neue Jahr ehrlich beginnen. Deswegen will ich vor allem ehrlich zu dir sein. Wenn du glücklich bist, wenn du dort in Europa eine neue Liebe oder ein neues Leben finden kannst, dann sollst du wissen, dass ich mich für dich freue. Ich empfinde es jetzt so, dass mein Leben ohne dich besser ist. Ich habe beschlossen, ich will die Scheidung. Wir brauchen einander nicht wehzutun, und unseren Familien auch nicht. Wir können es einfach in aller Stille erledigen. Aber wir müssen endlich unseren Herzen folgen.

Ich hatte Herzklopfen und ein ganz heißes Gesicht, als ich auf Senden drückte. Als ich zu schreiben angefangen hatte, hatte ich noch nicht einmal gewusst, was ich sagen wollte, aber jetzt, so meinte ich, hatte ich meine wahren Überzeugungen in Worte gefasst. Langsam erhob ich mich von der Computerstation und ging nach Hause.

Ich hatte schon ein paar Stunden im Bett gelegen, als mich das Telefon weckte.

»Ich komme morgen heim.«

»Elzat«, sagte ich und legte mir eine Hand über die Augen. »Hier ist es mitten in der Nacht.«

»Ich will einfach nur zu dir nach Hause kommen. Ich will nicht weiterstudieren. Ich will einfach nur bei dir sein. Ich bin nur hier, damit du stolz auf mich bist. Ich will dich nicht verlieren. Du hast vielleicht das Gefühl, du könntest ohne mich leben, aber *ich* kann nicht ohne *dich* leben. Ich habe dir gesagt, dass ich niemanden außer dir liebe. Das werde ich auch nie.«

Geduldig hörte ich ihm zu, aber ich konnte nur daran denken, dass er nicht den Mut hatte, die nächsten Schritte in seinem eigenen Leben zu machen. Nicht den Mut, sich scheiden zu lassen und mit der Scham zu leben. Nicht den Mut, eine Han-Chinesin zu heiraten, obwohl er sie liebte. Doch er war in Europa, befand sich nicht länger unter dem Druck unserer Traditionen. Er konnte das Risiko eingehen, wenn er das wollte. Und ich konnte an seinem Blick auf den Fotos erkennen, dass er die schlanke Han-Chinesin liebte, die da neben ihm stand.

Endlich hielt er inne, um Luft zu holen. Ich fragte: »Warum heiratest du nicht einfach deine Han-Chinesin und lebst mit ihr in Europa?«

»Du bist meine Frau, und ich bin dein Mann. So sieht es nun mal aus. Ich komme nach Hause.«

Mir riss der Geduldsfaden. »Schieb nicht alles auf mich, Elzat. Wenn du nicht in Österreich bleiben und fleißig studieren willst, darfst du nicht so tun, als läge das alles an mir. Du bist wegen deiner Familie dort, und weil du etwas für deine Zukunft erreichen willst. Und du kannst sicher sein: Wenn du zurückkommst, gehe ich. Ich kann nicht mehr mit dir zusammenleben. Willst du wirklich alles aufgeben, was du dort hast, nur um in eine leere Wohnung zurückzukehren?«

»Wenn es das ist, was du wirklich willst, bleibe ich hier.« Er klang wie ein Geschlagener. »Aber du musst herkommen und mich besuchen. Wir müssen Zeit miteinander verbringen. Schau, wenn du herkommst und das Ganze nicht funktioniert, dann willige ich in die Scheidung ein, das verspreche ich dir. Aber wir müssen uns eine richtige Chance geben. Das sind wir doch unseren Familien schuldig, oder?«

Ich dachte einen langen Augenblick darüber nach. Er würde nicht nachgeben, und ich wollte mich nicht mehr länger am Telefon streiten. Wenn wir uns persönlich sahen, ließ er sich vielleicht überzeugen, dass wir beide neue Wege gehen mussten.

Also sagte ich: »Gut, ich komme. Wenn ich einen Pass und ein Visum bekommen kann.«

Zu dieser Zeit war es für Uiguren bereits sehr schwierig, das Land zu verlassen, und nur bei sehr wenigen verlief die Beantragung eines Passes erfolgreich. Das Ganze stellte eine weitere Form der Kontrolle dar. Weil sich die chinesische Regierung immer mehr wegen der Aktivitäten von Dissidenten im Ausland sorgte, war man alles andere als interessiert daran, Uiguren die Möglichkeit zu verschaffen, der Außenwelt von ihren Erfahrungen zu berichten. Doch mein Status als Fernsehprominente ermöglichte es mir, mit Unterstützung des Senders einen Pass zu bekommen. Und weil es bei mir um ein Ehegattenvisum zum Besuch eines Universitätsstipendiaten ging, brauchte nur Elzats Betreuer zu unterschreiben. Binnen weniger Monate hatte ich alle notwendigen Dokumente zusammen.

Während sich die Anträge auf dem mühsamen Weg durch die Verwaltung befanden, erhielt meine Familie die besten Neuigkeiten seit Jahren. Eines Abends rief unser Anwalt an und teilte uns mit, mein Bruder werde wegen guter Führung vorzeitig aus der Haft entlassen. Er hatte viele andere Insassen medizinisch betreut, Chinesisch unterrichtet, seine Mitgefangenen darin bestärkt, etwas zu lernen und zu besseren Menschen zu werden, und sich im Allgemeinen vorbildlich verhalten. Bei den wenigen Anlässen, als man ihn tätlicher Auseinandersetzungen im Gefängnis bezichtigt hatte, hatte sich unser Anwalt eingeschaltet und mit Zeugenaussagen von anderen Insassen bewiesen, dass mein Bruder die Zielscheibe und nicht der Aggressor gewesen war.

Am Abend von Kaisars Heimkehr berührte meine Mutter ständig sein Gesicht, als könnte sie gar nicht glauben, ihn wirklich vor sich zu haben. Mein Vater lief mit einem Lächeln im Gesicht herum, das wir gefühlt seit Jahrzehnten nicht an ihm gesehen hatten. Mein Bruder wirkte älter und bewegte sich übervorsichtig, schon leise Geräusche ließen ihn aufschrecken. Doch er lebte sich schnell wieder ein, und wir genossen eine Art Neuanfang für unsere Familie. Plötzlich gab es in den Gesichtern meiner Eltern eine Lebendigkeit, die fast ein ganzes Jahrzehnt lang daraus verschwunden gewesen war. Bei Tisch hörte man wieder das fröhliche Lachen meiner Mutter, und mein Vater lief so beschwingt herum, dass er um Jahre jünger schien. Wenn ich meinen Bruder auf der Couch sitzen sah, wo er mit meinem Vater die Zeitung las, oder zuschaute, wie er das Essen zu sich nahm, das meine Mutter liebevoll für ihn zubereitete, weil er in ihren Augen viel zu dünn geworden war, wurde mir das Herz leicht, und das auf eine Art und Weise, von der ich nicht geglaubt hätte, sie noch einmal zu erleben.

Der Gedanke an meine Reise wog dennoch schwer auf mir. Meine Familie dachte einfach, ich hätte Glück, weil ich nach Europa fliegen und dort wertvolle Wochen mit meinem Mann verbringen durfte. Tatsächlich wollte ich aber hinfahren, alles mit Elzat besprechen, dann nach Hause zurückkehren und allen mitteilen, dass wir uns scheiden lassen wollten. Das konnte ich ihnen jetzt nicht sagen, weil das so bald nach der langersehnten Heimkehr meines Bruders einen Schatten über die allgemeine Glückseligkeit geworfen hätte.

Zwei Tage vor meinem Abflug nach Wien feierte ich meinen achtundzwanzigsten Geburtstag. Meine Eltern organisierten für mich eine Party in einem Restaurant in der Stadtmitte von Ürümchi. Sie reservierten drei Tische für Angehörige und Freunde, und alle kamen: Mehray, Nijad und seine Frau, einige meiner Freunde beim Fernsehen, Kaisar, meine Tante und mein Onkel. Alle waren bestens gelaunt und wollten mir einen schönen Geburtstag und eine gute Reise wünschen. Es wurden riesige Portionen Lamm-Polo serviert, außerdem Nudeln mit leckerem Brathuhn, große Körbe mit fluffigem Naan-Brot und dünne Spieße mit saftigem Würzfleisch. Außerdem gab es ein

Unterhaltungsprogramm: Frauen in langen Kleidern mit Goldstickereien tanzten für uns uigurische Tänze, und es wurde Livemusik gespielt, die ich sehr gut kannte und schon mein ganzes Leben lang liebte. Alle Sänger und Tänzer kannten mich, und sie wünschten mir abwechselnd eine gute Reise und zogen mich damit auf, dass ich bald endlich wieder mit meinem attraktiven Ehemann vereint sein würde.

Sogar meine geliebte Großmutter kam zu der Party. Mein Großvater war damals schon mehrere Jahre tot. Sie war gerade achtzig Jahre alt geworden und saß inzwischen im Rollstuhl, wollte jedoch unbedingt an den Festlichkeiten teilnehmen. Zur Feier des Tages trug sie sogar ein neues Kopftuch aus Seide. Essen nahm sie kaum zu sich, klatschte jedoch im Takt der Musik wie ein junges Mädchen. Und das alles war umso schöner für die ganze Familie, weil mein Bruder bei uns war, stiller und wachsamer als zuvor, doch langsam verwandelte er sich in die Person zurück, an die wir uns alle erinnerten.

Es war eine extravagante Feier, die einen wichtigen Wendepunkt in meinem Leben markieren sollte. Damals hatte ich natürlich keinen Grund zu der Annahme, dass es sich dabei um meinen letzten Geburtstag mit meinen Verwandten handeln würde, um das letzte Mal im Leben, dass ich die meisten meiner Freunde sah.

Als der Abend zu Ende ging, umarmte ich meine Mutter innig und dankte ihr, weil sie diese Feier für mich organisiert hatte. »Ich bin doch nur drei Monate weg!«, sagte ich und lachte dabei ein wenig. »Da hättest du doch nicht so einen Aufwand zu machen brauchen.«

Meine Mutter fuhr mir mit einer Hand durchs Haar. Das war immer noch kürzer als jemals zuvor, aber seidig glatt und dick wie immer. »Drei Monate können eine lange Zeit sein, mein Liebling.«

»Lange genug, um ein bisschen Englisch zu lernen!«

Wir alle lachten, doch mein Vater wurde plötzlich ernst.

»Es ist eine große Chance, Tochter. Um zu lernen, um deinen Horizont zu erweitern, um über die Zukunft nachzudenken. Europa hat eine großartige Kultur mit langer Tradition, genau wie wir. Du weißt, im Moment bekommen nur wenige Uiguren die Gelegenheit zu reisen. Du musst das so gut wie möglich ausnutzen.«

»Ich werde mein Bestes tun«, erwiderte ich.

»Das tust du immer.« Er küsste mich auf die Stirn.

Als mich Kaisar umarmte, flüsterte ich ihm ins Ohr: »Pass auf sie auf. Sie werden nicht jünger.«

Ein sorgloses Lächeln, das ich aus einer fernen Vergangenheit wiedererkannte, erschien auf seinem Gesicht. »Keine Sorge, Gul. Ich übernehme die Verantwortung, während du weg bist. Versprochen.«

Meine Großmutter streckte aus dem Rollstuhl die Hand zu mir hoch und umfasste mein Handgelenk. »Gulchehra, übernachte heute bei mir, so wie früher, als du noch klein warst.«

»Gut«, stimmte meine Mutter zu. »Du bringst deine Oma nach Hause, und dein Bruder kommt mit uns.«

Als wir im Haus meiner Großmutter waren und uns fürs Bett bereitgemacht hatten, kam sie in das kleine Schlafzimmer, in dem ich als Mädchen unzählige Nächte verbracht hatte. Sie hatte ihren schicken Seidenhidschab abgenommen und ihr Haar wieder mit dem alten Baumwollkopftuch bedeckt. »Komm, knie dich mit mir hin. Hilf mir aus dem Rollstuhl.«

Sie war so leicht wie ein kleiner Vogel, als ich ihr aus dem Rollstuhl auf ein Kissen auf dem Boden half. Ihre Knochen wirkten dünn und zerbrechlich, als könnte sie die leiseste Berührung verletzen.

Meine Großmutter begann zu beten, bat um eine sichere Reise nach Europa für mich, und um ein langes und glückliches Leben. »Gulchehra, du bist immer mein kleiner Engel gewesen. Ich gehe vielleicht in die nächste Welt hinüber, bevor du zurückkehrst, aber ich möchte nicht, dass du dann sehr traurig bist. Es gibt nichts, weswegen du dir Sorgen machen müsstest. Ich habe so ein glückliches Leben geführt. Ich bin bereit zu gehen.«

Ich schüttelte den Kopf »Oma, du gehst nirgendwohin. Ich brauche dich doch!«

Sie lächelte ein wenig. Dann öffnete sie den Koran und begann zu lesen. Das tat sie lange. Ihre Stimme war dünn, aber immer noch stark. Als Nächstes legte sie mir etwas auf den Handteller und schloss meine Finger darum. Es handelte sich um ein Schutzamulett, ein Tumar. Sie hatte es selbst angefertigt, indem sie Gebete auf ein Stück Papier geschrieben, den Zettel in ein Quadrat aus schwarzem Leder eingehüllt und dies anschließend diagonal gefaltet hatte, sodass es jetzt ein kleines Dreieck, in etwa so lang wie ein Finger, bildete. Die Ecken hatte sie mit einfachem schwarzen Garn zusammengenäht, sodass ich das Amulett um den Hals tragen konnte.

»Das wird dich vor bösen Einflüssen schützen, mein Kind. Ich habe all meine Gebete für dich darin aufgeschrieben.« Sie drückte mir fest die Hand. »Behalte es bei dir. Du wirst es überall an den fernen Orten brauchen, die du besuchst.«

Als ich am nächsten Morgen das Haus verließ, weinten wir beide beim Abschied. Ich hatte so viel Zeit meiner Kindheit bei meiner Großmutter verbracht; als Grundschulkind hatte ich im Haus meiner Großeltern zu Mittag gegessen, ich war zu ihr gerannt, wenn ich ein Problem hatte oder mit jemandem reden musste. Sie war immer für mich dagewesen, und ich empfand das sehr intensiv, als mich das Taxi von ihrem Haus wegbrachte. Als ich ging, weinte sie immer noch in ihren Ärmel, als würden wir einander nie wiedersehen. Ich schaute aus dem Fenster des Taxis so lange ich konnte zu ihr hin, bis sie langsam aus meinem Blickfeld verschwand.

4

EIN NEUANFANG UND DIE GRÖßTE KRISE MEINES LEBENS

Als ich den Wiener Flughafen verließ und mich unvertraute Sprachen, Gerüche und Gesichter umschwirrten, fühlte ich mich, als wäre ich durch einen langen Schacht gestürzt und in eine mir völlig neue Welt geworfen worden. Zum ersten Mal war ich so weit von zu Hause weg. Elzat holte mich ab, und wir begrüßten einander wie entfernte Bekannte. Ich bemerkte schockiert, wie dünn er geworden war. Es sah aus, als würde er mehr Mahlzeiten auslassen als zu sich zu nehmen. Wir nahmen den Zug nach Wattens, wo er eine Wohnung hatte. Wattens ist eine sehr ruhige, alte österreichische Stadt in der Nähe der italienischen Grenze. Die Firma Swarovski hat dort ihren Hauptsitz, und als ich das las, merkte ich mir diese Information. Ich wusste, dass alle zu Hause bei meiner Rückkehr Geschenke erwarten würden.

Während der ersten paar Wochen meines Aufenthalts redeten wir nicht viel. Elzat verbrachte den größten Teil des Tages an der Universität im nahe gelegenen Innsbruck, und ich blieb dann allein in seiner Wohnung. Manchmal lief ich ein wenig in Wattens herum, wo es sehr viele schöne alte europäische Gebäude und große Plätze gab. Aber weil ich weder Deutsch noch Englisch sprach, konnte ich mit niemandem kommunizieren. Ich hasste es, wenn ich nicht verstand, was die Leute auf der Straße zu mir sagten.

So gewöhnte ich mir an, an den meisten Tagen in der Wohnung zu bleiben. Sehr bald hatte ich alle Bücher dort durch – Elzat las nicht viel, jedenfalls nicht außerhalb seines Studiums. Deshalb begann ich im Internet zu surfen. Ich hatte noch nie privat Zugang zu einem Computer gehabt, und was ich online entdeckte, entsetzte mich zutiefst.

Als ich in der uigurischen Sprache zu recherchieren begann, erschienen Seiten, die ich zu Hause nie gefunden hatte. Ich wusste damals noch nicht genau, wie eine Firewall funktioniert oder was blockierte Webseiten sind, doch sehr schnell begriff ich, dass das chinesische Internet keine offene, neutrale Informationsquelle war. Je länger ich suchte, desto mehr fand ich. Webseiten von Aktivisten, auf denen detailliert die Misshandlungen beschrieben wurden, die Uiguren durch Han-Polizisten erlitten hatten. Lange Erklärungen zur Geschichte von Ostturkestan und dazu, wie die chinesische Herrschaft erst im 18. Jahrhundert entstanden war, als die Eroberung durch die feindselige Qing-Dynastie erfolgte. So hatten wir das gar nicht in der Schule gelernt; dort hatte man uns beigebracht, Xinjiang sei immer ein Teil Chinas gewesen, und wir und unsere Han-Landesgenossen seien alle »Geschwister aus demselben Mutterleib«.

Natürlich hatte ich durch die Andeutungen meines Vaters schon damals einiges besser gewusst. Doch jetzt wurde mir klar, dass er mir nicht alles hatte erzählen können, nicht einmal in unseren eigenen vier Wänden. Ich erinnerte mich, wie mir mein Vater von der stolzen blau-weißen Fahne Ostturkestans erzählt hatte, als ich ein Kind war; damals hatte er mir eingeschärft, darüber nie vor anderen Leuten zu sprechen. Und wann immer ich ihn oder meine Tante im Regionalmuseum von Xinjiang besucht hatte, ermutigte mich mein Vater, mir die Ausstellungsstücke anzusehen und unsere Geschichte zu studieren.

»Aber glaub den Tafeln neben den Ausstellungsstücken nicht«, hatte er leise und ernst zu mir gesagt. »Was da steht, ist nicht korrekt. Wenn dich irgendetwas interessiert, frag mich.«

Mit diesem neuen, unbegrenzten Zugang zur Welt über das Internet fand ich Dinge heraus, die mich bis in mein Innerstes erschütterten. Obwohl ich die Schwierigkeiten, denen die Uiguren in China ausgesetzt sind, aus eigener Erfahrung kannte, hatte ich keine Ahnung von den Grausamkeiten gehabt, die man gegen sie verübt hatte. Ich las, bis mir die Augen wehtaten: Berichte von uigurischen Dissidenten über ihre persönlichen Erfahrungen und ihre Leidensgeschichte. Beschreibungen von Grausamkeit. Über endlose Haftstrafen. Vergewaltigung. Hinrichtungen. Ich verschlang westliche Medienberichte über die gewaltsame Unterdrückung von Religions- und Meinungsfreiheit durch die chinesische Regierung. All das erschien auf meinem Computerbildschirm, manchmal mit grausigen Fotos als Beweis.

Nun konnte ich auch ungehindert die uigurischen Nachrichten auf Radio Free Asia (RFA) hören, zum ersten Mal. Ich hatte zu Hause einmal eine solche Sendung gehört, ganz dicht am Radio im Haus eines Verwandten. Aber weil der Sender dort blockiert wird, war die Übertragung so verzerrt, dass man kaum etwas verstehen konnte, und wir hatten nach etwa zehn Minuten aufgegeben. Wenn man uns beim heimlichen Anhören verbotener Programme ertappt hätte, hätte das ernste Konsequenzen für uns gehabt.

Tagsüber las ich alles, was ich über die Situation zu Hause finden konnte, und jede Nacht lag ich wach, weil ich ständig daran denken musste, was ich gerade gesehen hatte. Elzat war zu sehr mit seinem Studium beschäftigt, um mir zuzuhören, was ich zu erzählen hatte, außerdem interessierte er sich nicht mehr für Politik. Ich las über die Unabhängigkeitsbewegung in Ostturkestan, und alles, was ich erfuhr, ergab für mich einen Sinn. Die chinesische Regierung wollte die uigurische Kultur systematisch zerstören, und mit ihr jeden, der sich dieser Unterdrückung zu widersetzen versuchte. China, ein autoritäres

Regime, das vom Land und den reichhaltigen Ressourcen der Uigurenregion profitierte, würde uns nicht einfach so leben lassen, wie wir wollten. Was außer der Unabhängigkeit konnte mein Volk und meine Kultur retten?

Jeden Nachmittag lauschte ich dort in der engen Wohnung in der Nähe der Universität dem uigurischen RFA-Programm. Hinterher saß ich oft ganz still da. Dann dachte ich an mein Leben zu Hause, stellte mir die schwierigen Fragen, die zu stellen ich nicht vorbereitet war, von Antworten ganz abgesehen. Es ging nicht nur darum, was meinem Land widerfuhr, sondern auch um die Rolle, die ich dabei spielte.

Eins erkannte ich ganz deutlich: Ich war von der chinesischen Regierung benutzt worden. Meine Kontrolleure von der KPCh beim Sender hatten mir versprochen, ich würde nach meiner Rückkehr aus Europa befördert werden. Ich sollte eine Stelle als Topmoderatorin erhalten und als Erste die Chance bekommen, mit Live-Streaming zu experimentieren, worin ein großes Potenzial für Kindersendungen lag. Man hatte mir eine zusätzliche Ausbildung versprochen, einen Master-Abschluss von der angesehenen China Central Radio and Television University in Beijing – und für das alles sollte Xinjiang TV finanziell aufkommen.

Vor einigen Monaten hatten mich diese Aussichten noch fasziniert, doch nun begriff ich, dass man mich über diese Versprechungen kontrollieren wollte. Ich wusste, vor mir lag ein leichter Weg bis ganz nach oben, und wer konnte schon sagen, wie weit ich es bringen würde. Doch aus der Entfernung Tausender von Meilen konnte ich erkennen, dass meine Karriereziele, mein Fortschritt auf der Karriereleiter, dass all das der Plan der Regierung geworden war, nicht meiner. Je besser ich ausgebildet war und je berühmter ich wurde, desto leichter konnten sie mich benutzen, um ihre eigenen Ziele voranzutreiben.

Ich saß in diesem Apartment und dachte über mein Studium an der Normal University nach, das stark auf eine künftige Lehrtätigkeit hin ausgerichtet gewesen war. Ich dachte an Anargul und daran, wie viel sie und ihre Familie geopfert hatten, damit ihr Bruder die Schule schaffte. Ich dachte an Abdul und daran, wie er nie an seinem Plan gezweifelt hatte, in seine kleines Heimatdorf zurückzukehren und die Kinder dort zu unterrichten.

So hatte ich auch einmal angefangen. Ich hatte uigurischen Kindern das Geschenk ihrer eigenen Kultur machen, ihnen unsere Werte wie Ehrlichkeit nahebringen wollen – wie man ein guter Bürger war, wie man andere und sich selbst respektierte. Doch je länger ich beim Fernsehen arbeitete und, paradoxerweise, je höher hinauf ich es in der Hierarchie schaffte, desto weniger Freiheit blieb mir für die Vermittlung irgendeines dieser Werte. Stattdessen musste ich die Slogans der Partei nachplappern, musste uigurischen Kindern erzählen, die Partei liebe sie wie ein Vater und sie hätten diese Liebe zu erwidern. Ich musste ihnen beibringen, sich für ihre eigene Sprache zu schämen und ihre eigene alte Musik und ihre eigenen Bücher und Geschichten abzulehnen. Die uigurische Kultur sei rückwärtsgewandt, so hieß es, die chinesische Kultur die Zukunft. Jeden Tag auf dem Weg zur Arbeit fühlte ich mich unehrlich, nicht nur meinem Publikum, sondern auch mir selbst gegenüber. Ich ertrug meinen eigenen Anblick im Spiegel nicht mehr. Mein unechtes Lippenstiftlächeln, das perfekt frisierte Haar und der leere Blick – ich erkannte nicht einmal mehr die Person, zu der ich geworden war.

Dort, in dieser Studentenwohnung, eine halbe Weltreise von meinem Zuhause entfernt, verbrachte ich einen Monat damit, in meine eigene Seele zu schauen. Was ich dort sah, gefiel mir nicht.

Elzat wusste kaum, was er mit mir anfangen sollte. Ich

glaube, er spürte, dass unser gemeinsames Leben zu den Lügen gehörte, die ich einfach nicht mehr weiterleben konnte. Doch er tat sein Bestes, mir zu gefallen. Mich glücklich zu machen. Wir fuhren mit dem Bus für zwei Tage nach Paris, weil ich so viel über diese Stadt gehört hatte und sie mit eigenen Augen sehen wollte. Aber als wir in der Abenddämmerung an der Seine entlangspazierten, war das, was zu einem romantischen Augenblick hätte werden sollen, eine unangenehme Anstrengung. Wir hatten einander nicht viel zu sagen.

Ich fuhr auch nach Deutschland, doch bei dieser Reise ging es um etwas ganz anderes. Ich wollte einen Bekannten aus der Studienzeit besuchen, der direkt nach seinem Abschluss nach München gezogen war. Mir waren vage Gerüchte zu Ohren gekommen, er sei dort in politische Aktivitäten involviert, aber zu Hause wollte oder konnte natürlich niemand im Detail darüber sprechen. Ich musste das unbedingt selbst herausfinden. Ich schickte ihm eine E-Mail, und seine Antwort bestand aus der Einladung, ihn für ein paar Tage zu besuchen.

Diesmal reiste ich allein. Elzats Einstellung sollte keinen Einfluss auf meine Fähigkeit zur eigenen Entscheidungsfindung haben. Ich musste allein sein, damit ich nachdenken, Erfahrungen machen und selbst urteilen konnte. An meinem zweiten Tag dort sagten mir mein Freund und seine Frau, es werde an diesem Nachmittag einen Protest für die Menschenrechte der Uiguren auf dem Marienplatz geben. Sie forderten mich auf, mit ihnen zu kommen. Ich war zu neugierig, als dass ich Nein gesagt hätte, doch zugleich empfand ich eine unglaubliche Angst. Ein einziges Foto konnte alles zerstören, wofür ich gearbeitet hatte. Mein ganzes Leben lang hatte man mir beigebracht, vorsichtig zu sein, wenn es darum ging, Überzeugungen auszudrücken, die möglicherweise politisch gefährlich waren, und das traf in immer höherem Maße zu, je älter ich wurde und je mehr ich begriff. Aber hier bot sich mir die Chance, mit eigenen Augen zu sehen, was sich auf der Welt ereignet hatte, während ich auf Sicherheit bedacht gewesen war.

An diesem Nachmittag begleitete ich meine Freunde in die Münchener Innenstadt. Eine kleine Menge aus Uiguren hatte sich gebildet. Einige Frauen trugen den Hidschab, andere waren eher wie ich gekleidet. Sie verhielten sich sehr geordnet und ruhig, aber auf irgendein Signal, das ich nicht hören konnte, hoben sie alle ihre Plakate und skandierten Parolen auf Uigurisch, Deutsch und Englisch.

»Freiheit für Ostturkestan!«

»Freiheit den Uiguren!«

»Schluss mit dem Missbrauch der Menschenrechte!«

Mir klopfte das Herz so sehr, dass ich meinte, es würde mir in der Brust zerspringen. Ich hatte solche Worte noch nie zuvor laut ausgesprochen gehört. Ich befand mich auf der anderen Seite des Platzes in der Nähe einiger Geschäfte und hatte zu große Angst, als dass ich mich näher herangewagt hätte. Aber ich konnte die Plakate mit den Parolen sehen. Einige zeigten auch Fotos von Menschen, die zu Unrecht eingesperrt oder auf Veranlassung der Regierung gefoltert worden waren. So viele Geschichten, so viel Schmerz – sich all das vor Augen zu führen, war einfach schrecklich.

Was bist du nur für ein Feigling?, fragte ich mich wütend. In meinem Gehirn und meinem Bauch tobte es. *Warum bist du nicht da bei ihnen?*

Der Anblick der Tapferkeit dieser Protestierenden machte mir klar, dass ich alles grundlegend ändern musste. Ich konnte nicht einfach abhaken, was ich gesehen hatte, in meine Wohnung und zu meinen schönen Dingen zurückkehren, und dann die Propaganda der KPCh gerade den Menschen vorsetzen, die genau diese Parteipolitik zerstören sollte.

* * *

Nachdem ich wieder nach Wattens zurückgekehrt war, studierte ich weiter intensiv die Situation der Uiguren, und das mit noch größerem Eifer. Es gab so viele Informationen, die für Leute in der Uigurenregion nicht zugänglich waren, und ich wollte so viel wie nur möglich in mich aufnehmen. Dann, nach mehr als einem Monat der schmerzvollen Erforschung meiner Seele und des Internets, begegnete mir ein Name, den ich kannte: Dolkun Kamberi.

Dolkun Kamberi war ein Kollege meines Vaters am Regionalmuseum von Xinjiang gewesen. Er war außerdem studierter Archäologe, und er und mein Vater waren Vertraute gewesen. Dolkun, seine Frau und seine Tochter hatten im selben Wohnblock wie meine Familie gelebt, als ich klein war. Er war zum Studium nach Amerika gegangen und nie zurückgekehrt. Ich erinnere mich, dass mein Vater mir erzählte, er arbeite jetzt für eine amerikanische Nachrichtenagentur. Und da war sein Name, auf der RFA-Webseite. Mit einer Telefonnummer daneben.

Es kam mir vor, als hätte ich stundenlang auf diese Nummer gestarrt. Als schaute ich in eine tiefe Schlucht, deren Boden man nicht einmal erahnen konnte. Das Tumar-Amulett, das mir meine Großmutter gegeben hatte, trug ich um den Hals, und ich berührte sanft das tröstende Leder. Es fühlte sich warm auf meiner Haut an, wie die Hand meiner Großmutter. Ich hörte wieder den Klang ihrer Stimme, wie sie für meine Sicherheit und mein Glück gebetet hatte, wie sie Allah bat, mir Weisheit und Mut zu schenken. All das brauchte ich jetzt.

Ich holte tief Atem, nahm das Telefon und wählte die Nummer.

»Dr. Dolkun Kamberi?«

»Ja?«, kam die vorsichtige Antwort.

»Hier spricht Gul. Die Tochter von Professor Abdulqeyyum Hoja.«

Eine Pause entstand. Er hatte Ostturkestan fast zwei Jahrzehnte zuvor verlassen. Vielleicht erinnerte er sich ja nicht mehr an mich. Aber er rief: »Die kleine Gul! Wie kommt es, dass du mich anrufst? Wo bist du denn?«

Meine Worte überschlugen sich förmlich, als hätte ich jahrelang darauf gewartet, sprechen zu können. »Ich bin in Europa und habe Ihren Namen auf der RFA-Webseite gesehen, und jetzt, wo ich mir Ihr Programm online angehört habe, weiß ich es einfach: Ich muss für Sie arbeiten. Wenn Sie mich nehmen, natürlich. Ich kann nach allem, was ich erfahren habe, nicht in die Uigurenregion zurückkehren. Ich fühle mich so schuldig wegen dem, was ich zu Hause getan habe. Was meine Karriere betrifft, war ich erfolgreich. Aber seit ich Ihr Programm gehört habe, ist mir klar, dass ich einfach die Propaganda der KPCh von mir gegeben habe. Ich habe meinen Job geliebt. Ich liebe den Journalismus. Aber ich möchte etwas tun, was meinem Volk nutzt, statt ihm Lügen über sich selbst und seine Geschichte zu erzählen. Natürlich will ich weiterhin Journalistin sein und gute Arbeit leisten. Aber zu Hause sehe ich einfach keine Zukunft mehr für mich. Ich kann nicht dorthin zurückkehren.«

»Gulchehra.« Dolkun klang schockiert. »Hör zu, ich weiß, dass du zu Hause inzwischen ein großer Star bist. Du hast dort Familie, du hast dort deine Fans, du hast dort ein Leben. Bist du sicher, dass du all das aufgeben kannst, um herzukommen? Denk bitte gut darüber nach. Diese Entscheidung wird unwiderruflich sein. Denk darüber nach, und zwar gründlich.«

»Ich denke seit einem Monat über nichts anderes nach!«, rief ich. »Ich weiß, wie es in mir aussieht.«

Er schwieg einen Augenblick. Dann sagte er ruhig: »Gul, du bist die einzige Tochter deines Vaters. Ich weiß, wie sehr dich deine Eltern lieben und wie schwer es für sie sein wird. Bitte sprich mit deinem Vater, bevor du diese Entscheidung triffst.«

Mich verließ der Mut. »Aber wenn ich ihn frage, wird er

natürlich Nein sagen! Er will nicht, dass ich irgendwo hingehe.« Ich musste dafür sorgen, dass Dolkun Kamberi das begriff. »Wenn ich meinen Vater frage und er Nein sagt, werde ich nicht mehr imstande sein zu tun, was ich tun muss. Bitte sagen Sie nicht, dass ich es ihm mitteilen muss. Das ist die erste wirklich erwachsene Entscheidung meines Lebens. Die muss ich selbst treffen.«

Der Professor willigte ein, mir zu helfen. Er erfasste, was für eine riesige Entscheidung mir da bevorstand, und vielleicht wollte er nicht in einen Augenblick eingreifen, der mein Leben für immer verändern würde. Er versprach, ein Treffen zwischen mir und dem RFA-Vizepräsidenten zu organisieren.

Als ich Elzat davon erzählte, reagierte er mit Spott. Er konnte sich nicht vorstellen, dass es in Amerika für mich klappen könnte.

»Wie willst du denn irgendwo arbeiten? Du sprichst doch nicht mal die Sprache!«

»Ich weiß, dass das ein Problem werden könnte«, gab ich zu. »Aber ich muss es einfach versuchen.«

»Gul, du spielst mit dem Feuer«, sagte er. »Wohin soll das denn deiner Ansicht nach führen?«

»Ich weiß es nicht«, gab ich ruhig zurück. Ich wusste nur, mein Leben veränderte sich mit großer Geschwindigkeit, und wenn ich nicht untergehen wollte, musste ich anfangen zu schwimmen.

Zwei Wochen später saß ich in der Lobby eines Hotels in einem schönen Teil Wiens. Elzat war mit mir gekommen, damit ich nicht auf der Zugreise verloren ging. Der RFA-Personaldirektor erschien, begrüßte uns und bat uns nach oben in seine Suite, wo ich an einem kleinen Tisch am Fenster Platz nahm.

Er war extra wegen mir nach Europa gekommen. Als er jedoch in sehr schnellem Englisch auf mich einzureden begann, konnte ich nicht mithalten. Inzwischen sprach ich ein klein wenig Englisch, allerdings nicht genug für eine Unterhaltung. Ich versuchte mein Reisewörterbuch zum Übersetzen zu nehmen, aber das war unmöglich. Und selbst konnte ich mich nicht ausdrücken.

Höflich hörte er meinen kläglichen Versuchen zu, sagte jedoch am Schluss: »Wenn Sie kein Englisch beherrschen, gibt es gar nichts, was wir für Sie tun können. Wie wollen Sie denn als Journalistin in Amerika leben und arbeiten, wenn Sie die Sprache nicht sprechen?«

Ich war verzweifelt. Ich wusste, dass meine mangelnden Englischkenntnisse ein ernstes Hindernis darstellten, doch ich war sprachbegabt. Ich hatte Chinesisch gelernt, und ich meinte, ich würde auch Englisch lernen können. Aber weil der Personaldirektor kein Chinesisch sprach, ganz abgesehen von Uigurisch, und ich nicht Englisch sprechen konnte, ergab sich langsam der Eindruck, das ganze Treffen wäre reine Zeitverschwendung. Ich spürte Elzats missbilligenden Blick auf mir.

Doch dann entdeckte ich in einem anderen Zimmer der Suite eine Frau. Sie sah aus wie eine Han-Chinesin. In meiner Verzweiflung rief ich ihr zu: »Hi, sprechen Sie Chinesisch?«

»Ja, natürlich«, antwortete sie.

»Sind Sie vom Festland?«, fragte ich vorsichtig.

Sie lächelte. »Alles in Ordnung. Ich stamme aus Taiwan.«

»Bitte«, sagte ich. »Sie sind diesen weiten Weg hierhergekommen, und ich möchte Ihnen einfach nur sagen, warum ich für Radio Free Asia arbeiten will. Bitte hören Sie mir fünf Minuten lang zu. Werden Sie für mich übersetzen?«

Die Frau war sehr nett und willigte ein. Wie sich herausstellte, handelte es sich um die Ehefrau des Personaldirektors, und ich konnte mich ohne Probleme mit ihr auf Chinesisch verständigen. Ich erklärte ihr, warum ich so unbedingt für Radio Free Asia arbeiten wollte. Ich sprach über die Maßnahmen der Regierung und darüber, was ich in der Uigurenregion gesehen hatte. Ich erklärte ihr, ich könne in dieser Atmosphäre der Unterdrückung nicht mehr arbeiten, jedoch auch nicht damit aufhören, meine Stimme für mein Volk zu erheben. Außerdem erklärte ich ihr, wie ich die uigurischen RFA-Sendungen weiterentwickeln wollte und was meiner Ansicht nach zu ihrer Verbesserung getan werden könnte. Alles, was ich ihrem Mann nicht auf Englisch mitteilen konnte, beschrieb ich ihr auf Chinesisch.

Meine Intensität schien sie beinahe zu erschrecken. Rasch übersetzte sie alles für ihren Mann. Etwas in seinem Gesicht veränderte sich, und plötzlich wirkte er interessierter.

»Okay«, meinte er schließlich. »Ich gebe Ihnen jetzt ein paar Fakten, und Sie schreiben daraus eine Nachrichtenmeldung für mich. Sie haben zehn Minuten.«

Seine Frau übersetzte für ihn und gab eine kurze Aufzählung von sich.

Innerhalb von zwei Minuten entwarf ich auf dem Hotelnotizblock eine Meldung. Ich war so daran gewöhnt, schnell Sendungen für Xinjiang TV zu produzieren, dass mir das überhaupt nicht wie eine Herausforderung vorkam.

Der Personaldirektor wirkte beeindruckt. Er zog ein kleines Aufnahmegerät hervor und reichte mir eine uigurische Zeitung. »Okay, dann lesen Sie mir jetzt bitte laut diesen Artikel vor, wie in einer Nachrichtensendung. Keine Sorge, Sie können ein paar Mal üben, bevor ich Sie aufzeichne. Wir müssen einfach wissen, wie Sie in einer Aufnahme klingen.«

Ich nahm die Zeitung und erwiderte: »Ich brauche nicht zu üben. Ich werde es einfach laut lesen.«

»Sind Sie sicher?«

Ich nickte, und er startete die Aufnahme. Ich las den Text fließend vor, ohne Stocken oder Fehler.

Jetzt zog der Personaldirektor die Augenbrauen fast bis zum Haaransatz hoch. »Wie lange arbeiten Sie schon beim Fernsehen?«, fragte er mich mithilfe seiner Frau.

Erleichterung durchflutete mich. Lächelnd erwiderte ich: »Ein wenig länger, als ich gern zugeben möchte.«

Er lachte. »Geben Sie uns ein paar Tage, wir melden uns bei Ihnen.«

Etwa eine Woche später erhielt ich eine E-Mail mit einem offiziellen Stellenangebot von Radio Free Asia. Wenn ich unterschrieb, würde man sich um ein US-Visum für mich kümmern. Ich wusste: Wenn ich diesen Sprung wagte, würde ich nie wieder nach Hause zurückkehren können. Meine Großmutter, meine Eltern, mein Bruder, meine Cousins und Cousinen, all meine liebsten Freunde – sie wären genauso weit von mir entfernt wie der Mond von der Erde. Es war unvorstellbar. Aber genauso wenig vorstellbar war es, dass ich in mein altes Leben zurückkehren würde. Dieses Leben – dieses Ich – existierte nicht mehr.

Ich musste es Elzat sagen. Ich hatte keine Ahnung, wie er reagieren würde, aber wenn ich wirklich vorhatte, unser Leben auf den Kopf zu stellen, musste ich ihm die Gelegenheit geben, mir seine Gefühle in dieser Sache mitzuteilen. Ich war nicht so naiv zu glauben, meine Entscheidung hätte keinen Einfluss auf ihn.

Eines Abends, nach einer einfachen Mahlzeit, sprach ich das Thema an. Ich saß auf der Couch, er arbeitete an seinem Schreibtisch. So hatten wir fast alle Abende seit meiner Ankunft verbracht – im selben Zimmer, aber getrennt voneinander.

»Elzat, ich muss mit dir reden.«

»Hmmm«, erwiderte er und las weiter.

»Nein, ich meine, wirklich mit dir reden. Es geht um etwas Ernstes.«

Mit einem Seufzer legte er den Bleistift hin. »Ich weiß, ich bin sehr beschäftigt gewesen, seit du hier angekommen bist. Aber ich darf im Unterricht nicht zurückfallen, nur weil meine Frau mich besucht. Andere Studenten sind auch verheiratet und schaffen ihr Pensum trotzdem.«

»Ich werde nicht zu viel von deiner Zeit in Anspruch nehmen«, gab ich zurück.

Etwas in meiner Stimme ließ ihn das Buch zuschlagen und mich ansehen.

»Ich werde nicht nach Ürümchi zurückgehen.«

»Was meinst du damit, du wirst nicht zurückgehen?«

»Ich habe die Stelle bekommen. Ich werde nach Amerika gehen und dort für Radio Free Asia arbeiten.«

Völlig verblüfft sank er in seinen Stuhl zurück. »Was meinst du damit, in Amerika arbeiten? Du weißt doch überhaupt nichts über Amerika!«

»Stimmt, ich weiß überhaupt nichts über Amerika«, erwiderte ich ruhig. »Aber ich weiß etwas über das Uigurengebiet. Und so wie die Dinge liegen, kann ich nicht dorthin zurückkehren.«

»Gulchehra, ich traue meinen Ohren nicht.«

Ich konnte Wut und Panik in seiner Stimme hören. »Ich weiß, es ist schwer für dich. Aber ich muss mein Leben jetzt so leben, wie es für mich notwendig ist. Ich kann nicht länger einfach nur tun, was von mir erwartet wird.«

»Und dafür musst du nach Amerika?«

»Ja.«

Voller Unglauben schüttelte er den Kopf. »Ich weiß gar nicht, was in dich gefahren ist. Hast du mit deinen Eltern darüber gesprochen?«

»Nein.« Ein scharfer Schreck durchzuckte mich. »Und sie dürfen auch nichts davon wissen, bevor ich dort angekommen bin. Das wäre gefährlich.«

»Liegt es an dem ganzen Zeug, das du im Internet gelesen hast? Du warst doch vorher nie politisch interessiert.«

»Doch. Ich war bloß nicht in der Lage, es ungehindert auszudrücken. Zu Hause ist alles politisch – unsere Sprache, unsere Religion, unsere Kultur, sogar unsere Tänze sind es! Und ich werde keine Marionette mehr sein, nicht mehr einfach nur von mir geben, was ich sagen soll. Ich will unserem Volk helfen, nicht daran beteiligt sein, es zu betrügen!«

Langsam vergrub Elzat den Kopf in den Händen. Unbeweglich saß er da, während die Minuten zu kriechen schienen. Ich fühlte mich, als hielte ich unaufhörlich den Atem an. In der Zeit, in der ich Elzat kannte, war sein Verhalten für mich immer weniger vorhersagbar geworden. Nach dem Vorfall mit dem Küchenmesser hatte ich keine Ahnung, wie er reagieren würde.

»Ich kann dich nicht zur Rückkehr zwingen«, sagte er langsam, und dabei klang seine Stimme rau. »Ich kann dich gar nicht zwingen, irgendetwas zu tun. Aber wenn du nach Amerika gehst, komme ich mit dir.«

»Nein!« Das Wort explodierte förmlich in meinem Mund, bevor ich wusste, was ich da sagte. »Wie kannst du denn mit mir kommen? Du studierst hier. Du wirst gar kein Visum bekommen, und was ist mit deiner Familie zu Hause? Das ergibt doch keinen Sinn.«

»Es gefällt dir vielleicht nicht«, erwiderte er erschöpft. »Aber ich bin immer noch dein Ehemann. Ich kann dich nicht allein irgendwohin ins Ausland gehen lassen. Die Leute werden dich ausnutzen, dich verletzen, oder wer weiß was. Das lasse ich nicht zu.«

Ich wusste, welches Opfer er mir da anbot, und meine Augen füllten sich mit Tränen. Nach allem, was vorgefallen war, fühlte er sich noch immer verantwortlich für mich. Er konnte sein Pflichtbewusstsein einfach nicht hinter sich lassen. Ich liebte ihn nicht mehr, aber ich respektierte ihn für sein Ehrgefühl.

»Gut«, gab ich zurück, und dabei nahm ich einen neuen, stahlharten Ton in meiner Stimme wahr. »Wenn es das ist, was du wirklich willst. Dann gehen wir zusammen.«

So fiel die Entscheidung, dass wir beide in die USA auswandern würden, und unsere gebrochenen Herzen würden wir mitnehmen.

***

Wir verbrachten den nächsten Monat mit Vorbereitungen. Wir hatten nur nach Europa mitgenommen, was in einen Koffer passte. Diese Dinge waren einfach, die logistischen Notwendigkeiten deutlich komplizierter. Ich musste mit Radio Free Asia in Verbindung treten und darum bitten, zusätzlich zu meinem Arbeitsvisum ein Ehegattenvisum zu beantragen. Elzat musste sich mit seinem überraschten Professor und den Universitätsformalitäten auseinandersetzen. Vor seiner Abreise würde er keinen Abschluss machen können, also sah es aus, als wäre seine Studienzeit in Österreich vergeblich gewesen. Doch er beklagte sich nicht darüber und auch über sonst nichts. Er hatte sich ganz offensichtlich in die Entscheidung ergeben, mich zum ersten Mal in unserer Beziehung die Führung für uns beide übernehmen zu lassen. Das muss sehr schwer für ihn gewesen sein. Vielleicht liebte ein Teil von ihm mich wirklich immer noch.

Wir hatten vor, die Reise Mitte September anzutreten. Mein Visum für Europa würde am 1.Oktober 2001 ablaufen, deswegen erfüllte es uns mit Erleichterung, als unsere amerikanischen Visa bewilligt wurden und nur noch eine letzte Formalität fehlte. Die meisten unserer Sachen waren bereits gepackt, und in der Wohnung schien ein Echo zu hallen, wenn wir uns darin bewegten. Keiner von uns beiden hatte unseren Familien daheim oder unseren Freunden irgendetwas gesagt. Es wäre für alle ein zu großes Risiko gewesen, irgendetwas zu wissen, und ich hatte keine Ahnung, wie meine Eltern reagieren würden. Meine Mutter würde verzweifelt sein, so viel war mir klar. Ich hatte mich nicht einmal richtig verabschieden können, und obwohl ich ja nicht gerade eine desertierende Funktionärin war, wusste ich: Meine Entscheidung, nicht in das Uigurengebiet zurückzukehren, würde ihren Preis haben. Ich hatte keine Vorstellung von dem Terror, der auf uns wartete, war jedoch auch nicht naiv genug zu glauben, dass die chinesische Regierung mich einfach so gehen lassen würde.

Alles lief ohne Zwischenfälle ab, bis ich eines Tages die internationalen Fernsehnachrichten auf Englisch schaute, wie so oft nachmittags. Ich konnte immer noch nichts davon verstehen, aber es war ein Versuch, den Klang in den Kopf zu bekommen. Ich wusste, irgendwo musste ich anfangen, und zwar rasch. Plötzlich wurde der Sprecher unterbrochen, und es gab eine Live-Übertragung. Ungläubig und voller Entsetzen sah ich zu, wie sich vor meinen Augen völlig unfassbare Bilder entwickelten: Rauch quoll aus Wolkenkratzern hervor, da waren Flammen und explodierende Fenster, Umstehende schluchzten voller Grauen. Dann stürzte ein Turm in einer gigantischen Wolke aus Staub und Trümmern in sich zusammen. Ich konnte mir nicht erklären, was da vor sich ging. Als ich auf einen deutschen Nachrichtensender umschaltete, war es, als hätte ich die Fernbedienung gar nicht berührt: überall dieselben Bilder, dasselbe unfassbare Material.

Ich tat das Einzige, was mir einfiel: Ich rief Dolkun Kamberi an.

»Was geht denn da vor?«, platzte ich heraus, sobald er an den Apparat kam.

»Das weiß niemand«, antwortete er. Er klang verängstigt und gehetzt. »Wir erfahren gerade mehr.«

»Werden die USA angegriffen?«

»Niemand weiß das im Moment. Es heißt, es könnte al-Qaida sein.«

»Was ist das?«

»Eine Terrorgruppe. Es gibt noch keine Details.«

»Was kann ich jetzt tun?«, fragte ich. »Es muss doch etwas geben, was ich tun kann.«

»Nicht von dort, wo du gerade bist.« Er sprach schnell. »Hör zu, ich kann jetzt nicht sprechen. Warte einfach, bis ich dich anrufe, okay?«

Ich legte auf und starrte auf die Wand über dem Fernsehgerät. Meine ohnehin unsichere Zukunft war soeben noch chaotischer geworden. Wenn sich Amerika im Krieg befand, waren meine persönlichen Probleme winzig, sogar bedeutungslos. Aber es bedeutete, dass ich als Illegale in Europa stranden würde oder gezwungen wäre, in ein Leben voller Lügen und zunehmender Unterdrückung zurückzukehren. Mir war plötzlich der einzige Fluchtweg abgeschnitten worden.

Am nächsten Tag las ich auf der Webseite von China Central Television (CCTV) auf Chinesisch über die Ereignisse. Obwohl die Darstellung nicht neutral war, konnte ich zumindest in groben Zügen herausfinden, was vor sich ging. Die amerikanische Regierung kündigte an, alle US-Botschaften weltweit würden für einen Monat schließen. Für einen Monat! Mein Visum würde am 1. Oktober ablaufen. Das bedeutete, im besten Fall würde ich meinen im Visum bewilligten Aufenthalt für zwei Wochen oder länger überschreiten. Dieser Gedanke jagte mir Angst ein. Auf gar keinen Fall wollte ich an der Grenze abgefangen und nach China geschickt werden.

Während der letzten Woche meines legalen Aufenthalts in Europa ließ ich mir eine kurze Bobfrisur schneiden. Ich wollte seriös wirken, und ich glaubte, längeres Haar würde mich jünger erscheinen lassen. Ich hatte nur noch Geld im Wert von einigen hundert Dollar in der Landeswährung übrig, gab aber mehr als hundert davon für einen schicken Hugo-Boss-Anzug aus. Er war schwarz, und dazu gehörte ein hochgeschlossenes blassblaues Oberteil aus Seide. In diesem Outfit fühlte ich mich erwachsener als jemals zuvor in all den Jahren bei meiner Arbeit mit den Kindern vor der Kamera. Damals hatte ich vertrauenswürdig, freundlich und warmherzig wirken wollen, wie eine große Schwester. Jetzt bereitete ich mich auf eine neue Herausforderung vor, und das Einzige, was ich wirklich unter Kontrolle hatte, war meine Wirkung auf die Außenwelt.

Nachdem mein Visum abgelaufen war, verließ ich die Wohnung nicht mehr, weil ich Angst hatte, man würde mich auf der Straße anhalten und auffordern, meine Papiere vorzuzeigen. Ich wusste nicht einmal, ob das in Europa so gehandhabt wurde, aber in der Uigurenregion war das sicher der Fall, und ein solches Risiko durfte ich einfach nicht eingehen. Ich fürchtete mich entsetzlich davor, die chinesische Regierung würde irgendwie herausfinden, was ich vorhatte, und man würde mich finden, sogar hier, in einer Kleinstadt in Österreich. Ich hatte keine Vorstellung davon, wozu die Regierung in der Lage war, und ich wollte nicht das geringste Risiko eingehen.

Mein letzter Termin wegen des Visums war für Mitte September angesetzt worden. Doch jetzt musste ich darauf warten, dass die Botschaft am 11. Oktober wieder öffnete. Als das geschah, waren Elzat und ich an jenem Morgen die Ersten in der Schlange. Die Botschaftsangehörigen wirkten angespannt, doch zugleich verlief alles sehr effizient, und bevor ich wusste, wie mir geschah, hielten wir unsere Visa in den Händen. Am nächsten Morgen gingen wir in ein Reisebüro, um Tickets zu kaufen. Sie kosteten doppelt so viel wie erwartet. Elzat musste sie mit dem letzten Rest seines Universitätsstipendiums bezahlen. Am nächsten Tag fand ich mich in einem Flugzeug nach Washington, D.C. wieder, auf dem Weg in mein neues Leben.

Mit dem nächsten Morgen begann mein erster Arbeitstag. Mir war schwindlig vor Müdigkeit und wegen des Jetlags.

Ich schminkte mich sorgfältig und überprüfte, dass meine neue Bobfrisur ordentlich aussah. Ich bügelte meinen neuen Anzug, bis er sich perfekt an meinen Körper schmiegte. Dann straffte ich die Schultern und holte tief Atem. Ich war so bereit, wie ich es nur sein konnte.

Dolkun begrüßte mich als Erster und strahlte mich voller Herzlichkeit an. »Dieses Juwel haben wir der Kommunistischen Partei Chinas gestohlen!«, verkündete er in Anwesenheit aller Angestellten.

Ich spürte, wie ich errötete. Doch alle stellten sich freundlich vor. Es erfüllte mich mit Erleichterung, um mich herum wieder Uigurisch zu hören, und ganz plötzlich wurde mir bewusst, wie einsam ich mich während der ganzen Zeit in Europa gefühlt hatte.

Dolkun führte mich in das große, angenehme Büro des RFA-Vizepräsidenten. Dort wartete auch ein junger Uigure in einem Sportsakko, und als wir den Raum betraten, stand er auf.

»Arslan kennst du schon, oder?«, fragte mich Dolkun.

Ich nickte. Arslan hatte uns am Flughafen Washington Dulles abgeholt, uns zum Hotel begleitet und uns beim Einchecken geholfen.

»Nun, als Verwaltungsassistent für das uigurische Programm ist er es, der sich hier im Endeffekt um alles kümmert. Er wird dir helfen, bis du dich eingelebt hast«, fuhr Dolkun fort.

Arslan schenkte mir ein kurzes, breites Grinsen, das sein hübsches Gesicht erhellte. »Was auch immer es ist, fragen Sie mich einfach.«

Ich nickte scheu und war von meiner eigenen Reaktion überrascht. Seit meiner Heirat hatte ich nie bewusst irgendeinen anderen Mann wahrgenommen, auch wenn meine Ehe von Anfang an unglücklich gewesen war. Am Flughafen hatte ich Arslans Attraktivität wegen meiner Müdigkeit nicht bemerkt. Trotzdem konnte ich den wohligen kleinen Schauder nicht ignorieren, den ich jedes Mal verspürte, wenn er den Blick seiner dunklen Augen auf mich richtete.

»Gulchehra, wie wundervoll, dass Sie endlich angekommen sind!«, rief der Vizepräsident.

»Ich freue mich sehr«, erwiderte ich. »Es ist wie ein Traum.« Das meinte ich auch so. Nicht in meinen kühnsten Träumen hätte ich mir vorstellen können, einmal im Büro eines Radiosenders in Amerika zu stehen, bereit, eine neue Stelle anzutreten. Ich dachte, wenn ich nur eine Sekunde innehielte, würde alles dermaßen überwältigend auf mich wirken, dass ich bestimmt fast in Ohnmacht fallen würde.

Der Vizepräsident überreichte mir einen Stapel Broschüren und Unterlagen. »Hier sind einige Unterlagen für Sie; es geht um die Versicherung, um die Zahlungsmodalitäten für Ihr Gehalt und so weiter. Arslan kann Ihnen beim Ausfüllen helfen.«

Lächelnd nickte ich, und dabei hoffte ich, meine Erleichterung wäre nicht allzu deutlich sichtbar. Vor dem Betreten dieses Raumes hatte ich keine Ahnung gehabt, ob ich bei Radio Free Asia überhaupt ein richtiges Gehalt bekommen würde. Vielleicht arbeiteten die Reporter ja ehrenamtlich und ohne Bezahlung. Ich hatte mir überlegt, ich könnte vielleicht in einem Geschäft arbeiten oder mir einen Nebenjob suchen. Zu diesem Zeitpunkt kannte ich nur wenige Details der Geschichte des Senders: Er war in den 1990er-Jahren durch einen US-Gesetzesbeschluss gegründet worden, als Möglichkeit, Nachrichten in Asien auszustrahlen und der Propaganda der KPCh etwas entgegenzusetzen. Man hatte sich dabei an Radio Free Europe orientiert, das seine Sendungen während des Kalten Krieges durch den Eisernen Vorhang hindurch ausgestrahlt hatte; es ging um die Förderung von Werten wie Meinungsfreiheit, Demokratie und einer freien Presse, indem man diese Werte selbst vorlebte. Die ersten Sendungen erfolgten 1996 auf Mandarin und Tibetisch, und bald kamen Burmesisch, Vietnamesisch, Koreanisch, Kantonesisch, Lao und Khmer hinzu. Eine uigurische Sendung gab es seit 1998, und als ich dazustieß, hatte unser Team einen eigenen Bereich im Büro und galt als wichtiger Teil des Senders.

Nach dem kurzen Meeting brachte mich Dolkun in meinen Arbeitsbereich zurück. »Wir freuen uns wirklich, dass du hier bist«, erklärte er mir ernst. »Wir haben einige wunderbare Reporter im Team, aber niemand verfügt über so viel Medienerfahrung wie du. Du bist ein richtiger Profi, und wir können dein Wissen gut gebrauchen.«

»Ich möchte niemandem auf die Füße treten«, gab ich zurück. »Ich meine, ich spreche ja noch nicht einmal Englisch.«

»Das kommt schon mit der Zeit. Und mach dir keine Sorgen wegen der Füße anderer Leute; inzwischen sollten sie wissen, dass man Stiefel mit Stahlkappen braucht. Sie verstehen, dass es im Interesse aller ist, wenn unsere Sendungen an Qualität gewinnen, vor allem für unsere uigurischen Brüder und Schwestern zu Hause und überall auf der Welt.«

»Aus diesem Grund bin ich hier«, erwiderte ich und schaute Dolkun in die Augen. »Ich will unserem Publikum die Wahrheit sagen, und zwar auf so ansprechende Weise wie möglich.«

Er lächelte mich an. »Dann wirst du hier ganz wunderbar hinpassen.«

Ich ging zurück in meine Arbeitskabine und starrte auf den unbenutzten Notizblock, den großen Computer und die leeren Ordner. Das hier war mein neues Leben. Ich fühlte mich überwältigt.

»Alles in Ordnung?«

Ich sah auf und bemerkte, dass mich Arslan sehr aufmerksam anstarrte.

»Sie wirkten da gerade ein wenig verloren.«

»Ich ... Ich brauche Ihre Hilfe. Ich habe noch nicht mit meiner Familie gesprochen, und ich muss sie wissen lassen, dass ich in Sicherheit bin.«

Arslan nickte. »Wussten Ihre Angehörigen denn, dass Sie nach Amerika gehen?«

Ich schüttelte den Kopf.

»Gulchehra.« Er schaute mich voller Ernst an. »Sie wissen, sobald Sie Ihre Angehörigen anrufen, wird man sie in die Sache hineinziehen. Das wird nicht einfach für sie werden.«

»Wenn sie nicht erfahren würden, was aus mir geworden ist, wäre das noch schlimmer für sie, oder?«

»Wir können Ihren Angehörigen eine Nachricht zukommen lassen, wenn Sie das wollen.«

»Das kann ich ihnen nicht antun. Sie müssen es von mir erfahren.«

Arslan nickte, und dabei war der Blick seiner dunklen Augen sehr ernst. »Okay, Sie können das aus einem unserer Studios erledigen.« Er zeigte mir, wie einer der internationalen Telefonapparate funktionierte, die für Arbeitsgespräche verwendet wurden. Dann ging er aus dem Raum und schloss die Tür mit einem lauten Klicken hinter sich. Es klang scharf und endgültig.

Ich starte das Telefon an und nahm meinen ganzen Mut zusammen. Tief im Herzen wusste ich, dass meine Eltern meine Stimme würden hören müssen, um es zu glauben, doch ich hatte keine Ahnung, wie ihre Reaktion ausfallen würde. Und die langfristigen Konsequenzen meiner Taten würden ernst sein, auch wenn ich mir damals noch nicht vorstellen konnte, wie ernst.

Irgendwann nahm ich den Hörer und wählte. Die vertraute Stimme meiner Mutter meldete sich. »Apa.« Ich hatte einen Kloß im Hals. Die Situation war unerträglich.

»Gulchehra, bist du das?«

»Ja, Apa. Hör zu. Ich weiß nicht, wie ich dir das sagen soll. Ich … Ich bin in Amerika.«

»Du bist von Europa aus zu einem Besuch nach Amerika gefahren?«, fragte sie, und dabei klang sie verwirrt. »Wir haben uns Sorgen gemacht, als du nicht wie geplant zurückgekehrt bist. Aber wir wussten nicht, wie wir dich erreichen sollten.«

Ich schloss die Augen. »Ich weiß, Apa. Es tut mir leid. Kann ich Dada mal haben?«

Ich hörte, wie sie im Hintergrund mit meinem Vater sprach. Dann gab sie den Hörer an ihn weiter.

»Tochter, was geht da vor sich?«

»Dada, verzeih mir. Ich habe meine erste Entscheidung ohne deinen Rat getroffen, und ohne deine Erlaubnis. Ich bin in Amerika. Bei Dolkun Kamberi.«

Am anderen Ende der Leitung wurde es so still, dass ich mich fragte, ob die Verbindung vielleicht unterbrochen war. Dann hörte ich, wie meine Mutter aufschrie.

»Was ist denn los?«, rief ich aus. Doch ich erhielt keine Antwort. Irgendwann bekam ich mit, dass jemand den Hörer nahm.

»Ruf uns später wieder an, Gulchehra«, sagte meine Mutter. Mit der Stimme, die sie ihren Patienten gegenüber einsetzte, wenn sie ihnen ein Rezept ausstellte. »Dein Vater ist plötzlich krank geworden.«

Und dann war die Leitung tot.

Ich saß lange zitternd da, es fühlte sich an wie eine Stunde. Als ich aufstand, waren meine Beine wie Gummi.

Arslan steckte den Kopf durch die Studiotür. »Sind Sie in Ordnung?«

Ich schüttelte mich, als würde ich versuchen, aus einer Benommenheit zu erwachen. »Ich weiß es nicht.« Meine Augen füllten sich mit Tränen. »Irgendetwas ist passiert, und dann war die Leitung tot. Ich sollte meine Tante anrufen, oder …«

»Gul, dort ist es jetzt mitten in der Nacht. Warten Sie bis

morgen.« Arslans Stimme klang leise und ruhig. »Im Moment können Sie nichts tun, okay?«

Dann schloss er taktvoll die Tür hinter sich, und ich begann zu weinen.

Am nächsten Morgen rief ich wieder bei meinen Eltern an. Beim zweiten Klingeln hob meine Mutter ab.

»Dein Vater ist direkt ins Krankenhaus eingeliefert worden«, teilte sie mir mit, und dabei klang ihre Stimme auf fremde Weise kühl und unpersönlich. »Die Ärzte gehen davon aus, dass er einen Herzinfarkt hatte.« Ich rang nach Luft, und sie sprach schnell weiter. »Hör zu, was du getan hast, ist getan. Das lässt sich nicht wiedergutmachen. Du kannst uns jetzt nicht helfen.«

»Apa ...«

»Hör zu, sei einfach vorsichtig.« Ihre Stimme wurde etwas weicher. »Wenn du glücklich bist, sind wir glücklich. Du bist uns wichtig, egal was geschieht. Sorge einfach nur dafür, dass du da drüben sicher bist. Mach dir um uns keine Sorgen. Dein Vater wird sich erholen. Es war einfach ein Schock.«

Nachdem wir aufgelegt hatten, rief ich sofort meine Tante an. Mein Herz war schwer vor Schuld und Angst. Ich machte mir Sorgen, dass mir meine Mutter nicht erzählte, was da wirklich vor sich ging.

»Tante, ich bin es.«

»Oh, Gul, wie konntest du nur? Dein Vater ist im Krankenhaus! Und deine arme Mutter ...« Sie hatte zu weinen begonnen, oder vielleicht hatte sie schon geweint, als ich anrief. »Jeder Geburtstag, jede Hochzeit, jeder Feiertag beginnt damit, dass du singst und tanzt. Wie sollen wir denn ohne dich leben? Wie sollen deine Eltern das überleben?«

»Wird sich mein Dada erholen?«

Ganz früh heute Morgen hat deine Mutter bei sich zu Hause ein Familientreffen einberufen. Wir waren alle dort, nur du nicht. Weißt du, was sie zu uns gesagt hat? ›Von jetzt an wird niemand von uns Gul irgendetwas Negatives erzählen. Nicht wenn jemand krank ist oder seinen Job verloren hat, wenn es Probleme gibt oder jemand ins Gefängnis kommt. Nichts Negatives. Sie ist jetzt in Amerika, und sie ist dort allein. Ich kann den Gedanken nicht ertragen, dass sie sich Sorgen um uns hier macht.‹ Sie ist die Älteste von uns Geschwistern, darum hören wir auf sie.« Meine Tante hielt inne. Dann sagte sie: »Gul, dein Vater wird es überstehen. Aber … Ich muss dir etwas sagen.«

In meinem Bauch entstand ein Knoten, und mir wurde übel. »Was ist?«

»Vor zwei Tagen ist deine Großmutter verstorben. Du warst immer ihr Liebling, das weißt du. Es war fast, als wüsste sie, sie würde dich nie wiedersehen, und als wäre sie bereit loszulassen.«

»Aber sie kann nicht tot sein!« Meine Stimme hallte von den Studiowänden wider. »Sie war doch noch so stark.«

»Wir müssen einfach hinnehmen, was im Leben passiert«, erwiderte meine Tante. »Pass auf dich auf. Du bist jetzt allein.«

In Tränen aufgelöst saß ich da, während das Freizeichen in meinem Ohr summte. Meine Familie war immer so stark und geschlossen gewesen. Alle anstehenden Entscheidungen hatten wir gemeinsam getroffen. Jetzt war meine Großmutter nicht mehr da, die Letzte ihrer Generation. Nun fielen Entscheidungen ohne sie, und ohne mich. Verzweiflung und Schmerz durchliefen mich in unerträglichen Wellen. Ich hatte ein unförmiges Loch in meine Familie gerissen. Dieses Loch würde sich langsam schließen, so wie eine Wunde mit der Zeit verheilte. Aber während dieses Heilungsprozesses würde ich zu einer Außenstehenden werden.

***

In der nächsten Zeit arbeitete ich jeden Tag so viele Stunden wie nur möglich. Etwas anderes konnte ich nicht tun, um den heftigen Schmerz zu vergessen, der mich erfüllte, weil ich von all meinen geliebten Menschen getrennt war. Ich wusste nicht einmal, wie es meinem Vater ging, ob meine Mutter den ganzen Tag im Krankenhaus verbrachte, ob mein Bruder endlich eine Arbeit gefunden hatte. Ich machte mich selbst wahnsinnig, indem ich mir vorstellte, was zu Hause vor sich ging.

Radio Free Asia hatte uns für eine Woche in einem Hotel eingemietet, und während ich mich dort zusammen mit Elzat aufhielt, war es, als müsste ich ersticken. Ich hasste es, neben ihm schlafen zu gehen, steif wie ein Brett in meinem dicken Nachthemd dazuliegen und zu hoffen, er würde nicht versuchen mich zu berühren. Wir waren nicht intim gewesen, seit er Ürümchi verlassen hatte, um nach Österreich zu gehen, und nachts spannte sich vor Unbehagen mein ganzer Körper an, als könnte ich ihn mit der Kraft meiner Gedanken von mir fernhalten.

Zum Glück erfüllte es mich immer mit Aufregung, wenn ich ins Büro gehen konnte. Ich fühlte mich zum ersten Mal im Leben wie unter echten Journalisten, unter Menschen, die alles dafür gaben, die Wahrheit ans Licht zu bringen und darüber zu berichten. Sie arbeiteten an bedeutungsvollen Reportagen, berichteten über Menschen, die man grundlos verhaftet hatte, über Menschenrechtsverletzungen, über Angriffe auf die Religionsfreiheit, zum Beispiel wenn Menschen zum Gebet eine Moschee aufsuchten oder den Hidschab trugen. Hier fühlte es sich an wie ein richtiger Nachrichtensender, ganz anders als bei Xinjiang TV.

Doch weil die KPCh viel in Propagandamittel investiert, hatte meinem Fernsehsender in Ürümchi viel Geld zur Verfügung gestanden. Wir arbeiteten mit der modernsten Technologie, alles brandneu und Hightech. Als ich zu Radio Free Asia kam, nahm ich an, dort gäbe es das Beste vom Besten, doch bald fand ich heraus, dass das nicht der Fall war. Hier waren die technischen Geräte schon lange in Gebrauch, und manchmal gestaltete sich der Umgang damit schwierig. Statt in einzelnen Büros arbeiteten wir alle aus Kabinen heraus, die sich um eine große freie Fläche gruppierten. Und die Aufnahme- und Sendestudios waren abgenutzt statt neu und glänzend.

Ein weiterer großer Unterschied bestand allerdings darin, dass sich die RFA-Büros in einem offen zugänglichen Gebäude befanden. Jeder konnte einfach hineingehen und jemanden zu sehen verlangen. Im Gegensatz dazu wurde das Gebäude von Xinjiang TV von einer ganzen Gruppe Beamter bewacht, und im Gebiet rund um das Gebäude patrouillierte die Militärpolizei. Niemand durfte ohne offiziellen Besucherausweis oder einen belegbaren Termin hinein. Obwohl sich Radio Free Asia nur wenige Blocks vom Weißen Haus entfernt befand, gab es am Eingang keine Wachleute, kein Personal. Unsere Räume nahmen zwei Etagen in einem achtstöckigen Gebäude in Anspruch und wurden von einem einzigen Rezeptionsschalter im Erdgeschoss betreut. Ich konnte das Vertrauen und das Gefühl der Freiheit sofort spüren, und das schien sich auf die ganze Gesellschaft zu erstrecken, in der ich mich nun befand.

Außerdem war ich endlich in der Lage, bedeutsame Geschichten zu erzählen, offizielle Personen vor Ort zu kontaktieren und alle Menschen, die mit mir sprechen wollten, zu Hause anzurufen, und ich konnte die Nachrichtenforen im Internet nach Storys absuchen. Zu den Entwicklungen, die ich aufmerksam verfolgte, gehörten die Familienplanungsmaßnahmen, die man für die Uigurenregion festgelegt hatte und mit überraschend harter Brutalität durchsetzte. Quellen berichteten mir von Frauen, denen man ohne Zustimmung die Spirale eingesetzt hatte und die deswegen nun unter gesundheitlichen Problemen litten. Andere hatte man gegen ihren Willen einer Abtreibung unterzogen. Wieder anderen Familien wurden die Strafen und Gebühren zum Verhängnis, die man sie gegen sie verhängte, weil sie mehr Kinder bekamen als erlaubt. Ich war fest entschlossen, über diese aktuellen Geschehnisse zu berichten.

Ich machte mich in der Arbeit nützlich, verwendete Kontakte in der Uigurenregion, die außer mir niemand hatte, doch ich empfand es als sehr schwierig, dass ich mir, was den Rest meines neuen Lebens betraf, wie ein Kind vorkam. Das Leben hier stellte einen extremen Kontrast im Vergleich zu meiner Heimat dar, wo ich so unabhängig gewesen war, wie eine Frau nur sein konnte. In den Vereinigten Staaten verstand ich nichts von dem, was gesagt wurde. Ich konnte nicht einmal allein einkaufen, einen Arztbesuch erledigen oder eine Wohnung mieten. »Hallo« und »Auf Wiedersehen« beherrschte ich, doch für alles andere brauchte ich einen Dolmetscher.

Während der ersten Monate führte mich Arslan durch diese neue Welt. Als Verwaltungsassistent des uigurischen Programms lag es in seiner Verantwortung, frisch Angestellten dabei zu helfen, sich in ihr neues Leben einzufinden. Als unsere Woche im Hotel vorbei war, kümmerte er sich sogar um eine Wohnung für Elzat und mich in seinem Apartmentblock und unterzeichnete ebenfalls den Mietvertrag. Damit ging er weit über seine eigentlichen Pflichten hinaus. Unsere winzige Einzimmerwohnung befand sich im fünften Stock eines älteren, aber sauberen Gebäudes nur wenige Blocks vom Weißen Haus entfernt. Am Tag unseres Einzugs, bei der Ankunft mit den Koffern in der Hand, begrüßte uns Arslan mit Pasteten aus der Bäckerei ein paar Schritte die Straße runter. Er und Elzat behandelten einander höflich, doch mir entging nicht, dass sich die beiden schon auf den ersten Blick nicht leiden konnten.

Wir zogen in eine völlig leere Wohnung, und die erste Nacht verbrachten wir mit ein paar von Arslan geliehenen Decken auf dem Boden. Zum Glück zog in dieser Woche eine Familie aus dem Haus weg, und wir kauften den Leuten für weniger als fünfzig Dollar ein Doppelbett und ein Sofa ab. Am Anfang hatten wir nur das Geld für wenige billige Kleinigkeiten: Haushaltsgeräte, Handtücher, einige Töpfe und Pfannen. Wir mussten uns von Grund auf ein neues Leben aufbauen.

Am Samstag nach unserem Einzug machte sich Elzat früh auf den Weg, um einen neuen Job zu finden. Er suchte Arbeit in einem Restaurant, was nach seiner Lehrtätigkeit als Physiker einen großen Schritt abwärts bedeutete. Doch er sprach kaum besser Englisch als ich, und eine Arbeit in einer Küche, bei der er mit niemandem reden musste, oder in einem Restaurant, wo er sein Chinesisch verwenden konnte, schien die einzig realistische Option.

Einige Stunden nach seinem Aufbruch hörte ich, wie es leise an die Tür klopfte. Meine Hände wurden feucht, und mein Herz begann wild zu klopfen. Angst überwältigte mich, als ich mir vorstellte, dass mich die chinesische Polizei gefunden hatte und nun erschienen war, um mich mit zurück nach China zu nehmen. Ich war gerade erst eine Woche in Amerika, aber in jedem Augenblick, in dem ich mich nicht auf die Arbeit konzentrierte oder schlief, machte ich mir Sorgen. Nicht einmal meine Familie hatte ich erneut angerufen, weil ich Angst hatte, das Gespräch würde abgehört, und ich wollte nicht, dass man sie dafür bestrafte. Außerdem hatte ich Angst vor dem, was sie zu mir sagen würden, vor ihrer Enttäuschung und ihrem Gefühl, verraten worden zu sein.

Es klopfte erneut, und ich schlich auf Zehenspitzen zur Tür und schaute durch den Spion. Vor Erleichterung lachte ich fast laut auf. Ich öffnete die Tür. »Ach, Sie sind das«, sagte ich und versuchte meine Freude zu verbergen.

Arslan schenkte mir ein strahlendes Grinsen. Er war nicht besonders groß, aber so kräftig gebaut wie ein Footballspieler, mit breiten Schultern und einer muskulösen Brust.

»Entschuldigen Sie, falls ich Sie irgendwie störe.«

»Sie stören nicht. Elzat ist gerade weg.«

»Also, ich habe mich gefragt … Können Sie Radfahren?« Als ich nickte, fuhr Arslan fort: »Hier in der Nähe habe ich ein Fahrrad für zwanzig Dollar zum Verkauf gesehen. Möchten Sie das haben?«

»Ja!«, gab ich eifrig zurück.

»Das ist gut, denn ich habe es für Sie gekauft.«

»Aber ich …«

»Sie sind jetzt eine Woche hier. Wie viel haben Sie schon von der Stadt gesehen?«

»Noch nichts«, gab ich zu.

»Das habe ich mir gedacht. Lust auf eine Tour?«

Ich dachte einen Augenblick nach. »Ich muss mich erst umziehen.«

Das war die erste unserer vielen langen Fahrradtouren durch die Stadt, und ich fühlte mich, als wäre ich wirklich in Amerika angekommen. In den ersten paar Tagen hatte ich nur die Strecke zwischen der Wohnung und dem Gebäude von Radio Free Asia gesehen, und natürlich die Büros. Arslan zeigte mir verschiedene Gegenden der Stadt. Wir fuhren an den Potomac River und besuchten alle Sehenswürdigkeiten. Wir besichtigten das Weiße Haus und verbrachten einen Vormittag im Nationalpark. Wir machten in der Nähe Pausen und aßen zusammen zu Mittag, und ich sah den Eichhörnchen beim Spielen zu. Es schockierte mich, wie viele von ihnen es gab. Im Tengritagh-Gebirge hatte ich ab und zu ein Eichhörnchen gesehen, und dort ist es etwas Besonderes, wenn man auch nur ein einziges entdeckt. Hinter der National Mall kletterten sie mir förmlich in die Hände, weil sie auf Futter hofften. Wir verbrachten viele Mittagspausen mit Radtouren, und allmählich fühlte ich mich, als würde ich hierhergehören.

Auch Arslan lernte ich besser kennen. Er war die einzige Person, mit der ich reden konnte, und langsam freute ich mich jeden Tag darauf, seine Stimme zu hören, freute mich auf die kleinen Witze, die er in unsere Unterhaltungen einstreute. Außerdem war es gut, bei der Arbeit einen Verbündeten zu haben. Dort, so fand ich bald heraus, konnte die Politik innerhalb des Büros sehr kompliziert werden.

Es war Dolkun ernst gewesen, als er mich um Anregungen zur Verbesserung des Programms gebeten hatte. In meinen ersten Wochen schaute ich mir an, wie die Reporter arbeiteten und wie die jeweils einstündigen Sendungen zusammengestellt wurden. Als Dolkun ein Meeting mit allen unseren zehn Journalisten ansetzte, konnte ich viele Empfehlungen geben.

Ich kam vorbereitet zu dieser Sitzung und legte direkt los: »Zuerst möchte ich über die Struktur sprechen. Wir präsentieren einfach ein Feature nach dem anderen, ohne Überleitungen. Die Hörerinnen und Hörer müssen sich aber orientieren können, und wir müssen dafür sorgen, dass sie einschalten wollen. Ich denke, wir brauchen eine kurze Einführung von einem Nachrichtensprecher, damit die Leute wissen, wie die Schlagzeilen lauten. Und eine Erkennungsmelodie, und eine Einführung in uigurischer Sprache. Ich denke auch ...« Ich hielt ganz kurz inne. »Ich glaube, dass die Nachrichten ein bisschen flüssiger vorgelesen werden könnten. Auf die *Präsentation* kommt es an. Auch wenn es erschütternde, umwälzende Nachrichten gibt – wenn die nicht auf mitreißende Weise vorgetragen werden, hören die Leute nicht zu. Wir müssen sicherstellen, dass wir ohne Pausen oder Fehler durch einen ganzen Bericht kommen.«

Dolkun nickte nachdenklich. »Das gefällt mir. Ein bisschen Feinschliff. Warum entwickelst du nicht ein Format, und dann schauen wir, wie es läuft?«

Ich hörte, wie zwei der anderen Reporter miteinander flüsterten, achtete jedoch nicht darauf. Ich hatte keine Angst davor, eine Grenze zu überschreiten. Dass es einen gewissen Widerstand gegen Veränderungen gab, war nur natürlich. Und weil ich von Xinjiang TV kam, hatte ich sehr hohe Standards. Nach meiner jahrelangen Arbeit als professionelle Kraft in den Medien war ich nicht auf Kompromisse eingestellt. Schon deswegen wollte ich meine Kollegen auf den höchstmöglichen Level holen.

»Sind Sie denn bereit, auf Sendung zu gehen?«

»Ja«, sagte ich klar und deutlich. »Ich habe an einem Feature über zweisprachige Bildung gearbeitet, und über deren Rolle als eine Form der kulturellen Assimilation. Unsere Kinder verlieren ihre eigene Kultur und ihr Zugehörigkeitsgefühl.«

»Gut. Haben Sie sich schon überlegt, unter welchem Namen Sie in der Sendung auftreten wollen?«

»Unter welchem Namen?«

»Wir haben hier alle ein Pseudonym, das wir auf Sendung verwenden, damit man uns nicht so leicht identifizieren kann«, erklärte einer der Reporter. »Uns hören nämlich nicht nur Freunde zu.«

Mein Rücken versteifte sich. Ich war jung, eine Frau und neu beim Sender, aber das bedeutete nicht, dass man mir die Grundlagen beibringen musste. »Ich weiß, dass die chinesische Regierung alles überwacht, was wir tun. Aber ich werde meinen eigenen Namen benutzen.«

Einen Augenblick lang herrschte Stille, und dann redeten alle gleichzeitig.

»Das geht nicht, Gul. Es ist zu gefährlich. Für Sie, und vielleicht auch für uns.«

»Wollen Sie, dass man nach uns sucht?«

»Wir haben Familie, wissen Sie. Auch wenn Sie vielleicht keine haben.«

»Die habe ich sehr wohl!«, rief ich aus. »Alle meine Angehörigen leben zu Hause. Ich weiß, dass es gefährlich ist, aber ich komme direkt aus der Uigurenregion. Alle dort kennen meine Stimme. Welchen Sinn hätte es, so zu tun, als wäre ich es nicht? Und was ist mit der nächsten Generation? Sollen die auch so verängstigt sein? Wir müssen Opfer für sie bringen, für die Freiheit, die wir wollen, und die wie für sie auch fordern. Ich bin hier, um durch meine Taten ein Vorbild zu sein.«

»Seien Sie doch nicht so töricht!«

»Genug.« Dolkun hob die Hand. »Wenn Gul ihren richtigen Namen benutzen will, dann ist das ihr Recht. Und wenn die anderen eine andere Entscheidung treffen wollen, bedeutet das nichts Negatives.«

Ich schaute mich unter meinen Kollegen im Raum um, spürte ihre Angst und ihren Widerwillen. Ich wollte mich nicht gegen sie wenden oder ihnen Schwäche unterstellen. Aber ich hatte dieses unglaubliche Risiko auch nicht auf mich genommen, um mich jetzt weiter zu verstecken und Dinge vorzutäuschen, die nicht stimmten.

Nach diesem Meeting rief ich meine Eltern an. Damit hatte ich wochenlang gewartet, und inzwischen ertrug ich es nicht mehr, nicht zu wissen, wie es ihnen ging. Ich wusste nicht einmal, ob sich mein Vater schon genug erholt hatte, um das Krankenhaus verlassen zu können.

Doch die Stimme am anderen Ende der Leitung war die meines Vaters.

»Dada, hier ist Gul. Ihr fehlt mir so sehr! Geht es euch gut?«

»Uns geht es gut, Liebling. Hier ist alles in Ordnung. Ich bin wieder zu Hause.«

Eine künstliche Pause entstand, und ich fragte mich, ob ihm vielleicht meine Mutter – oder jemand anders – irgendwelche Zeichen machte, damit er wusste, was er sagen sollte und was nicht. Es war niederschmetternd, mich so weit entfernt von ihm und von allem zu fühlen, was daheim vor sich ging.

»Gulchehra.« Mein Vater hatte seine Stimme fast zu einem Flüstern gesenkt. »Nach deinem letzten Anruf sind vier Polizisten in unser Haus gekommen. Sie haben uns viele Fragen gestellt, und wir wussten überhaupt keine Antworten darauf. Sie wollten wissen, ob du den Plan, nach Amerika zu gehen, schon vor deinem Aufbruch aus China hattest. Sie haben gefragt, ob du unter den Einfluss von irgendjemandem geraten bist. Sie haben uns gezwungen, eine Liste all deiner Freunde zu schreiben, mit allen, die dir irgendwelche Ideen in den Kopf gesetzt haben könnten. Dann haben sie mir den Pass abgenommen.«

»Was?«, fragte ich entsetzt.

»Man hat uns angewiesen, Ürümchi nicht zu verlassen. Tochter, du kannst nicht nach Hause kommen. Egal, was mit uns geschieht, du kannst jetzt nie wieder nach Hause kommen. Vergiss das niemals.«

Ich hörte ein paar Störgeräusche in der Leitung, und dann übernahm meine Mutter das Gespräch.

»Dein Vater ist müde«, meinte sie. »Hör zu, Gulchehra, ich sage es dir noch einmal. Du hast die Behörden sehr unglücklich gemacht. Du darfst niemanden sonst in der Familie anrufen, auch niemanden von deinen Freunden. Sie werden alle vernommen, und du würdest nur dafür sorgen, dass sie Ärger bekommen. Man hat deine Sendung bereits aus dem Programm genommen, und alle Features, die du gemacht hast, sind auch weg. Wir können dein Gesicht nicht einmal mehr im Fernsehen sehen.«

Meiner Mutter brach die Stimme, und ich konnte hören, wie sie zu weinen begann.

»Apa …«

»Wir verstehen deine Entscheidung, Gulchehra. Aber bitte sei sehr vorsichtig.«

Plötzlich war die Leitung tot, und ich starrte das Telefon in meiner Hand an. Ich konnte meine Familie nicht anrufen, konnte nicht mit meinen Freunden sprechen. Alle, die ich kannte und liebte, hatten Probleme mit den Behörden, und ich war völlig von allem abgeschnitten. Mein langer Albtraum hatte bereits begonnen.

***

Bei meiner Ankunft in den USA hatte ich so viel verloren, vor allem meine Familie. Aber es betraf auch die Fähigkeit, mich in den einfachsten Situationen zurechtzufinden. Es war beschämend, in allem von anderen abhängig zu sein. Die einfachsten Aufgaben machten mir Angst; ich hatte Angst, allein ein Geschäft zu betreten, weil ich vielleicht nicht würde deutlich machen können, was ich wollte. Ich war auf Englisch so hilflos, dass ich einen Dolmetscher brauchte, als eine medizinische Untersuchung für meine neue Krankenversicherung bei Radio Free Asia anstand. Zu meiner großen Bestürzung teilte mir Dolkun mit, Arslan werde mich begleiten.

»Mach dir keine Sorgen«, versicherte mir Dolkun. »Er ist sehr diskret.«

Arslan und ich nahmen vom Büro aus ein Taxi zur Arztpraxis. Ich konnte spüren, wie mein Blutdruck stieg. Inzwischen waren wir befreundet, doch zu Hause in der uigurischen Gesellschaft wäre es undenkbar, dass ein anderer Mann außer ihrem Ehemann eine Frau zu einem Arzttermin begleitet. Als wir im Wartezimmer ankamen, überreichte mir eine gelangweilt wirkende Empfangsdame ein Klemmbrett mit einem dicken Papierstapel.

»Nur ein Anamneseformular«, erklärte mir Arslan. »Ich helfe dir beim Ausfüllen.« Er las mir die Fragen vor: Name, Adresse, Alter, Familienstand. Meine Antworten trug Arslan auf Englisch ein. Plötzlich hielt er inne. Er schaute auf das Blatt herunter und wurde rot. »Entschuldige … Das ist jetzt nicht aufdringlich gemeint. Aber in der nächsten Frage geht es um … deinen Zyklus.«

Sofort spürte ich, wie mein Gesicht ganz rot wurde. Darüber hatte ich noch nie offen mit irgendeinem Mann gesprochen, nicht einmal mit Elzat.

»Wann beginnt deine Menstruation normalerweise, und wie lange dauert sie?« Ich stellte mir vor, ich würde direkt mit dem Arzt sprechen. »Normalerweise Anfang des Monats, und das Ganze dauert fünf oder sechs Tage.«

Sorgfältig notierte er meine Antwort. »Und, äh …«

»Ja?«

Er hob den Blick nicht vom Formular. »Verzeih mir. Zu wie vielen Männern hattest du bisher eine Beziehung?«

»Was ist denn das für eine Frage?«, rief ich empört. »Ich bin eine verheiratete Frau.«

»Ja, ja, natürlich«, erwiderte er hastig. »Sie müssen einfach Fragen zu deiner … Geschichte stellen.«

Ich hob den Blick zum Himmel. »Nun, bisher habe ich nur einen Ehemann gehabt, du kannst es dir also selbst ausrechnen.«

Er gab ein leises amüsiertes Schnauben von sich und fuhr sich mit der Hand über die verschwitzte Stirn. »Normalerweise ist das nicht so schwierig«, murmelte er.

»Für mich war das auch noch nie so schwierig!« Ich kicherte wie ein junges Mädchen.

Erleichtert blätterte er um. »Allah sei Dank, im nächsten Teil geht es um schwere Krankheiten und familiäre Vorerkrankungen.«

Ich musste lachen, und er fiel ein. Meine Wangen waren immer noch tiefrot, aber in meinem Herzen verspürte ich eine unglaubliche Leichtigkeit.

Nach diesem Erlebnis beschloss ich, jetzt ernsthaft mit dem Englischlernen anzufangen. Ich wusste, dass ich meine Unabhängigkeit selbst in der Hand hatte. Ich hatte Chinesisch gelernt, war also zuversichtlich, dass ich auch eine zweite Fremdsprache würde lernen können. Dafür würde ich nur Zeit und

Engagement brauchen, und ich war bereit, beides zu investieren, um gut genug Englisch zu können, dass ich nicht nur überleben, sondern in meiner neuen Umgebung so gut wie möglich leben konnte. Wie sich herausstellen sollte, war das jedoch schwieriger als gedacht, allerdings nicht wegen Zeitformen oder Präpositionen.

In meinem zweiten Monat bei Radio Free Asia organisierte der Sender eine Dozentin von der George Washington University, die uns Englisch und Internetrecherche beibringen sollte, denn beides brauchten wir für unsere Arbeit. Weil das uigurische RFA-Programm erst seit ein paar Jahren existierte, waren die meisten von uns aus dieser Abteilung noch neu in den USA und unsere Sprachkenntnisse sehr begrenzt. Im Büro übten wir auch nicht viel, da wir einfach Uigurisch miteinander sprachen. Die Dozentin war sehr geduldig und begann damit, uns das Alphabet beizubringen. Vor allem ermutigte sie uns ständig. Dann sagte sie zum Beispiel: »Dieses Land gehört Ihnen! Wir haben bei unserer Ankunft alle im selben Boot gesessen.« Sie stammte aus Venezuela und war vor dreißig Jahren in die USA gekommen. Inzwischen arbeitete sie als Dozentin. Sie war fest davon überzeugt: Wenn *sie* das hatte schaffen können, konnten wir das auch.

In dieser Phase benutzte ich täglich das Wörterbuch, um mir selbst etwas Neues beizubringen. Langsam lernte ich Wörter, war aber immer noch zu schüchtern zum Sprechen. Ich lernte relativ schnell Englisch lesen, hatte jedoch Angst vor der Kommunikation.

Arslan versuchte mir zu helfen, indem er sagte: »Ich werde dir jeden Tag ein neues Wort beibringen. Du kannst einfach Englisch mit mir sprechen. Du brauchst gar nicht nervös zu sein. Bist du bereit? *One, two, three …*«

Doch das reichte nicht für richtig gutes Englisch. Also bezahlte ich tausend Dollar, damals sehr viel Geld für mich, für einen dreimonatigen Kurs an einer Sprachschule in der Nähe von Arlington. Dort wollte ich sprechen lernen, und der Unterricht mit einer amerikanischen Lehrerin, deren Akzent leicht zu verstehen war, half auch wirklich.

Bis zum Beginn des dritten Monats hatten wir uns alle deutlich verbessert. Es gab in meiner Klasse nur neun Leute, wir alle stammten aus verschiedenen Ländern. Unsere Sprechfähigkeit war jetzt so gut, dass die Lehrerin jede Stunde mit einem Referat beginnen ließ. Reihum erhielten wir die Chance, uns selbst vorzustellen.

Die Lehrerin forderte mich als Letzte auf und sagte munter: »Gulchehra, jetzt sind Sie dran. Bitte berichten Sie uns, woher Sie stammen, welche Sprache Sie sprechen. Erzählen Sie etwas über Ihre Kultur und darüber, warum Sie in dieses Land gekommen sind. Alles, was wir wissen sollten.«

Ich trat an die Tafel und empfand ein Schaudern des Stolzes und der Aufregung.

»Ich bin Uigurin«, fing ich an. Ich schrieb einige arabische Buchstaben an die Tafel. »So sieht unsere Schrift aus. Ich stamme aus Ürümchi, der Hauptstadt meines Landes, Ostturkestan.«

Ich hielt inne und zeichnete eine Karte an die Tafel. »Das hier ist Zentralasien. Ostturkestan grenzt an acht Länder, seht ihr? Im Moment sind wir von China besetzt, und die Chinesen nennen unser Gebiet Xinjiang, aber mein Land heißt Ostturkestan.«

Beim jedem Wort spürte ich, wie mich ein Schaudern durchlief. So viele Jahre lang war es verboten gewesen, das laut auszusprechen, denn die chinesische Regierung hatte eine extreme Paranoia gegenüber dem »Spaltertum« und der Separatistenbewegung entwickelt. Nicht einmal mein Vater hätte solche Dinge in der Öffentlichkeit gesagt. Wenn mich irgendjemand zu Hause so hätte reden hören, hätte man mich als

Separatistin gebrandmarkt und ins Gefängnis geworfen, oder viel Schlimmeres. Hier jedoch, in der Sicherheit dieses kleinen Klassenraums, konnte ich mich selbst endlich uneingeschränkt ausdrücken, ohne Furcht vor entsetzlichen Konsequenzen.

»Bitte, Gulchehra«, unterbrach mich die Lehrerin. »Wenn Sie so reden, verwirrt das die anderen. Was Sie da an die Tafel gemalt haben, ist ein Teil Chinas, oder? Sie sind Chinesin.«

Sofort überzog eine Eisschicht mein Herz. »Ich bin *Uigurin*«, erwiderte ich nachdrücklich. Ich hielt ihrem Blick stand, während ich fortfuhr. »Mein Land wird vielleicht im Moment als Teil Chinas betrachtet, aber mein Volk nennt es Ostturkestan. Wir sind ganz anders als die Han-Chinesen. Viele Leute kennen die Geschichte der Region nicht, und aus diesem Grund erzähle ich Ihnen davon.«

»Sie können ja wohl nicht behaupten, dass Sie die Nationalität von Ostturkestan haben«, entgegnete die Lehrerin verächtlich. »Ostturkestan ist auf keiner Karte zu finden.«

»Gerade habe ich eine Karte für Sie gezeichnet.« Ich deutete auf die Tafel. »Aus diesem Grund bin ich hier, in diesem Land. Ich will der Welt zeigen, wo sich mein Land befindet und warum ich stolz darauf bin, Uigurin zu sein. Ich habe alles in meiner Heimat zurückgelassen. Es ist ein schönes Land, und in so vieler Hinsicht ein reiches. Darf ich nicht stolz darauf sein, wo ich herkomme?«

»Ihr Pass ist ein chinesischer, oder? Sie sollten wenigstens zu Anfang sagen, dass Sie Chinesin sind.«

Ich versuchte meine Wut so gut wie möglich unter Kontrolle zu halten. Wie konnte sie es wagen, mir sagen zu wollen, woher ich stammte? Ich schluckte schwer. »Ich bin für die Freiheit hierhergekommen, sagen zu können, was ich denke. Die Meinungsfreiheit war mein oberstes Ziel! Dafür habe ich alles zurückgelassen.«

Die anderen Gruppenmitglieder hatten schockiert und

stumm dagesessen, aber als sie diese Worte hörten, begannen sie langsam zu klatschen. Ein Mann aus Honduras, eine Frau aus der Tschechischen Republik, eine andere aus Somalia. Sie verstanden mich.

Doch die Lehrerin konnte mich nicht wirklich hören. Sie wurde so von der Idee beherrscht, die Worte auf einem Pass gäben immer die Wahrheit wieder, dass sie nicht bereit war, mich sprechen zu lassen.

Plötzlich ertrug ich es nicht länger. Ich hatte nicht alles aufgegeben, was ich jemals gekannt hatte, nur um auf der anderen Seite der Welt Lügen wiederholen zu müssen. Ich ging zu meinem Platz zurück, nahm Jacke und Handtasche und verließ das Klassenzimmer.

»Gulchehra!«, rief die Lehrerin mir nach.

Doch ich marschierte geradewegs ins Sekretariat und wollte mir dort mein Geld wiedergeben lassen.

»Mit diesem Unterricht kann ich nicht weitermachen.« Meine Wut verblasste ein wenig, als ich fortfuhr: »Außerdem gehe ich davon aus, dass sich meine englischen Sprachkenntnisse deutlich verbessert haben – immerhin kann ich schon meiner Lehrerin widersprechen!«

Als ich wieder den Flur betrat, wartete die Lehrerin dort auf mich.

»Es tut mir leid, Gulchehra. Bitte kommen Sie einfach zurück in die Klasse, und wir vergessen das Ganze.«

Ich schüttelte den Kopf. Ich wusste, sie machte sich Sorgen, ich würde mich bei ihren Vorgesetzten über sie beschweren. Aber ich hatte kein Interesse daran, ihr Unannehmlichkeiten zu bereiten.

»Bitte vergessen Sie nicht, dass Sie Lehrerin sind«, sagte ich. »Schülerinnen und Schüler brauchen Ermutigung. Wir lernen hier nicht nur Englisch. Wir lernen zu überleben. Wir lernen, wie man frei sein kann. Sie bringen uns nicht nur eine Sprache bei. Sie bringen uns bei, an einem neuen Ort ein Mensch zu sein.«

***

Nach diesem Vorfall benutzte ich wieder meine Wörterbücher. Ich lernte durch das Fernsehen und das Radio, ich las jeden Tag die Zeitung, und während unserer Radtouren übte ich mit Arslan. Es war ein Kampf, aber allmählich fühlte ich mich mit dem Englischen wohler. Es ging um mehr als nur ums Zurechtkommen. Es war entscheidend, in der Lage zu sein, auf dem Markt oder in Restaurants kleine Unterhaltungen zu führen. Weil ich aus Angst, jemanden in Gefahr zu bringen, niemanden kontaktieren konnte, der mir zu Hause nahestand, empfand ich eine überwältigende Einsamkeit, die über allem zu schweben schien. Jeder Tag, jede Nacht war davon durchtränkt, und mir schien, ich könnte der Einsamkeit ebenso wenig entrinnen wie meinem eigenen Gesicht.

Zusätzlich zu diesem Druck empfand ich ein ungeheures Verantwortungsbewusstsein und meinte, um jeden Preis etwas aus mir machen zu müssen, die wichtigen Storys aufzuspüren und der Welt gegenüber zu enthüllen, was in der Uigurenregion vor sich ging. Sonst wäre nichts von alldem es wert gewesen. Ich gab in der Arbeit alles, was in mir steckte. Weil mein Kinderprogramm bei Xinjiang TV damals beliebt gewesen war, entwickelte ich die Idee, auch für die RFA-Sendungen einen an Kinder gerichteten Teil zu entwickeln. Ich präsentierte diese Idee Dolkun.

»Warum machen wir nicht auch etwas für Kinder? Wir müssen ihnen beibringen, wie man ungehindert spricht, wie man frei denkt. Die chinesische Regierung will sie zur Assimilation zwingen, sie kontrollieren, sogar ihre Gedanken. Wir können Ihnen etwas über Menschlichkeit und Demokratie und wahre Freiheit beibringen. Zu Hause hatte ich eine große Fangemeinde. Ich weiß, dass unser Programm von den chinesischen Behörden blockiert wird und die meisten unserer Hörerinnen und Hörer nicht aus der Uigurenregion zuschalten, aber vielleicht werden ein paar der Leute zu Hause in der Lage sein, unsere Sendung zu finden und mir wieder zuzuhören. Ich finde es schrecklich, dass sie sich fühlen müssen, als hätte ich sie im Stich gelassen.«

Dolkun dachte kurz nach. »Eine faszinierende Idee. Aber ich weiß nicht, ob sie auch gut ist. Überleg doch mal, Gul. Zu Hause im uigurischen Gebiet ist es illegal, unsere Sendung zu hören. Die Leute werden sogar schon bestraft, wenn sie sie einschalten. Wer weiß, was die Regierung mit den Kindern anstellt, wenn wir uns direkt an sie wenden und sie uns zuhören wollen. Ihre Eltern werden dann auch Schwierigkeiten bekommen. Wir wollen sie keinem Risiko aussetzen.«

Ich wurde ganz mutlos. Natürlich hatte er recht. Am allerwenigsten durfte ich die Kinder in Gefahr bringen, für die ich mich so leidenschaftlich einsetzen wollte. Ich konnte jetzt nichts tun, um ihnen zu helfen. Ich drängte die Tränen zurück, die mich zu überwältigen drohten, und verkündete: »Dann mache ich weiter Nachrichten. Investigativen Journalismus, und zwar über die allerschlimmsten Themen.«

»Okay, wir werden dir eine Chance geben.« Dann sagte Dolkun sehr ernst: »Wenn du dich dafür entscheidest, wirst du deine Quellen einem Risiko aussetzen, von dir selbst ganz zu schweigen. Sorge dafür, dass jeder Bericht das wert ist.«

Diesen Rat beherzigte ich zu hundert Prozent. Mein erster Bericht konzentrierte sich auf einen Jungen, der wegen der neuen Verordnungen in Bezug auf Flaggen in Schwierigkeiten geraten war. Über eine Onlinequelle hatte ich von dem Gerücht erfahren, der Direktor einer Schule in Kaschgar habe die Schüler früher jeden Morgen um sechs Uhr zur Schule kommen lassen, damit die chinesische Fahne gehisst werden konnte. Ein Neuntklässler habe daraufhin folgenden anonymen Brief an den Direktor geschrieben: *Das geht zu weit. Wenn Sie uns weiterhin dazu zwingen, werde ich stattdessen die Fahne Ostturkestans hissen.* Man habe den Autor des Briefs ermittelt. Die Polizei sei erschienen und habe ihn aus der Klasse geholt, um ihn zu verhaften.

Als ich diese Geschichte hörte, kochte mein Blut förmlich. Zuallererst rief ich das Bildungsministerium in Kaschgar an und begann Fragen zu stellen. *Warum hat man dieses Kind verhaftet? Wie wird der Junge behandelt? Hat er durch das Verfassen des Briefs wirklich eine Straftat begangen? Welche genau?* Ich bekam nur ausweichende Antworten, und das Gespräch wurde abrupt beendet.

Als Nächstes rief ich den Polizeichef von Kaschgar an, mit dem ich während meiner Zeit bei Xinjiang TV auf gutem Fuß gestanden hatte. Er hatte mir beim Produzieren einiger Fernsehsendungen in und um Kaschgar geholfen und sich sehr über die positive Publicity für seine Stadt gefreut. »Hier spricht Gulchehra Hoja, Radio Free Asia.«

»Radio wo? Gul, sind Sie das? Wir haben gehört, dass Sie weggegangen sind. Was um alles in der Welt haben Sie sich bloß dabei gedacht?«

Ich ignorierte seine Fragen und stellte stattdessen meine eigenen. »Ich rufe wegen des Kindes an, das man wegen der Fahnengeschichte verhaftet hat. Ist das wirklich eine Angelegenheit für die Polizei? Welche Straftat hat dieser Junge genau begangen?«

Eine kurze Pause entstand. Dann erwiderte der Polizeichef: »Ach, Gulchehra, das sind schwierige Fragen. Ich weiß nicht, was ich Ihnen antworten soll.« Er klang etwas verlegen.

»Ich weiß doch, dass Ihnen die Kinder nicht egal sind«, sagte ich. »Was geht da vor sich?«

»Uns sind die Hände gebunden. Alles wird langsam …« Er hielt inne. »Hören Sie, ich werde tun, was ich kann.« Damit beendete er das Gespräch.

Ich machte meine Sendung, und einige Tage später erfuhr ich von meiner Quelle, dass der Junge nach Hause zurückgekehrt war und auch wieder zur Schule gehen durfte. Mir war sehr wohl bewusst, dass das nicht nur an meinem Bericht lag, aber vielleicht hat der zusätzliche Druck etwas dazu beigetragen.

Zu den wenigen Dingen, mit denen ich in die USA gekommen war, gehörte die Liste der Telefonnummern in meinem Handy. Und ich würde jeden einzelnen Kontakt gut zu nutzen wissen.

Seit ich wieder auf Sendung war, spürte ich, wie etwas von der alten Aufregung zurückkehrte. Endlich fühlte ich mich wieder nützlich. Obwohl ich ständig arbeitete, war es so viel einfacher als bei Xinjiang TV. Dort hatte man sich streng ans Skript zu halten. Alles musste verschiedene Stadien der Zensur durchlaufen, bevor ein Beitrag abgenommen wurde. Bei Radio Free Asia konnte ich einfach meinen Text schreiben und ihn in den Nachrichten vorlesen. Es gab eine Redaktion, aber ich konnte Dinge sagen, von denen ich wusste, dass sie der Wahrheit entsprachen. Das war echter Journalismus. Zum ersten Mal fühlte ich mich wie eine richtige Journalistin und nicht mehr wie ein Papagei, der Gelerntes wiederholte. Ich arbeitete bis spät abends im Büro, recherchierte und schrieb meine Berichte für den nächsten Tag.

Ich befasste mich mit mehreren wichtigen Storys, vor allem den Vorgängen seit dem 11. September. Die chinesische Regierung hatte sich die US-Rhetorik des War on Terror zu eigen gemacht und nutzte sie nun für sich. Plötzlich war jeder, der die uigurische Unabhängigkeit oder die Anerkennung Ostturkestans unterstützte, nicht länger nur ein »Spalter«, sondern auch ein »Terrorist«. Diese Bezeichnungsänderung war bedeutungsvoll. Sie ermöglichte es der KPCh, Muslime zu verfolgen und zu verhaften und einfach zu behaupten, man schütze so lediglich die chinesische nationale Sicherheit gegen äußere dschihadistische Einflüsse. Tatsächlich gab es nur ungenügende Beweise für irgendeine nennenswerte Existenz religiöser Extremisten im Uigurengebiet. Doch die KPCh nutzte die Gelegenheit, ihre Kampagne der Observierung, des Drucks und der Bestrafung zu verschärfen. Dazu gehörte die Hinrichtung einiger uigurischer Aktivisten, mit der man ein Exempel statuieren wollte.

Wenn ich abends zu müde zum Arbeiten war, versuchte ich ein wenig Englisch zu lernen, oder ich las zur Übung im Studio Texte. Es half, dass auch Arslan gern lange im Büro blieb, und wir besuchten einander immer wieder in unseren Kabinen, um kurz zu plaudern oder einfach, um uns gegenseitig mit Bemerkungen zum Lächeln zu bringen. Häufig verließen wir das Büro gemeinsam, und dann brachte er mich zu der kleinen Wohnung, in die ich so ungern zurückkehrte.

Als ich eines Abends nach neun Uhr das Apartment betrat, saß Elzat im Dämmerlicht auf der Couch und wartete auf mich. Normalerweise lag er schon im Bett, wenn ich erschien, und ich war sofort auf der Hut. Hatte er mich vielleicht mit Arslan nach Hause kommen sehen? Unsere Beziehung war rein platonisch. Zwischen uns bestand nur eine Freundschaft, und es gab nichts, weswegen ich mich hätte schuldig fühlen müssen. Doch eigentlich wusste ich, dass ich allmählich eine Beziehung zu Arslan aufbaute, die Elzat nicht gefallen würde.

»So spät zurück?«

»Viel Arbeit«, erwiderte ich einfach. »Ich gehe jetzt duschen.«

»Warte. Setz dich zu mir.«

Gehorsam ließ ich mich auf dem Rand der Couch nieder, so weit von ihm entfernt wie nur möglich.

»Ich habe heute mit meinen Eltern gesprochen.«

Mein Herz setzte kurz aus. »Alles in Ordnung bei ihnen? Ist etwas passiert?«

»Es geht ihnen gut. Aber sie wissen, was du so treibst.«

»Was meinst du damit?«

»Deine Berichte. Das ganze politische Zeug. Die Polizei war heute bei ihnen, und man hat sie wie Verbrecher verhört und gefragt, ob sie Kontakt zu dir gehabt hätten. Das hat sie fast zu Tode erschreckt. Gul, du musst damit aufhören. Meine Eltern meinen, ich wäre dir kein guter Ehemann gewesen, ich hätte dir hier einfach zu viel erlaubt, und du wärst außer Kontrolle geraten. Vielleicht haben sie ja recht.«

Schweigend saß ich da und versuchte einen kühlen Kopf zu bewahren. Ich traute meinen Ohren nicht.

»Ich habe es mit Geduld versucht, aber das hier geht zu weit«, fuhr Elzat fort. »Du suchst dir immer die schlimmsten Nachrichten aus, die problematischsten Themen, und dann rufst du Parteifunktionäre zu Hause an! Du musst dich endlich anders verhalten.«

»Mich anders verhalten?« Meine Stimme war leise und gepresst. »Du klingst ja selbst wie jemand von der Partei.«

»Hier geht es doch nicht nur um dich und deine Familie. Meine Mutter steht Todesängste aus. Sie hatte einiges über dich zu sagen.«

»Deine Mutter ...« Ich unterdrückte meine Bemerkung. »Hör zu, ich habe für das hier alles aufgegeben. Du hättest ja nicht mit mir zu kommen brauchen. Aber jetzt sind wir hier, und ich habe nur meine Arbeit. Ich bin jetzt eine richtige Journalistin, und ich werde nicht zulassen, dass du mir vorschreibst, was ich zu tun und zu lassen habe.«

»Ich schreibe dir doch nichts vor! Diese Regeln stammen doch nicht von mir, oder? Schau, du kannst nie wieder nach Hause. Das wissen wir beide. Ein riesiges Opfer. Aber ich kann das nicht auch so machen. Ich bin der älteste Sohn meiner Familie. Irgendwann muss ich zurück und mich um meine Eltern kümmern. Das kann ich nicht alles nur für deine Arbeit riskieren. Wenn du weitermachst, werden meine Familienmitglieder auch mit hineingezogen. Die Regierung wird sie niemals wieder in Ruhe lassen.«

»Dann trenne dich von mir«, gab ich zurück. »Da hast du deine Antwort.«

»Niemals.«

»Dann hör auf, mich zu kontrollieren!« Ich sprang von der Couch auf und fühlte mich in unserer winzigen Einzimmerwohnung wie ein Tier im Käfig. Ich wollte einfach nur raus, weg von allem. »Denkst du denn, du kannst zurück? Du, mein Ehemann? Wie naiv bist du eigentlich? Die chinesische Regierung weiß doch schon alles.«

Ich schloss mich im Badezimmer ein. Ich wusste, Elzats Hoffnung auf eine Heimkehr wäre vergeblich. Er hatte sein Schicksal mit meinem verknüpft. Und mein Schicksal, ob mir das zu diesem Zeitpunkt gefiel oder nicht, bestand darin, hierzubleiben.

***

So gefangen ich mich auch in der Wohnung fühlte, so frei fühlte ich mich auf meinen Fahrradtouren durch die Stadt mit Arslan. Er verhielt sich ganz anders als die Männer, die ich zu Hause gekannt hatte. Arslan war in Kasachstan aufgewachsen, in einer viel offeneren Gesellschaft, wo die Leute nicht ständig auf der Hut waren, sich nicht dauernd Sorgen darum machten, was sie sagen konnten und was nicht. Ich fühlte mich in seiner Gegenwart wohl, als käme ein in mir vergrabener Teil meiner selbst, den ich bisher zurückgehalten hatte, nach und nach zum Vorschein.

Irgendwann fand Elzat Arbeit in einem türkischen Restaurant in der Innenstadt und überließ mich an den Wochenenden mir selbst. Es war eine große Erleichterung, außerhalb des Büros Zeit für mich allein zu haben.

Eines Samstagnachmittags fuhren Arslan und ich mit den Rädern zu einem Park in der Stadt, den wir noch nie zuvor besucht hatten. In den ersten Frühlingswochen war es noch kalt draußen. Der Fahrtwind brannte mir auf den Wangen, und die frische Luft fühlte sich belebend an. Als wir uns dem Park näherten, entdeckte ich etwas Vertrautes.

»Da sind ja Pekos!«, rief ich Arslan zu.

Er grinste. »Hübsch, oder?«

Wir fuhren langsamer und hielten am Rand des Parks.

»Hier nennt man sie Magnolienbäume.« Er warf mir einen Blick zu. »Hey, hey. Was ist denn los?«

Als ich meine Wangen berührte, stellte ich fest, dass sie nass vor Tränen waren. Wegen der Kälte hatte ich sie nicht bemerkt.

»Mein Vater hat so einen zu Hause, in einem großen Topf. Er wischt die Blätter ab, wenn sie nass oder staubig werden. Im Winter schiebt er den Topf von der Heizung weg, damit es dem Baum nicht zu warm wird. Im Sommer schiebt er den Topf vors Fenster, damit er den besten Platz im Sonnenlicht hat. Der Baum ist sein Schatz.« Ich lächelte, obwohl ich inzwischen richtig weinte. »Er behandelt ihn wie sein eigenes Kind.«

Arslan klopfte mir kurz auf die Schulter, behutsam und respektvoll. Dann schoben wir unsere Räder zu einer Bank in der Sonne und saßen lange schweigend da.

»Ich weiß, es ist schrecklich für dich und für deine Familie, voneinander getrennt zu sein«, sagte Arslan schließlich. »Aber ich möchte, dass du weißt, dass ich sehr froh bin, dich hier zu haben.«

Ich wischte mir das Gesicht ab und schenkte ihm ein kleines Lächeln. »Danke, dass du das sagst.«

»Ich weiß noch, wie aufgeregt Dolkun war, als du Kontakt

zu ihm aufgenommen hast. Er hat deinen Vater einmal sehr gut gekannt, oder?«

Ich nickte.

»Und deine Arbeit kannte er auch. Er hat mich gefragt, ob ich denn wüsste, wer du bist. Ich habe geantwortet, ich bin in Kasachstan aufgewachsen, ich weiß überhaupt nichts über Xinjiang TV. Weißt du, was er da zu mir gesagt hat? ›Oh, zu Hause ist sie eine Prominente. Sie ist schön, und sie hat Talent. Und wenn wir sie bekommen, ist das ganz großartig. Sie wird unsere Arbeit auf ein neues Level bringen.‹«

Ich spürte, wie ich errötete. »Hör auf, mir Dinge zu sagen, damit ich dich mag.«

»Ich weiß, dass du mich magst«, erwiderte Arslan, und plötzlich klang seine Stimme ernst.

Ich senkte den Kopf, weil ich nicht wusste, wie ich reagieren sollte.

»Und dir gefällt es hier auch, oder?«

»Ja«, gab ich zurück. »Weißt du, wie mir Washington vorkommt? Wie ein einziger großer Park. Wie dieser Ort hier.« Ich wies auf die Bäume um uns herum, die gerade zu blühen begannen. »In China würde man einen solchen Ort ›Volkspark‹ nennen, aber die Leute könnten ihn nicht einfach so betreten. Dort muss man immer eine Eintrittsgebühr bezahlen oder ein Ticket kaufen, sogar für kleine Parks wie diesen hier. Es gibt eine ›Volksregierung‹, aber man kann gar nicht in die Nähe von Regierungsgebäuden kommen und schon gar keinen Einfluss auf die Maßnahmen ausüben. Sogar beim chinesischen Geld ist das so. Es wird ›Volkswährung‹ genannt, aber uns gehört es bestimmt nicht. Nichts, was mit ›Volk‹ bezeichnet wird, gehört eigentlich dem Volk!«

Arslan lachte sein lautes, ansteckendes Lachen. »Das solltest du in der Sendung verwenden«, meinte er. »Komm, ich lade dich zum Mittagessen ein.«

Als ich an diesem Abend auf der Couch lag, um nicht zu Elzat ins Bett zu müssen, dachte ich an Arslan und daran, wie dankbar ich für seine Gesellschaft war. Früher in Ürümchi war ich fast nie allein gewesen. Ich hatte drei verschiedene Handys besessen: eines für die Arbeit, eines für Freunde und eines für die Familie. Jeden Tag hatte ich im Schoß meiner erweiterten Familie verbracht, umgeben von Freunden und Fans. Ich hatte in meinem Berufsleben jeden Tag Kinder um mich gehabt. Als prominente Fernsehmoderatorin hatte ich gut verdient. Nun gab es wenigstens meine Arbeit und Arslan, denn sonst hatte ich fast nichts, und ich konnte nur ans reine Überleben denken. Nicht nur an mein eigenes, sondern auch an das meiner Familie zu Hause.

Bei den Uiguren sagt man selten zu Familienangehörigen, dass man sich liebt. Wir kochen füreinander, schenken uns Dinge, umarmen und küssen uns. Doch ich habe nie »Ich liebe dich« zu meinem Vater gesagt. Als ich so dalag, wurde mir bewusst, dass ich ihnen jetzt, wo ich von ihnen getrennt war, meine Liebe nur durch meine Worte zeigen konnte.

Lange Zeit hatte ich meine Familie nicht angerufen, weil ich mich vor den Konsequenzen für sie gefürchtet hatte, doch am nächsten Montag ging ich in eines der Studios und wählte die Nummer meiner Eltern. Wenn kein Gespräch möglich war, konnten sie ja wortlos auflegen. Doch für mich war der Gedanke unerträglich, dass sie vielleicht glaubten, ich würde nicht jeden Tag an sie denken.

Als meine Mutter das Gespräch annahm, sagte ich: »Apa, ich bin es. Ich rufe an, um dir zu sagen … um dir zu sagen, wie sehr ich dich liebe.«

Eine lange Pause entstand.

»Das wissen wir, mein Kind«, erwiderte sie. Ich konnte die Tränen in ihrer Stimme hören. »Das wissen wir.«

»Ich weiß nicht, wann ich euch wieder umarmen kann«,

sagte ich ihr. Auch ich weinte. Ich vermochte immer noch nicht zu akzeptieren, dass sie sich am anderen Ende der Welt befand.

»Dein Vater hat gerade davon gesprochen, wie du als kleines Mädchen warst. Über die ganzen lustigen Dinge, die du getan hast. Weißt du noch, wie du einmal ins Haus gerannt kamst und zu ihm gesagt hast, du hättest ein Taxi genommen und kein Bargeld bei dir? Du hattest gerade deine Arbeitsstelle angetreten, und es war das erste Mal seit deiner Kindheit, dass du ihn um Geld gebeten hast. Er hat zu mir gesagt, Qimagul, ich bin so dumm. Ich bin ein solcher Narr. Sie hat mich um zwanzig Yuan für das Taxi gebeten. Warum habe ich ihr keine zweihundert gegeben? Warum keine zweitausend?«

Die Stimme meiner Mutter brach. Wir wussten beide, dass wir einander vielleicht nie wiedersehen würden.

»Ist es in Ordnung, wenn ich hin und wieder anrufe?«, fragte ich sie. »Ich fühle mich hier … so allein.«

»Es ist in Ordnung. Ruf uns nur an! Ohne Kontakt ist es zu schwer. Wir können mit allem fertig werden, was hier passiert.«

Während dieser seltenen Telefonate erzählten mir meine Eltern immer kleine Anekdoten aus meiner Kindheit, irgendwelche Dinge, die ich getan hatte und an die sie sich erinnerten. Vor meiner Abreise hatten wir scheinbar nie Zeit gefunden, uns hinzusetzen und einander zu sagen, wie wichtig wir einander waren. Jetzt lag zwischen uns eine große räumliche Distanz, aber emotional waren wir einander noch näher, obwohl es so viel gab, was wir nicht aussprechen konnten.

Wir durften nicht über Politik sprechen, weil wir alle davon ausgingen, dass unsere Unterhaltungen abgehört wurden. Aber über meine Kontakte und die Berichterstattung wusste ich, dass sich die Situation in der Uigurenregion nach meiner Abreise rasch verschlechtert hatte. Nachdem der 11. September der KPCh den willkommenen Anlass geliefert hatte, das Etikett des »Terroristen« auf alle anzuwenden, die sich den Maßnahmen der Regierung widersetzten, hatten die Behörden religiöse und bildungsorientierte Aktivitäten noch stärker unterbunden, besonders in den ländlichen Gegenden im Süden. Man bestrafte jeden, der mit »inoffiziellen Informationen« angetroffen wurde. Dazu zählten religiöse Materialien, Informationen über Ostturkestan oder uigurische Geschichte – alles, was nicht zur Parteipolitik passte. Moscheen in der Nähe von Schulen machte man dem Erdboden gleich, weil dort angeblich ein schlechter Einfluss auf die Schüler ausgeübt werden könnte. Lehrer, die irgendetwas Verdächtiges unterrichteten, wurden mitgenommen und mussten eine Umerziehung oder eine Gefängnisstrafe über sich ergehen lassen. Nicht zum ersten Mal musste ich an Abdul in seinem Rosendorf denken, und daran, was er wohl durchmachte. Er war mit seiner Jugendliebe verheiratet – ob die beiden wohl Kinder hatten? Konnte er immer noch die uigurische Sprache unterrichten? Hatte man ihn verhaftet, ins Gefängnis geworfen, geschlagen? Ich konnte meine Freunde nicht beschützen, konnte nicht einmal Details darüber herausfinden, wie es ihnen ging, denn sogar eine Kontaktaufnahme hätte sie möglicherweise in Gefahr gebracht. Es war schlimm genug, dass die Polizei meine Familie so genau im Auge behielt; das würde ich Mehray oder Abdul oder meinen anderen Freunden, die ich so vermisste, nicht antun.

Weil ich diese Kontakte nicht pflegen konnte, übernahmen meine Eltern das für mich. In diesen ersten Monaten und Jahren nach meiner Abreise schenkten meine Eltern meinen Freunden bei jedem Besuch etwas von den Dingen, die sie aus meinem Haus hatten retten können. Natürlich hatte die Polizei sehr viel davon mitgenommen: meine Tagebücher, die meisten meiner Fotografien, Bücher, alles, was ich geschrieben hatte, Aufnahmen der Fernsehsendungen, an denen ich mitgewirkt hatte. Sie konfiszierten alles mit meinem Bild oder meiner Stimme. Anderes – meine Kleidungsstücke und der Krimskrams, den ich gesammelt, und kleine Geschenke, die ich von Fans bekommen hatte – war zurückgeblieben. Meine Eltern schenkten meinen Freunden Dinge, mit deren Hilfe sie an mich denken konnten, sodass wenigstens die Erinnerung an diese Freundschaft am Leben erhalten wurde. Als sie mich fragten, ob das in Ordnung sei, bat ich sie, alles wegzugeben.

Ich war mit einem einzigen Koffer in den USA angekommen und machte mir keine Illusionen darüber, dass ich jemals zurückkehren und noch mehr von meinen Dingen würde holen können. Meine Eltern hatten Schwierigkeiten, mir Dinge zu schicken, doch irgendwann gelang es ihnen, mir ein Paket zukommen zu lassen, und zwar an Radio Free Asia. Darin befand sich eines meiner Fotoalben mit wunderschönen Bildern, zumeist aus meiner Kindheit und meinen frühen Jahren als Erwachsene. Außerdem schicken sie mir einige Lebensmittel, von denen sie wussten, dass sie in den USA nicht leicht zu bekommen waren, zum Beispiel einige Stücke Naan-Brot vom Stand in unserer Nachbarschaft. Naan ist unser Grundnahrungsmittel, unser täglich Brot, und es ist heilig. Wenn ein Stück davon auf den Boden fällt, muss man es aufheben und reumütig küssen. Seit ich dieses Naan-Brot bekommen habe, bin ich schon mehrfach umgezogen, aber ich habe es immer noch als Andenken in der Tiefkühltruhe. Zu meiner Freude schickten sie mir auch Tüten mit Kischmisch, einer Art langen grünen Wüstenrosine aus Turpan, ungeschälte Badham-Mandeln aus Kaschgar, und Kok: getrocknete Aprikosen, die nach Honig schmecken.

Ein weiteres ungewöhnliches Objekt wurde sehr rasch zu einem meiner größten Schätze. Es handelt sich um einen einfachen Stein, etwa so groß wie mein Handteller, dunkelgrau gefleckt und mit vielen sehr feinen Linien überzogen, fast wie fossile Abdrücke. Ich hatte ihn noch nie gesehen. Ich hob ihn hoch, um ihn besser betrachten zu können, und plötzlich erhaschte ich einen Schwall des satten, vertrauten Geruchs von Ürümchi nach einem ordentlichen Wolkenbruch. Erinnerungen an meine Heimatstadt überfluteten mich, und es war fast, als wäre ich wieder dort, als würde ich vor dem Haus meiner Eltern stehen. Ich konnte die aufsteigenden Tränen nicht zurückhalten.

Als ich das nächste Mal mit meinem Vater sprach, fragte ich ihn. »Dada, ich weiß nicht, warum du mir diesen Stein geschickt hast, aber er riecht nach zu Hause!«

»Ja«, erwiderte er. »Ich habe ihn in unserem Garten aufgehoben. Es ist einfach irgendein Stein, aber er stammt von zu Hause. Erinnerst du dich an die Redensart? Ein Stein ist dort am wertvollsten, wo er hingehört. Alles aus deiner Heimat, selbst ein Stück Fels aus dem Garten, ist unglaublich wertvoll. Ich dachte, du könntest diesen Stein jetzt wohl gut gebrauchen.«

Der Stein hatte den Duft von Ürümchi in einer Weise bewahrt, die mir wie Magie vorkam. Während dieser einsamen, von Angst geprägten Zeit lag er jede Nacht neben meinem Bett. Nur er schenkte mir Trost. Ich konnte seinen schwachen Duft wahrnehmen und mich so nach Hause versetzen. Daraus lernte ich: Wenn man von allen getrennt ist, die man liebt, dann bedeutet jede Erinnerung, jedes Andenken an die Familie, jeder Hinweis auf das eigene Land ein wertvolles Geschenk.

Gleichzeitig schenkte mir meine improvisierte Familie in den Vereinigten Staaten nur wenig Trost. Elzat und ich redeten kaum, wir mieden einander in den Routinen des Alltagslebens. Ich hatte mich mit einigen Leuten aus der kleinen Uigurengemeinschaft in Washington angefreundet, doch es war schwer, Vertrauen zueinander aufzubauen, und diese Beziehungen blieben oberflächlich. Und obwohl ich wusste, dass es falsch war, entwickelte ich eine immer engere Beziehung zu Arslan.

Je mehr Zeit ich mit ihm verbrachte, desto weniger konnte ich meine Gefühle verleugnen.

Eines Abends, nach einem schweigend verbrachten Essen mit Elzat, für das er irgendwelche Reste aus dem Restaurant mitgebracht hatte, brach alles aus mir heraus. Ich konnte meine Emotionen nicht länger für mich behalten.

»Elzat, ich bin nicht glücklich, und ich weiß, dass du es auch nicht bist. Ich muss dir etwas sagen. Ich empfinde etwas für einen anderen Mann.«

»Du empfindest etwas? Was empfindest du denn?« Er erhob sich halb vom Tisch, sank dann in seinen Stuhl zurück. »Sei still. Ich will nichts davon hören.« Etwas in seiner Stimme überraschte mich. Statt Wut nahm ich Resignation wahr. Als hätte er es schon eine Weile gewusst. Er wollte es immer noch nicht hören. Als wäre es nicht real, wenn es unausgesprochen blieb. Doch dafür hatten sich die Dinge schon zu weit entwickelt.

»Ich kann nicht länger hierbleiben. Ich kann es einfach nicht. Nicht, wenn ich solche Gefühle für jemand anderen habe.«

Plötzlich fing Elzat an zu schreien. »Warum sagst du das? Was sollen die Leute von dir denken? Wie sie über dich reden werden!«

»Ich gestehe dir, dass ich Gefühle für einen anderen Mann habe, und das ist deine Antwort?« Ich konnte nicht anders, wurde jetzt auch lauter. »Wie sollen sie denn über mich reden? Was kümmert es mich? Entscheidend ist doch, was wir empfinden, wie die Dinge zwischen uns beiden stehen. Dich interessiert nur, was die anderen denken!«

»Ich kann ohne dich nicht leben, Gul. Ich warne dich.« Dann brach Elzat in heftiges Schluchzen aus. Es schüttelte seinen Körper so sehr, dass er nicht weiterreden konnte.

Ein paar Tage später bat mich Arslan, mit ihm zu Mittag zu essen. Als ich am Tisch saß und in meinem Salat herumstocherte, sagte er ruhig: »Ich merke doch, dass etwas nicht in Ordnung ist. Was ist los?«

Ich schüttelte den Kopf. »Alles in Ordnung.«

»Das stimmt nicht, und ich finde es schrecklich, dich so zu sehen!«

Zum ersten Mal klang Arslan ungeduldig, und das erschreckte mich so sehr, dass ich die Gabel hinlegte und ihn ansah.

»Es tut mir leid.« Er seufzte. »Hör mal, ich muss dir einfach etwas sagen. Ich weiß, du bist verheiratet. Ich weiß auch, dass du gerade eine traumatische Zeit durchmachst. Ich weiß, am allerwenigsten brauchst du jetzt eine weitere emotionale Belastung. Und ich will auch nicht, dass es zu einer Belastung für dich wird. Aber, Gul, ich empfinde etwas für dich. Nicht nur als Freund. Da ist mehr.«

»Sprich nicht davon«, sagte ich und hob die Hände, als würde ich ihn körperlich zurückhalten wollen. »Ich kann im Moment nicht damit umgehen.«

»Ich wünschte, ich könnte etwas an meinen Gefühlen ändern, aber das kann ich nicht.«

»Ich bin verheiratet!«

»Sag mir, dass du deinen Mann liebst und mit ihm glücklich bist, dann erwähne ich diese Sache nie wieder.«

Ich wich seinem Blick aus, aber anlügen konnte ich ihn nicht. Natürlich war ich nicht glücklich. Er wusste das genauso gut wie ich. Ich hatte ihm ein wenig von der Situation mit Elzat erzählt, nichts von den schmutzigen Details, aber genug, dass er seine Schlüsse gezogen hatte.

»Gul …«

»Du bist so viel jünger als ich. Wie viele Jahre …«

»Vier. Aber das ist doch egal.«

»Das wird niemals funktionieren. Es ist zu kompliziert!« Ich warf meinen Salat in den Müll und rannte allein etwa einen

Block zurück zum Büro, nur mit meinem schmerzlichen Dilemma als Begleitung.

Am nächsten Tag rief Arslan aus dem Türrahmen eines der Studios nach mir. »Gul, könntest du mir bei etwas helfen?«

Ich saß am Tisch in meiner Kabine, und ich hätte ihn nicht ignorieren können, denn sonst hätten sich meine Kollegen gefragt, was da wohl ablief. Ihnen war bereits aufgefallen, wie oft wir zusammen zu Mittag aßen. Sie schienen darauf zu achten, ob wir in Meetings nebeneinandersaßen oder uns auf dem Flur zulächelten. Ich wollte dem Klatsch nicht noch mehr Nahrung liefern.

Widerwillig stand ich auf und ging in das Studio, in dem er mit dem Telefon in der Hand wartete. Er schloss die Tür und überreichte mir den Hörer.

»Sprich bitte mit meinem Vater.«

»Was?« Ich war so schockiert, dass mir das Telefon aus der Hand rutschte und gegen die Tischkante prallte.

Geduldig hob Arslan es auf und reichte es mir wieder. »Mein Vater ist am Apparat. Er möchte ein paar Dinge zu dir sagen. Du brauchst nicht zu reagieren, wenn du nicht möchtest. Hör ihm einfach zu.«

»Assalamu aleikum«, sagte ich scheu in den Hörer. *Friede sei mit dir*, unser höflicher Gruß.

»Aleikum assalam kizim«, erwiderte eine angenehm sonore Stimme. *Friede sei mit dir, Tochter*. Die telefonische Verbindung nach Kasachstan war viel besser als die, die wir normalerweise mit Ostturkestan herstellen konnten. »Sie müssen Gulchehra Hoja sein. Ich bin Arslans Vater. Er hat mir von Ihrer … komplizierten Situation erzählt. Ich habe mit seiner Mutter darüber gesprochen, und wir stimmen darin überein: Wenn Sie meinen Sohn lieben und er Sie liebt, gibt es nichts, was Sie daran hindert, zusammen zu sein. Liebe ist stärker als viele Hindernisse. Mein Sohn empfindet sehr viel für Sie, und wir vertrauen darauf, dass er das Richtige tut. Ich glaube, Sie wären mit ihm sehr glücklich.«

Mir fiel keine Erwiderung ein, deswegen gab ich einfach Arslan den Hörer zurück. Er verabschiedete sich von seinem Vater und wandte sich dann wieder an mich.

»Ich wollte nur, dass du hörst, dass meine Familie keine Einwände hat. Sie wissen alles, und sie unterstützen uns.«

»Was meinst du damit?«

»Ich möchte dich heiraten, Gul. Du bist diejenige, auf die ich gewartet habe. Daran gibt es für mich nicht den geringsten Zweifel. Nach all der Zeit, die wir miteinander verbracht haben, nach allem, was du mir erzählt hast, bin ich absolut sicher, dass wir Mann und Frau sein werden.«

»Ist das … meinst du das ernst? Du weißt, was man in unserer Gemeinschaft von geschiedenen Frauen hält.«

»Mir ist noch nie in meinem Leben etwas ernster gewesen.«

Er ließ meinen Blick nicht los, und ich spürte, wie mir die Knie weich wurden.

»Morgen reise ich zurück nach Kasachstan, um meine Familie zu besuchen. Sie werden mir ihren Segen persönlich geben. Wenn ich zurückkomme, brauche ich eine Antwort von dir. Die Zeit für eine Entscheidung ist gekommen. Kannst du das?«

»Ich werde es versuchen«, sagte ich leise. »Es wird Zeit brauchen.«

»So lange, wie du brauchst. Ich würde bis in alle Ewigkeit auf dich warten.« Arslan überreichte mir einen kleinen Schlüsselbund. »Hier, die Schlüssel zu meinem neuen Apartment. Es ist größer als das alte, und in einem besseren Gebäude. Ich bin dort noch nicht eingezogen, deswegen steht es leer. Aber wenn du einen Ort brauchst, an den du gehen kannst, während ich nicht da bin, hast du jetzt einen. Ob du dich entscheidest, mit mir zu leben, oder nicht. Ich möchte einfach, dass du sicher bist.«

Ich zögerte lange. Dann nahm ich die Schlüssel und steckte sie in die Tasche.

Während Arslans Abwesenheit in den nächsten beiden Wochen ging ich in Gedanken alles wieder und wieder durch. Mein Gehirn arbeite wie wild, wie ein Auto mit durchdrehenden Reifen auf einer Eisfläche. Ich kehrte nur widerwillig zurück in meine Einzimmerwohnung, versuchte die Berührungen meines Mannes immer wieder zu vermeiden, schlief auf der Couch, um nicht in seiner Nähe sein zu müssen. All das brachte mich zu einer unausweichlichen Schlussfolgerung. Ich wusste, so würde ich nicht für den Rest meines Lebens existieren können. Ich hatte das schon lange gewusst, jedoch zu große Angst gehabt, um mich direkt damit auseinanderzusetzen. Wir hatten bereits so viel Zeit getrennt verbracht, und trotzdem fand ich mich hier wieder, noch immer eingesperrt im engen Käfig meines alten Lebens, mitten in einem riesigen offenen Land mit Möglichkeiten, die ich mir bisher nicht einmal hatte vorstellen können. Ich musste den letzten Schritt in die Freiheit wagen.

Auf dem Weg zur Arbeit und zurück durchdachte ich alles wie besessen. Ich holte dann Arslans Schlüssel hervor und hielt sie in der Hand, spürte ihr geringes Gewicht und betastete die Bartzacken. Wenn ich in Arslans Wohnung gehen würde, wäre das wie ein Versprechen an ihn. Mein Dilemma war wie ein ständiger Schmerz in der Seite; es lenkte mich von der Arbeit ab, von den Mahlzeiten, von allem.

Ich erkannte deutlich, dass ich den nächsten Schritt nicht ganz allein würde machen können. Es fühlte sich an, als würde ich von einem Felsen in eine Schlucht springen, deren Grund ich nicht erkennen konnte. Ich entschied mich, das Risiko einzugehen und meine Eltern vom Fernsehstudio aus anzurufen.

Mein Bruder nahm den Hörer ab. Ich hatte seit meiner Abreise aus Ürümchi nicht mit ihm gesprochen.

»Salaam, Schwester!«, begrüßte er mich. »Ich habe den Klang deiner Stimme vermisst. Alles in Ordnung?«

»Du fehlst mir auch, Kaisar, so sehr. Und alles ist in Ordnung. Ich muss euch nur etwas sagen.« Ich holte tief Luft und fing direkt an. »Während du im Gefängnis warst, habe ich in einer anderen Art Gefängnis gelebt. Meine Ehe war von Anfang an ein Betrug.«

»Ach, Gul.« Er klang distanziert und traurig.

»Ich weiß, es ist falsch, aber ich muss ihn verlassen. Ich ertrage es nicht länger.«

»Du verdienst es nicht, unglücklich zu sein. Wenn du es so empfindest, dass eine Scheidung das Richtige ist, dann musst du das tun. Ich werde nicht zulassen, dass irgendjemand hier schlecht über dich spricht.«

»Kaisar, es tut mir leid. Es tut mir leid, dass ich euch alle so zurückgelassen habe.« Meine Stimme klang jetzt dünn und schwach. Die Schuld war wie eine Schlinge um meinen Hals, die sich jeden Moment fester zuziehen konnte.

»Während ich im Gefängnis war, musstest du unseren Eltern Tochter und Sohn zugleich sein. Ich weiß von all den Opfern, die du damals gebracht hast. Nun, jetzt bin ich an der Reihe. Ich werde ihnen Sohn und Tochter sein. Mach dir keine Vorwürfe. Wir alle verstehen, warum du getan hast, was du getan hast.« Er senkte die Stimme, sodass ich ihn kaum noch verstehen konnte. »Hier stehen die Dinge nicht gut, Gul. Selbst unsere Bücher könnten uns jetzt ins Gefängnis bringen.«

»Unsere Bücher?«, fragte ich verwirrt.

»In Kaschgar haben sie Bücher verbrannt, Tausende. Sogar die Geschichtsbücher von Turghun Almas! Dada hat seine hinter ein paar chinesischen Wörterbüchern versteckt, aber wenn sie erst mal suchen …«

»Sag Dada, er soll sie wegwerfen«, erwiderte ich und flüsterte jetzt auch. Ich sprach sehr schnell, wie wir das immer getan hatten, als wir Kinder waren, weil wir hofften, falls uns irgendjemand zuhörte, wäre nur ein bisschen von dem Gesagten zu verstehen.

»Du weißt doch, wie er ist. Ich bin froh, dass du nicht hier bist, Gul. Alles wird nur noch schlimmer werden, viel schlimmer.«

Dann klickte es, das Freizeichen erklang, und mein Bruder war wieder weg.

Als Elzat an diesem Samstag zur Arbeit im Restaurant war, nahm ich eine lange heiße Dusche. Jede vertraute Bewegung fühlte sich fremd an, als wäre mein Körper aus dem Gleichgewicht gebracht. Ich machte mir Sorgen um meine Familie, um meine Heimat und um meine eigene Zukunft. Aber jetzt wusste ich, was ich tun würde. Mit Kaisars Segen fühlte ich mich endlich, als hätte ich eine Art Erlaubnis zu handeln, die Erlaubnis, so gut ich nur konnte mein eigenes Glück zu verfolgen. Im Grunde genommen erteilte ich mir selbst die Erlaubnis.

Ich setze mich auf die Couch und schrieb eine kurze Nachricht an Elzat: *Wir lieben uns jetzt schon eine lange Zeit nicht mehr. Keiner von uns beiden sollte so leben müssen. Ich werde mich erst von dir scheiden lassen, wenn du dein eigenes Visum bekommst. Aber ich kann nicht mehr mit dir zusammenleben.*

Mir zitterten so stark die Hände, dass das Ganze nicht einmal wie meine Handschrift aussah. Ich ließ den Zettel auf der Couch liegen, denn dort würde Elzat ihn entdecken, sobald er die Wohnung betrat. Dann packte ich denselben Koffer, mit dem ich in die USA gekommen war. Die wenigen Haushaltsgegenstände, die wir angesammelt hatten, ließ ich zurück, nahm jedoch alles mit, was mir meine Eltern von zu Hause geschickt hatten. Diese Dinge – mein einziges Fotoalbum, der Stein von unserem Hof, das Naan-Brot, das zu essen ich nicht über mich brachte und das darum in der Tiefkühltruhe lagerte – waren das Einzige, was mir aus meinem alten Leben noch geblieben war.

Während des Packens dachte ich darüber nach, wie ich aufgewachsen war, umgeben von Angehörigen, von unseren Traditionen, der Sprache, der Musik und dem Tanz. Ich dachte an die Seite aus einem chinesischen Buch für die Mittelstufe, die mir ein Informant für eine Story geschickt hatte. Sie enthielt einen Dialog, den sich uigurische Schüler gut anschauen sollten.

»Wir sind Chinesen.«

»Ich bin auch Chinese.«

»Ich liebe China, unser Vaterland.«

»Ich liebe China auch.«

Das Zuhause, das ich kannte, wurde gerade zerstört, und die Ehe, auf die ich mich verlassen hatte, war am Ende. Es war fast unerträglich.

Doch ich wusste, dass ich größeres Glück hatte als meine Angehörigen und meine Freunde zu Hause. Wenigstens war ich in Sicherheit. Wenigstens klopfte niemand mitten in der Nacht an meine Tür. Wenigstens konnte ich die Wahrheit laut aussprechen. Wenigstens wurde ich nirgendwo festgehalten, verängstigt und allein. Beim Sender arbeitete ich gerade an einer Story über eine Gruppe Uiguren, die man in Pakistan gefangen genommen hatte und nun in Guantanamo Bay festhielt. Die Begründung lautete, sie hätten in Afghanistan irgendeine Form des Trainings absolviert. Dass sie festgehalten wurden, ergab für mich keinen Sinn. Kein Uigure, mit dem ich jemals gesprochen hatte, hatte irgendwelche Feindseligkeiten gegenüber den USA geäußert. Wenn überhaupt, sahen die uigurischen Freiheitskämpfer die USA als entscheidendes Gegengewicht zur Macht Chinas. Ich konnte nicht glauben, dass diese inhaftierten Uiguren irgendwie in die Ereignisse rund um das World Trade Center verwickelt sein sollten. Inzwischen hatte ich Kontakte zu einigen Leuten im Umkreis dieser Männer aufgenommen, und ich sammelte so viele Informationen wie nur möglich über die wahren Ereignisse. Ich hatte den Verdacht, dass es sich einfach um fromme Muslime handelte, die in etwas hineingeraten waren, was sie nicht verstanden. Die Zeit sollte mir Recht geben, denn mehrere Jahre später wurden sie endlich aus Guantanamo entlassen, ohne dass man sie jemals irgendeines Verbrechens angeklagt hatte.

Egal, was mir bevorstand, ich gehörte zu denen, die Glück hatten.

Meine Augen waren wieder trocken, als ich die Einzimmerwohnung zum letzten Mal verließ und mit dem Bus zu Arslans neuem Apartment fuhr. Ich wusste, lange würde ich dort nicht bleiben können. Ich war immer noch verheiratet und würde nicht mit Arslan zusammenleben, bis meine Scheidung rechtskräftig war. Doch wenigstens war es ein sicherer Ort, an dem ich einige Tage allein sein konnte, während ich mir überlegte, was ich tun sollte.

Als ich die leere, stille Wohnung betrat und meinen Koffer in der Zimmermitte abstellte, hallte das Geräusch von den Wänden wider. Ich sagte mir: *Jetzt beginnt die einsamste Zeit deines Lebens.* Das war für mich der bis dahin schlimmste Tiefpunkt, und es sollte lange dauern, bis es mir gelang, mich aus dieser Situation zu befreien.

5

DAS GEFÜHL, ANGEKOMMEN ZU SEIN

Bis unsere Scheidung abgeschlossen war, vergingen anderthalb Jahre. Die Übergangszeit war sehr belastend. Den größten Teil davon verbrachte ich als Untermieterin bei einer Frau, die ich über Arslan kennengelernt hatte. Ich wollte bei keinem meiner uigurischen Freunde einziehen, weil es ihnen Schwierigkeiten hätte bereiten können. Die KPCh schien alles zu wissen, und ich wollte nicht das Risiko eingehen, dass man ihren Familien zu Hause zusetzte, weil ihre Verwandten in Amerika mir Unterschlupf geboten hatten. Meine Eltern erwähnten manchmal in halb verschlüsselten Bemerkungen am Telefon, dass meine alten Freunde aus der Zeit beim Fernsehsender noch immer hin und wieder Besuche von der chinesischen Polizei bekamen. Dann wurde überprüft, ob sie irgendwie Kontakt zu mir gehabt hatten. Ich galt jetzt als offizielle Feindin des chinesischen Staates, und das bedeutete, jeder, der mir nahekam, war Freiwild. Das betraf nicht nur mich. In meiner Zeit bei Radio Free Asia bekam ich mit, wie die Familienmitglieder meiner neuen Kollegen unter Druck gesetzt und misshandelt wurden. Wir lebten jeden einzelnen Tag mit diesem Schmerz.

Doch dieser Schmerz hatte auch etwas Belebendes, während ich allein war und darauf wartete, dass die Scheidung rechtskräftig wurde. Er motivierte mich dazu, noch härter zu arbeiten, um mich selbst und meine Situation zu verbessern. Nach dem Scheitern meiner Ehe wurde ich mir wieder meiner eigenen

Autonomie und Würde bewusst; mein Wesen bestand nicht einzig aus der Fähigkeit, an einem neuen Ort und an einer neuen Arbeitsstelle zu überleben. Wenn ich abends allein in meinem kleinen Zimmer saß, lernte ich ständig Englisch; ich pflegte außerdem online meine Quellen und meine professionellen Kontakte, ich sorgte dafür, dass ich mich genug bewegte. Ich testete neue Grenzen und Interessen aus.

Bei meiner Ankunft in den USA war ich sehr neugierig und probierte alle möglichen Gerichte. Doch meistens bekam ich nur Bauchschmerzen davon. Manchmal vermisste ich meine Heimat so sehr, dass ich mich nur durch uigurisches Essen ein wenig besser fühlte. Aber damals gab es in Washington keine uigurischen Restaurants, deswegen musste ich lernen, selbst zu kochen, was ich wollte. Daheim in Ürümchi hatte meine Mutter für alle gekocht, und ansonsten war ich mit Freunden aus- oder zu Arbeitsessen gegangen. Ich hatte mich nie ums Kochen gekümmert. Doch nach meiner Ankunft in den USA musste ich für mich selbst sorgen, und langsam fand ich Gefallen daran. Wenn ich früher zu Hause glücklich gewesen war, hatte ich getanzt. In den USA kochte ich.

Ich begann auch zum ersten Mal, ernsthaft den Islam zu praktizieren. Mein ganzes Leben lang war ich von islamischer Kultur und ihren Traditionen umgeben gewesen, doch außer meiner Großmutter war niemand in meinem unmittelbaren Umkreis offen religiös gewesen. Arslan jedoch war in Kasachstan aufgewachsen, wo die Menschen ihre Religion offen ausüben konnten, und er besaß einen festen Glauben. Bei unserer Verlobung führte er mich in die Moschee in der Nähe ein, und ich ging nun immer zum Gebet dorthin, wenn ich mich einsam oder ängstlich fühlte. Langsam begriff ich, dass ich zwar all meine engsten Freunde zurückgelassen hatte, dass ich jedoch eigentlich nur Allah brauchte. Er war da, egal, ob ich mit dem Leben kämpfte oder ob ich mich glücklich fühlte. Ich konnte mich immer an ihn wenden. Dieses Gefühl schenkte mir großen Trost, und schon sehr bald würde ich es auch brauchen, als die Zeiten wieder dunkler wurden.

Einige Monate nach meiner Scheidung unterschrieben Arslan und ich im März 2004 alle nötigen Dokumente für eine Heirat. Die Zeremonie hatte noch nicht stattgefunden, doch in den Augen des Gesetzes und Allahs war ich endlich mit dem Mann verheiratet, in den ich ganz und gar und hoffnungslos verliebt war. Kurz darauf erhielt meine Mutter durch irgendein Wunder ein Visum für die USA. Wir hatten erwartet, Arslans Eltern zu Gast zu haben, nicht meine, doch durch irgendeine unerklärliche Umkehrung verweigerte man seinen Eltern das Visum. Seit dem 11. September waren Reisen aus einem islamischen Land wie Kasachstan keine Selbstverständlichkeit mehr. Der Pass meines Vaters war konfisziert worden, nachdem ich Ostturkestan verlassen hatte, deshalb konnte er sich nicht einmal um ein Visum bewerben. Doch irgendwie erhielt meine Mutter ihre Reisedokumente, und nach drei langen Jahren der schmerzlichen Trennung und der unendlichen Sehnsucht kam sie im April 2004 in den Vereinigten Staaten an.

Wir fuhren zum Flughafen Washington Dulles, um sie abzuholen. Als sie aus den Türen des Terminals für Auslandsflüge kam, brach ich in Tränen aus. Wir beide weinten so heftig, dass wir einander kaum begrüßen konnten. Wir umarmten uns einfach, so fest wir konnten, küssten einander die Wangen und atmeten den vertrauten Geruch der anderen ein. Es war, als hätte sie meine ganze Kindheit mitgebracht.

In der folgenden Woche verbrachte ich jede Minute mit ihr. Wir machten Spaziergänge in der Umgebung und schauten uns alle Sehenswürdigkeiten in Washington an. Es machte mir Freude, ihr jede Kleinigkeit meines neuen Lebens in Amerika zu zeigen: den Supermarkt und unsere Apotheke, den Park in der Nähe meiner Wohnung, die RFA-Räumlichkeiten. Sie erzählte mir den ganzen Klatsch von daheim, beschrieb mir die wachsende Familie meines Cousins Nijad und die Operationen, die meine Tante in letzter Zeit gehabt hatte. Wir sprachen über meinen Vater und darüber, dass er mehr und mehr Zeit im Garten verbrachte. Mein Bruder versuchte sich nach seiner Entlassung aus dem Gefängnis ein neues Leben aufzubauen.

»Kaisar sollte sich eine Frau suchen und heiraten«, sagte ich zu meiner Mutter. »Er sollte ein normales Leben führen.«

Sie zuckte die Schultern. »Er sagt, er will das nicht.«

»Er ist doch auch nicht mehr so jung. Wann soll er denn eine Familie gründen, wenn nicht jetzt?«

»Er meint, dass ihn keine Frau haben will. Nicht nach alldem, was mit ihm passiert ist, und mit unserer Familie. Viele Nachbarn meiden uns jetzt.«

Plötzlich überkam mich ein immenses Schuldgefühl. Meine Entscheidung, die Uigurenregion zu verlassen, beeinflusste sogar drei Jahre später noch ihr Alltagsleben auf so schreckliche Weise.

An diesem Abend überredete ich meine Mutter, mich für sie kochen zu lassen, und zum ersten Mal aß sie etwas, was ich gekocht hatte. Ich bereitete Laghman zu, ihr Lieblingsessen. Es dauerte ewig, aber ich machte den Nudelteig selbst, rollte ihn aus, sodass die Nudeln gerade richtig dick waren, und dann zog ich sie in die Länge, bis sie weich und zugleich wunderbar bissfest wurden. Ich briet gehacktes Lammfleisch mit Zwiebeln, Tomaten, grüner Paprika und Sellerie an, kochte es bis zur würzigen Vollkommenheit.

»Ich kann gar nicht glauben, dass meine kleine Gul so etwas hinbekommt!«, rief meine Mutter beim Essen begeistert aus. »Arslan ist ein sehr glücklicher Mann.«

»Und das weiß er auch«, erwiderte ich mit einem Lachen. »Glaub mir.«

Manchmal bekam ich mit, wie sie mich während einer

Mahlzeit sorgfältig musterte, wie eine Mutter das bei einem Kleinkind tut, als würde sie die Umrisse meines Gesichts neu entdecken.

»Wie fühlt es sich an, sich wieder in mich zu verlieben, Apa?«, witzelte ich.

»Ich habe nie aufgehört, dich zu lieben, mein Kind«, erwiderte sie ernst.

Ich nahm ihre Hand und küsste sie sanft. Die Haut war blasser und papierartiger, als ich sie in Erinnerung hatte. »Ich weiß, Apa, ich weiß.«

Plötzlich erfüllte Anspannung ihr Gesicht, als wäre ein Schatten darüber geglitten.

»Was ist los?«

»Gul, du bist unsere einzige Tochter. Du hast uns so sehr gefehlt. Dein Vater …« Sie musste schlucken, und Tränen rannen ihr über die Wangen. »Allah hat uns so viel geschenkt, aber es ist sehr schwer, ohne dich zu leben.«

Ich senkte den Kopf. »Ich weiß. Ich weiß, ich habe der ganzen Familie viel Schmerz bereitet.«

»Was mir wirklich Schmerz bereitet, ist es, dich hier so sehen zu müssen.«

Schockiert schaute ich zu ihr auf. »Was meinst du damit?«

Sie erfasste mein winziges Apartment mit einer Handbewegung. »Du warst die Prinzessin unserer Familie. Du warst eine Prinzessin unserer ganzen Gemeinschaft! Und jetzt bist du hier, in diesem ärmlichen …« Sie hielt abrupt inne. »Gul, du bist dabei, dich in jemand anderen zu verwandeln. Nicht in die Person, die du werden solltest, die Person, die zu werden wir dich großgezogen haben. Ich bin gekommen, um dich nach Hause zu holen. Zurück dorthin, wo du hingehörst.«

Mir riss es den Kopf hoch. Ich konnte gar nicht glauben, was ich dann hörte, und über meine Sinne senkte sich ein Nebel herab. Die Verwirrung beherrschte alles. Ich kniete mich neben meine Mutter und nahm sie bei der Hand. »Verzeih mir, Apa. Ich kann nicht zurück. Hier bin ich frei, und ich kann die Frau und die Journalistin sein, die ich immer sein wollte. Das hier ist jetzt meine Heimat. Arslan ist meine Heimat.«

»Wenn dich Arslan wirklich liebt, wird er mit dir kommen.«

»Warum sollte er unter der Kontrolle der Kommunistischen Partei leben wollen?«

Die Tränen strömten ihr nur so über das Gesicht. »Sie haben versprochen, ihr wärt beide sicher!«

Mir lief es eiskalt den Rücken herunter. »Was meinst du mit ›sie‹?«

»Sonst hätten sie mich nicht reisen lassen.« Die Stimme meiner Mutter war nur noch ein Flüstern. »Sie haben mir gesagt, sie verstehen, dass du schwach und ideologisch noch nicht fertig gereift warst. Du bist im Westen unter schlimme Einflüsse geraten. Wenn du zurückkehrst, geben sie dir deine alte Arbeit zurück, sie geben dir dein altes Leben zurück! Ist es nicht das, was du willst? Wieder bei uns sein? Mach es einfach, dann wird alles wieder gut.«

Ich spürte einen Kloß im Hals, der sich anfühlte wie ein harter, bitterer Stein. Sprechen konnte ich nicht. Langsam erhob ich mich und wandte mich von meiner Mutter ab. Ich konnte es nicht einmal ertragen, ihr ins Gesicht zu sehen. Plötzlich fühlte es sich an, als müsste ich ersticken, wenn ich nicht sofort die Wohnung verließ. Ohne jedes weitere Wort nahm ich meinen Mantel und trat hinaus in den Flur. Dann rannte ich nach unten und machte mich auf den Weg zum Büro. Dabei nahm ich um mich herum nichts wahr. Mir war nicht bewusst, wohin ich wollte.

»Gul!« Arslans Stimme. Er kam gerade aus dem Sender, fasste mich auf dem Bürgersteig am Ellbogen. »Was ist passiert?«

Stockend und während mich meine eigenen Tränen ersticken wollten, erzählte ich ihm, was meine Mutter gesagt hatte.

Er verstummte für einen Augenblick. Dann seufzte er tief und wandte den Blick gen Himmel. Seine Augen waren rot gerändert. »Meine Geliebte, ich weiß, wie viel du aufgegeben hast, um in die Vereinigten Staaten zu kommen. Jeden einzelnen Tag sehe ich den Schmerz in deinem Gesicht. Du lebst hier, aber ein Teil von dir ist immer noch dort, bei deinen Eltern, bei deiner Familie. Ich hatte Angst davor, dass deine Mutter dich eines Tages darum bitten würde. Wenn du das Gefühl hast, du musst zurückgehen, würde ich dir das nie zum Vorwurf machen.«

Erstaunt sah ich ihn an. »Wie kannst du das auch nur denken? Ja, hier zu sein tut weh, und ja, ich vermisse meine Familie an jedem einzelnen Tag. Aber diese Entscheidung habe ich vor fast vier Jahren getroffen. Und jetzt haben wir ein Leben zusammen. Wie könnte ich dich jemals verlassen?«

Arslan zog mich in eine feste Umarmung, und ich konnte spüren, wie heftig ihm das Herz in der Brust schlug. Sein Gesicht und seine Stimme verrieten nie irgendwelche Angst, doch ich wusste, er wollte mich nicht verlieren. Ich spürte seine Wärme und seine Festigkeit, und einen Augenblick lang schien alles wieder normal.

»Komm, lass uns nach oben gehen.« Er nahm mich an der Hand und führte mich in unsere Wohnung zurück.

Als wir sie betraten, kochte meine Mutter gerade eine Mahlzeit.

»Da seid ihr ja!«, rief sie aus. Sie öffnete die Arme weit und umarmte uns gleichzeitig. Sie küsste uns auf die Stirn, hielt unsere Gesichter in ihren zitternden Händen. »Ich wünsche euch alles Glück dieser Welt«, flüsterte sie.

Arslan schaute sie besorgt an. »Geht es dir gut?«

Meine Mutter ließ sich in einen Stuhl sinken und griff sich ans Herz. Ihr Gesicht wirkte fleckig und grau. »Ich glaube schon.«

Er tauschte einen Blick mit mir. »Wir fahren jetzt ins Krankenhaus.«

Dort verbrachten wir eine Nacht voller Besorgnis, während die Ärzte versuchten, den Blutdruck meiner Mutter zu senken. Vor der Verhaftung meines Bruders hatte sie nie irgendwelche gesundheitlichen Probleme gehabt. Doch seitdem, und vor allem nach meiner Ausreise, war ihre Gesundheit immer instabiler geworden.

Als sich meine Mutter ausgeruht und erholt hatte, beschlossen wir, eine kleine Reise zu den Niagarafällen mit ihr zu machen und auf dem Weg einige schöne Orte zu besuchen. Sie und Arslan fühlten sich offensichtlich wohl miteinander, selbst auf stundenlangen Autofahrten, und sie sprach nicht mehr davon, ich solle nach Ürümchi zurückkehren und mein altes Leben wieder aufnehmen. Ich wusste, dass die Regierung sie unter Druck gesetzt hatte, mich zur Rückkehr zu überreden. Nach unserer Unterhaltung hatte sie mir erklärt, sie habe nur unter dieser Bedingung ihren Pass von den Behörden zurückerhalten. Sie hatte den Auftrag, mich zurückzuholen, verstand jedoch, dass das unmöglich war.

Siebzehn Tage vor ihrem Rückflugdatum kochte meine Mutter ein sehr leckeres Essen aus meiner Heimat. Das mit Pfeffer gewürzte, lieblich duftende Nudelgericht schmeckte so sehr nach zu Hause, dass ich schon beim ersten Bissen die Tränen mit Gewalt zurückhalten musste.

Nach dem Essen ließen wir drei uns zum Plaudern beim Tee auf der Couch nieder.

»Tochter«, begann meine Mutter. »Ich bin sehr glücklich, dass du einen so guten Mann wie Arslan gefunden hast.«

Arslan drückte meine Hand.

»Ich weiß, dass ihr noch kein Datum für eure Hochzeitszeremonie festgelegt habt, und ich weiß, dass ich euch um einen sehr großen Gefallen bitte. Ich möchte eure Hochzeit miterleben.« Sie hielt inne. »Ich weiß nicht … wann ich wieder nach Amerika werde kommen können.«

Arslan und ich tauschten einen Blick.

»Wir werden heiraten, bevor du abfliegst«, sagte er zu ihr. »Nichts würde uns glücklicher machen, als dich dabeizuhaben.«

An diesem Abend teilten wir unseren Freunden telefonisch mit, wir würden unsere Hochzeitsfeier so bald wie möglich abhalten. Arslans Freunde waren begeistert und versprachen, uns bei den Vorbereitungen zu helfen. Durch ihre große Aufregung und Energie fühlte es sich an, als hätten wir eine ganze Truppe von Helfern, und das Ganze wirkte weniger überwältigend. Doch Arslan und ich hatten nicht einmal eine richtige Gelegenheit gehabt, überhaupt zu besprechen, welche Art Hochzeit wir wollen.

»Ich kann ja nicht so tun, als wäre ich eine unberührte Braut«, sagte ich zu ihm. »Lass uns alles ganz einfach gestalten.«

Sanft nahm er mein Gesicht in beide Hände. »Das hier soll der denkwürdigste Tag unseres Lebens werden. Du weißt, mir ist egal, was in deinem Leben vorgefallen ist, bevor du mich kennengelernt hast. Nur unsere gemeinsame Zukunft zählt. Ich möchte deiner Mutter zeigen, wie sehr ich dich liebe und wie gut ich mich um dich kümmern werde. Lass uns eine Feier abhalten, die man sein Leben lang nicht mehr vergisst.«

Ich umarmte ihn fest und wusste bis in mein tiefstes Inneres, dass mich noch nie jemand so sehr geliebt hatte.

Am nächsten Tag suchte ich mit drei meiner engsten Freundinnen der kleinen uigurischen Gemeinschaft in Washington ein Brautmodengeschäft auf. Viele meiner Freundinnen waren wie ich vor dem chinesischen Regime geflüchtet. Aufgrund unserer gemeinsamen Erfahrungen verstanden wir einander auf eine Art und Weise, die anderen verschlossen blieb, und ich fühlte mich endlich wieder so, als gäbe es echte Freundschaften in meinem Leben. Sie lotsten mich in den Laden und sagten zu der ersten Verkäuferin, die uns begegnete: »Unsere Freundin hier heiratet in weniger als zwei Wochen. Sie braucht ein Kleid!«

Eine Frau in einem schicken lilafarbenen Etuikleid trat zu uns. Ganz offensichtlich hatte sie hier das Sagen. »Sind Sie die Braut?«

Ich nickte.

»Und Sie heiraten in zwei Wochen?«

Ich nickte wieder.

»Für die nächsten zwei Stunden ist das Geschäft geschlossen«, rief die Managerin den anderen Anwesenden zu. »Wir haben hier einen Hochzeitsnotfall!«

Meine Freundinnen halfen mir bei der Anprobe der verschiedenen Kleider – langen und kurzen, mit Perlen besetzten und aus Spitze gefertigten, einfachen und aufwendigen. Die gigantische Auswahl war überwältigend, doch endlich entschied ich mich für ein elegantes cremefarbenes Kleid mit Spaghettiträgern, in dem meine Figur gut zur Geltung kam. Meine Freundinnen waren völlig begeistert, und ich wusste, ich würde schick und modern aussehen. Doch als wir das Geschäft verließen und sich das Kleid sicher in den Händen der Schneiderin befand, empfand ich ein kurzes, aber heftiges Bedauern darüber, kein uigurisches Hochzeitskleid tragen zu können. Plötzlich musste ich an das Gewand denken, das ich bei den Dreharbeiten zu dem Film über Amanisahan getragen hatte, an all die traditionellen Verzierungen und den Schleier und die Goldstickerei. So etwas hätte ich in Washington nie gefunden, selbst wenn ich Zeit zum Suchen gehabt hätte.

Allerdings konnte ich nicht lange traurig bleiben, denn es gab so viel zu organisieren, Leute anzurufen und Details zu klären. Wir buchten den größten Ballsaal eines Hyatt Hotels und planten die Mahlzeiten, den Blumenschmuck, den Transport und die Einzelheiten der Zeremonie – alles innerhalb von zwei Wochen.

Dann, als wäre nur ein Augenblick vergangen, stieg Arslan aus einer weißen Hummer-Limousine, die vor meinem Wohnblock vorgefahren war. In seinem eng geschnittenen weißen Frack wirkte er sportlich und attraktiv, und seine Freunde aus Usbekistan, Tadschikistan, Russland und Kasachstan saßen hinten im Wagen, alle in entsprechenden schwarzen Fräcken. Die ganze Gruppe hätte aus dem Reklameteil eines Modemagazins stammen können.

Als mir Arslan auf den Rücksitz half, beugte er sich zu mir und sagte: »Von nun an brauchst du dir um nichts mehr Sorgen zu machen. Du gehörst jetzt zu mir, und ich werde immer für dich da sein.«

Wir hatten eine traditionelle islamische Hochzeitszeremonie mit unserem Imam, und als wir unser Gelübde sprachen, konnte ich sehen, wie meine Mutter in der ersten Reihe in ein Taschentuch weinte. Mir ging das Herz über, einfach weil sie ein Teil dieses Tages sein konnte. Ich wünschte mir, mein Vater und mein Bruder, meine Cousins und Cousinen und Tanten und Onkel könnten auch hier mit uns feiern; dieses Gefühl der Leere würde mich nie mehr in meinem ganzen Leben verlassen. Doch ich wusste auch, dass meine Mutter nach Ürümchi zurückkehren und dem Rest der Familie alle Details unseres zauberhaften Tages berichten würde. Es war das genaue Gegenteil meiner ersten Hochzeit, bei der ich von der ganzen Familie umgeben gewesen war, mich aber so verzweifelt wie nie zuvor im Leben gefühlt hatte.

Nach dem Essen betraten Arslan und ich für unseren ersten Tanz als verheiratetes Paar die Tanzfläche. Unsere mehr als dreihundert Gäste umringten uns, und all die großzügige Unterstützung, die sie uns erwiesen hatten, gab mir Auftrieb. Alle wussten, dass ich zum zweiten Mal heiratete, aber an diesem Tag gab es kein Geflüster und keine Seitenblicke. Ich hatte mich Arslan versprochen, und er sich mir, und wir hatten das ohne Bedenken oder Zögern getan. In den Augen Allahs waren wir jetzt untrennbar.

Als die Musik einsetzte, hörte ich, wie die Gäste vor Überraschung nach Luft schnappten: Über unseren Köpfen erstrahlte ein Licht. Eine große Leinwand erstreckte sich jetzt über die hintere Wand des Ballsaals, und eine Dia-Show wurde gezeigt: wie wir tanzten, zusammen lachten, in der Stadt unterwegs waren, in verschiedenen Parks herumalberten. Bilder aus der ganzen Zeit, die wir einander kannten. Ich schaute über Arslans Schulter und konnte sehen, wie meine Mutter Freudentränen vergoss. So glücklich hatte ich sie seit vielen Jahren nicht mehr gesehen.

Schon am nächsten Tag mussten wir meine Mutter zum Flughafen bringen und uns von ihr verabschieden. Weinend umklammerte ich ihre Hände, wollte sie nicht gehen lassen. Ich hatte keine Ahnung, wann ich sie wiedersehen würde – oder ob das überhaupt möglich sein würde.

»Grüß alle von mir. Dada, Kaisar, Nijad …«

»Das werde ich, das werde ich. Sie wissen, dass du sie liebst. Und sie lieben dich.« Meine Mutter küsste mich auf die Wange und drückte mich eng an sich, sodass sich unsere Tränen vermischten. Dann machte sie sich los und trocknete sich ungeduldig mit den mit dem Taschentuch die Wangen. »Und denk immer daran, Tochter: Du wirst nicht jünger.« Sie warf Arslan einen bedeutungsvollen Blick zu. »Ihr solltet jetzt daran denken, eine eigene Familie zu gründen.«

Ihre Worte sollten sich als prophetisch erweisen: Ehe wir's uns versahen, war es schon so weit. Ich wollte mein Heim mit Arslan voller Gelächter und Liebe und ständig in Bewegung sehen, und nur wenige Monate nach unserer Hochzeit stellte ich fest, dass ich schwanger war. Zuallererst rief ich meine Mutter an und erzählte es ihr. Sie stieß einen kleinen Freudenschrei aus und verkündete dann, sie werde kommen und mir bei der Geburt helfen. Sie hatte für ihren ersten USA-Besuch ein Visum erhalten, das mehrfaches Einreisen erlaubte, und es hatte seine Gültigkeit noch nicht verloren. Wenn man sie nicht am Flughafen zurückhielt, würde sie mir zur Seite stehen.

Und tatsächlich, als meine Tochter zur Welt kam, war sie bei mir, um mir bei der Geburt und in den anstrengenden Tagen danach zu helfen. Sie konnte drei Monate bleiben, und nur durch ihre Unterstützung und ihren Erfahrungsschatz schaffte ich alles. Arslan war da, so viel es nur ging, aber weil uns unsere Arbeit so viel abverlangte, fiel es mir nach der Abreise meiner Mutter schwer, alles hinzubekommen.

Ich wollte ihr nicht sagen, wie sehr ich sie brauchte, weil ich wusste, dass sie nicht zurückkommen konnte. Als sie von ihrer Reise zurückkehrte, hatten die Behörden ihren Pass beschlagnahmt. Eine Erklärung erfolgte nicht, und es gab keine Möglichkeit, Einspruch gegen diese Entscheidung zu erheben. Ich wusste nicht, wie lange es dauern würde, bevor ich sie wiedersehen, ihre tröstende Gegenwart spüren könnte, und wann ich wieder ihre so gekonnt gekochten Mahlzeiten schmecken dürfte, die mich immer schon beim ersten Bissen direkt in meine Kindheit zurückversetzen.

Doch langsam fanden Arslan und ich unseren Rhythmus mit dem Baby und entwickelten eine neue Routine, bei der uns Freunde und Babysitter halfen. Als ich zwei Jahre später feststellte, dass ich wieder schwanger war, strengten wir uns einfach noch mehr an und schafften auch das. Wir hatten Glück und wurden sehr von unseren Freunden unterstützt, vor allem nach meiner Rückkehr in den Job.

Und unsere Familie vergrößerte sich wenige Jahre später noch einmal, und wir bekamen zum dritten Mal Nachwuchs. Während sich dadurch unser privates Glück vergrößerte, lebte ich in der Arbeit in einer Welt, die nicht gegensätzlicher hätte sein können. Ich berichtete über die Grausamkeiten, von denen mein Volk heimgesucht wurde. Über einen Tipp erfuhr ich, dass die örtlichen Behörden in Hotan, einer besonders religiös geprägten Gegend, während des Fastenmonats Ramadan bei der Arbeit umsonst Mittagessen anboten. Wie viele Maßnahmen der chinesischen Regierung wirkte das auf Außenstehende wie eine etwas merkwürdige Geste der Großzügigkeit. Muslime fasten während des Ramadan tagsüber. Indem man umsonst Mahlzeiten anbot und beobachtete, wer sie annahm und wer nicht, fand man heraus, wer sich an die religiöse Vorschrift hielt, in diesem heiligen Monat vor Sonnenuntergang nichts zu essen. Ich sprach mit mehreren uigurischen Mitarbeitern der örtlichen Regierung auf niedriger Stufe, die eine »Verantwortlichkeitserklärung« hatten unterzeichnen müssen, in der sie versprachen, während des Ramadan nicht auf das Essen oder Rauchen zu verzichten. Wenn sie die umsonst angebotenen Mahlzeiten ablehnten, würden sie entlassen werden.

Der jährliche Bericht des US-Außenministeriums über Religionsfreiheit 2008 zeigte, dass sich die Menschenrechtssituation in China verschlechterte, und das war sehr milde formuliert. Schon in den Stimmen der Leute, mit denen ich für meine Reportagen sprach, konnte ich die steigende Anspannung wahrnehmen. Ostturkestan glich einem Dampfkochtopf, und die chinesische Regierung stellte die Temperatur immer höher. Ich war angekommen, privat und beruflich, doch mich quälte das Wissen, dass das Schlimmste noch kommen würde.

***

Ein paar Jahre später, nicht lange nach der Geburt meines dritten Kindes im Dezember 2009, bekam ich einen Telefonanruf.

»Gul? Bist du das? Endlich habe ich dich gefunden!«

Ich wusste sofort, wer da sprach.

»Mehray! Ich kann gar nicht glauben, dass ich deine Stimme höre.«

Nachdem ich in die USA gegangen war, hatten wir den Kontakt zueinander verloren, und Mehray war für ihre Ausbildung nach Malaysia gezogen. Jetzt lebte sie in der Schweiz; warum, wusste ich nicht. Über gemeinsame Freunde hatte sie endlich Kontakt zu meinen Eltern bekommen und von ihnen meine Handynummer erhalten.

»Ich habe eine Überraschung für dich, Gul. Ich komme für einen Sprachkurs in die USA. Bevor es losgeht, könnte ich dich in Washington besuchen.«

Die Aussicht auf ein Wiedersehen mit meiner alten Freundin ließ mein Herz vor Freude hüpfen. »Großartig! Du kannst so lange bei uns bleiben, wie du möchtest.«

Ich dachte gar nicht darüber nach, wie viel es beim Sender zu tun gab. Ein halbes Jahr lang hatte ich sehr intensiv über die Folgen eines Massakers in meiner Heimatstadt im Juli 2009 berichtet. Es hatte sich ereignet, als die Leute in Ürümchi aus Protest auf die Straße gegangen waren: In einer Spielzeugfabrik im weit entfernten Shaoguan, einer Stadt im Süden Chinas, waren uigurische Arbeiter von ihren Han-chinesischen Kollegen geschlagen und ermordet worden. Als Reaktion auf ihre Entlassung hatte damals eine Han-Chinesin einige Uiguren sexueller Übergriffe beschuldigt. Das wurde später widerlegt. Die Atmosphäre in der Fabrik war bereits angespannt gewesen, denn die Han-Chinesen verachteten die Uiguren, weil sie ihnen die Arbeit wegnahmen, und viele der uigurischen Männer und Frauen waren gegen ihren Willen dorthin geschickt worden.

Zwangsarbeit gehörte zu den Hauptthemen, denen ich bei meiner Berichterstattung nachging. Ich erfasste Fälle, bei denen man Menschen aus Ostturkestan dazu gezwungen hatte, ihre Heimat zu verlassen und in chinesischen Städten unter erbärmlichen Umständen in Fabriken, auf Baustellen und an vergleichbaren Orten schwere Tätigkeiten zu verrichten. Viele der uigurischen Arbeiter in der Spielzeugfabrik in Shaoguan befanden sich dort, weil man ihnen mit Gefängnis oder hohen Geldstrafen gedroht hatte, wenn sie nicht einwilligten. Als ich herausfand, dass einige Menschen aus Upal stammten, der Stadt, in der ich Anargul kennengelernt hatte, bekam ich Angst. Es war durchaus möglich, dass auch sie sich in dieser Fabrik befand.

Die Situation dort spitzte sich immer weiter zu, und irgendwann stürmte ein Mob aus Han-Chinesen mitten in der Nacht den Schlafsaal und attackierte die uigurischen Kollegen. Mit Messern und Metallstangen fielen sie über die Uiguren her und töteten dabei mindestens zwei – wahrscheinlich viel mehr, aber weil das Ganze verschleiert wurde, lässt sich nur wenig nachweisen. Mehr als hundert Uiguren wurden verletzt. Ein entsetzlicher Vorfall, doch die chinesischen Behörden reagierten nur langsam. Die Polizei erschien erst vier oder fünf Stunden später am Tatort, und letzten Endes wurden mehr Uiguren wegen »Schlägereien« verhaftet als Han-Chinesen wegen Mordes.

Als wir davon erfuhren, brachte ich über die chinesische Suchmaschine Baidu sofort die Telefonnummer der Fabrik in Shaoguan in Erfahrung. Als ich dort jemanden erreichte, erklärte ich, ich hätte wichtige Nachrichten für eine Freundin, und verlangte Anargul zu sprechen. Ich hatte keine Ahnung, ob sie wirklich dort arbeitete, aber es war ein so häufiger uigurischer Name, dass ich davon ausging, irgendjemand werde ans Telefon kommen.

Bald hörte ich die Stimme einer jungen Frau.

Ich erklärte ihr, ich sei Journalistin bei Radio Free Asia, und fragte sie, ob sie bereit wäre, mit mir zu reden. Als sie zögernd zustimmte, wollte ich von ihr wissen, ob sie Zeugin der Gewaltausbrüche geworden sei.

»Nein«, erwiderte sie, und dabei war ihre Stimme kaum

lauter als ein Flüstern. »Aber so viele Menschen sind verletzt worden. Und das ohne jeden Grund!«

Ich bemühte mich um eine ruhige Stimme. »Sind Menschen ums Leben gekommen?«

»Ja, aber ich weiß nicht, wie viele. Viel mehr, als sie sagen.«

Und dann war sie weg, ich hörte nur noch das Freizeichen.

In den ersten drei Monaten waren vor allem in Ostturkestan selbst nur so wenige Details bekannt geworden, dass die Frustration darüber sehr bald außer Kontrolle geriet. Der Protest in Ürümchi hatte mit den Forderungen begonnen, die chinesischen Behörden sollten die Verantwortlichen für die Gewalt gegen die uigurischen Fabrikarbeiter verhaften und bestrafen. Außerdem wurde verlangt, verlässliche Zahlen der Verletzten und Getöteten zu ermitteln. Doch die Polizei reagierte mit brutalen Maßnahmen auf den Protest, und die Situation eskalierte schnell und gewaltvoll – die Frustration der Menschen explodierte geradezu nach der langen Anspannung. Die ganze Wut über die Unterdrückung, die Gewalt durch den Staat, die falsche Anwendung von Gesetzen, die Unmöglichkeit, in Freiheit zu leben – alles brach heraus. Die Behörden schlugen sofort hart zurück und schickten die Militärpolizei, um rasch und mit brutalen Maßnahmen die Kontrolle wiederzuerlangen.

Doch danach wurde es noch schlimmer: Überall in der Stadt führte die Polizei Razzien durch, verhaftete alle, die unter dem Verdacht standen, an den Protesten teilgenommen zu haben. Telefonleitungen und Internetverbindungen wurden in der ganzen Region gekappt, sodass die Bürger überhaupt keine Möglichkeit mehr zur Kommunikation mit der Welt außerhalb hatten. Als sechs Monate später mein Sohn geboren wurde, galten diese Beschränkungen immer noch.

Deswegen war es quasi unmöglich, mit jemandem in Ürümchi zu sprechen, und das betraf auch meine Familie. Aber ich durchsuchte immer wieder die Webseiten der Regierung nach

Informationen über die Geschehnisse. Weil mein Chinesisch immer noch ganz ausgezeichnet war, bereitete mir das Lesen der Dokumente keine Mühe, und ich konnte sogar PDF-Dateien mit offiziellen Angaben herunterladen. Ich fand heraus, dass in Verbindung mit den Protesten Anklagen gegen mehr als vierhundert Menschen erfolgt waren. Neun von ihnen hatte man in diesem Herbst hingerichtet. Als Mehray uns besuchte, war die Zahl der Exekutierten auf beinahe dreißig gestiegen.

Auf dem Weg zum Reagan Airport, wo Mehrays Flugzeug ankommen sollte, versuchte ich den Gedanken an die Arbeit wegzuschieben. Mit einem großen Blumenstrauß in der Hand stand ich am Terminal für Auslandsflüge und suchte die Menge mit den Augen ab. Nach einer so langen Zeit, in der ich mich von meiner Vergangenheit, meiner Geschichte, meiner Kultur abgeschnitten gefühlt hatte – vor allem jetzt, wo man schwerer als jemals zuvor an Nachrichten aus Ürümchi kam –, konnte ich es kaum erwarten, mit meiner alten Freundin in Erinnerungen zu schwelgen.

Ich wartete und wartete. Eine Menschenmenge strömte durch die Tore und an mir vorbei. Dann blieb eine junge Frau mit einem Kopftuch direkt vor mir stehen. Ich trat ein wenig zu Seite, um sie vorbeizulassen, doch sie blieb, wo sie war, und lächelte mich an. Ich schaute sie wieder an, und meine Augen wurden ganz groß.

»Mehray?«

Da stand sie unmittelbar neben mir, doch ich hatte sie nicht gesehen. Ich hatte auf jemand anderen gewartet, auf jemanden aus der Vergangenheit. Wir umarmten uns ganz fest, und ein kurzer Augenblick schien wie eine Ewigkeit. Das Chaos um uns herum ignorierten wir.

»So was! Du bist jetzt so eine schicke Karrierefrau.« Sie hielt mich eine Armeslänge von sich weg, um mich gut anschauen zu können.

»Und du trägst einen Hidschab!«, platzte ich heraus. Genau wie ich war sie nie besonders religiös gewesen.

»Mein Exmann war sehr fromm«, erklärte sie mit einem Lächeln. »Und ich muss zugeben, die Entscheidung für den Hidschab war eine der besten meines Lebens.«

»Exmann?« Das überraschte mich. Sie hatte inzwischen offensichtlich viel erlebt. Ich hakte mich bei ihr ein. »Ich will alles ganz genau hören. Aber zuerst bringe ich dich nach Hause und stelle dich meiner Familie vor.«

Mehray blieb zwei Wochen bei uns. Jeden Tag gingen sie und ich mit den Kindern spazieren, meine Fünfjährige und meine Dreijährige liefen neben uns her, und das Baby saß glücklich im Kinderwagen. Sie verliebten sich sofort in Mehray und wollten sie gar nicht in Ruhe lassen, bettelten sie an, mit ihnen das neueste verrückte Spiel zu spielen, das sie sich gerade ausgedacht hatten. In Mehrays Gegenwart erinnerte ich mich plötzlich an alle möglichen vergessenen Einzelheiten aus meiner eigenen Kindheit. Wir spielten sogar »Amsel«: Mehray stieß herab wie ein Adler, und meine Kinder quietschten vor Aufregung, während sie wegrannten, um Mehrays gefährlichem Schnabel zu entkommen.

Während die Kinder ein Nickerchen hielten oder in der Nähe allein spielten, sprachen wir sehr viel über alles Mögliche. Ich erzählte ihr, wie Arslan und ich uns auf ganz natürliche Weise ineinander verliebt hatten und wie unsere Kinder eines nach dem anderen wie kleine Wunder in unser Leben gekommen waren.

»Sie sind wirklich kleine Wunder«, entgegnete Mehray, und ihr normalerweise so strahlendes Gesicht wurde ernst. »Ich kann keine bekommen, weißt du.«

»Ach nein! Warum denn nicht? Das tut mir so leid, Mehray.«

Sie zuckte unter den eleganten Falten ihres Hidschabs leicht die Achseln. »Ich habe mich daran gewöhnt, denke ich. Bevor ich China verlassen habe, musste ich operiert werden. Du weißt doch, wie schlecht man sich dort um Leute wie uns kümmert. Ich gehe davon aus, dass es Absicht war.«

Ich nickte. Uigurinnen und Uiguren erhielten häufig nur eine unterdurchschnittliche medizinische Versorgung; man ging mit ihnen um wie mit leicht ersetzbarem Gut. Und ich hatte mit vielen Frauen gesprochen, die man im Rahmen der Maßnahmen zur Beschränkung der Geburtenraten unter den Uiguren ohne ihr Wissen oder gegen ihren Willen sterilisiert hatte. Nach Überzeugung der KPCh hatte eine Frau einfach nicht das Recht, ihren eigenen Körper zu kontrollieren.

»Wie auch immer, irgendetwas ist da passiert ... Und so sieht es nun also aus.«

»Kann man da etwas tun?«, erkundigte ich mich behutsam.

»Ich war schon bei so vielen Ärzten. Da gibt es nichts. Es ist der Wille Allahs.«

Ich legte ihr eine Hand auf den Unterarm und drückte sie sanft. Nach den Jahren mit Elzat, in denen ich mir Kinderlosigkeit geschworen hatte, konnte ich mir das Leben ohne meine Kinder inzwischen nicht mehr vorstellen – das ganze glückliche, lernbegierige Chaos, ihr Lächeln am Morgen, wenn ich sie mit einem Kuss auf die Nase weckte.

»Am schlimmsten war mein Exmann.« Mehray seufzte tief. »Er wollte sich eine zweite Frau nehmen. Das darf er natürlich laut dem islamischen Gesetz, wenn seine erste Frau unfruchtbar ist. Aber ich konnte den Gedanken nicht ertragen. Deswegen habe ich ihn verlassen. So bin ich in der Schweiz gelandet. Ich habe dort um Asyl gebeten.«

»Du hast richtig gehandelt«, sagte ich zu ihr. »Manchmal ist eine Scheidung unvermeidlich.«

»Und manchmal ist sie auch die richtige Entscheidung. Schau dir doch deine wunderschöne Familie an, deinen liebevollen Ehemann und eure drei wunderbaren Kinder. All das habe ich mir immer gewünscht, und jetzt werde ich es nie haben. Ich hoffe, du dankst Allah jeden Tag auf Knien.«

Sobald sie diese Worte aussprach, erschien ein Bild meiner Großmutter vor meinem inneren Auge, die auf Knien betete. Fast konnte ich mich an ihre genauen Worte an dem Abend vor meinem Aufbruch nach Österreich erinnern, als ich sie zum letzten Mal im Leben gesehen hatte. Diese Erinnerung fühlte sich an wie eine sanfte Berührung meiner Wange, warm und vertraut.

»Weißt du, wofür ich Allah auch dankbar bin? Für dich.«

Mehray lachte, und ihre Augen strahlten wieder.

»Das meine ich ernst. Du warst immer so loyal. Du hast mir etwas über Mut beigebracht, und über wahre Freundschaft. Ich werde nie vergessen, wie du vor den Augen der Hochschul-Offiziellen dein Tanzkostüm hingeworfen hast. Ich dachte, die würden in Ohnmacht fallen!«

Wir brachen in Gekicher aus, wie Schulmädchen, bis meine Kinder angerannt kamen und wissen wollten, was so lustig sei.

Jeden Abend, wenn wir die Kinder ins Bett gebracht hatten und ich gemütlich neben Arslan lag, dachte ich an Mehray. Sie hatte sich aus einem temperamentvollen jungen Mädchen in eine bescheidene, religiöse Frau verwandelt. Ich sah sie mehrmals am Tag beten, und ich sah auch, welchen Trost ihr das schenkte. Sie hatte so viel durchgemacht, viel mehr als ich, doch sie konnte sich immer auf Allah verlassen. Ich beneidete sie um diesen reinen, unerschütterlichen Trost.

An ihrem letzten Tag bei uns nahm ich mir frei und organisierte einen Babysitter für die Kinder. Wir besuchten Sehenswürdigkeiten, machten Fotos, shoppten ein wenig, genossen einfach die Gesellschaft der anderen vor der baldigen Trennung. Draußen war es empfindlich kühl, deswegen hatte ich einen dünnen Kaschmirschal umgelegt. Mehray trug einen weißen

Seidenhidschab, der einen schönen Kontrast zu ihrem dunklen Mantel bildete.

»Gestern habe ich mir deine Sendung angehört«, erzählte Mehray, als wir durch den Botanischen Garten spazierten und das erste Frühlingsgrün genossen. Blumen hatte sie immer schon geliebt, deswegen erschien mir dieser Ort ideal für einen Abschied. »Ich kann gar nicht glauben, wie schlimm es zu Hause geworden ist.«

Ich nickte. Gerade hatte ich über eine junge Frau in Ostturkestan berichtet, der man den Eintritt in die öffentliche Bibliothek verweigert hatte, weil sie einen Hidschab trug. Frauen wurden wegen allen möglichen Formen des religiösen Ausdrucks angegriffen. Männer ebenfalls. Wir hatten über Männer berichtet, die sich unter Zwang den Bart abrasieren mussten. Ich hatte von Frauen gehört, denen Polizisten die Kopftücher heruntergerissen hatten, einfach um zu zeigen, dass sie das konnten.

Mehray berührte behutsam ihren Hidschab. »Man will sie demütigen«, sagte sie. »Und das funktioniert auch.«

»Würdest du dich denn schämen, wenn du dein Haar zeigen müsstest?«, fragte ich sie. »Weißt du, wir haben in unserer gesamten Zeit an der Uni unser Haar unbedeckt getragen.«

Sie lächelte. »Damals waren wir noch sehr jung, oder? Ich bedecke jetzt aus Bescheidenheit mein Haar. Aber es geht auch um meine Hingabe an meinen Glauben und meine Treue gegenüber Allah. Das Ganze hat eine sehr große Bedeutung für mich. Jetzt, wo ich mich daran gewöhnt habe, würde ich nicht im Traum daran denken, ohne Hidschab das Haus zu verlassen. Ich finde es entsetzlich für unsere Schwestern zu Hause, die genauso empfinden, es aber nicht ausdrücken können. Es ist einfach eine andere Form der Unterdrückung.«

Als wir weitergingen, dachte ich darüber nach. Hier in den USA lebte ich in einem freien Land. Die Leute interessierten sich nicht für meine Religion, meinen Glauben oder meine Herkunft. Ich hatte das Recht, zu denken und zu glauben, was auch immer ich wollte – anders als in China, wo alles kontrolliert wurde, was sich nur kontrollieren ließ. Hier schaute niemand Mehray auch nur von der Seite an, und überall gab es Frauen mit Kopfbedeckung oder ohne; wir sahen alle Formen der Kleidung, von ganz lang bis zu den kürzesten Miniröcken. Ich dachte daran, welchen Preis die Frauen zu Hause dafür bezahlten, den Hidschab zu tragen, und dass es mich hier nicht das Geringste kosten würde, das auszudrücken, was tief in meinem Herzen vor sich ging. Schließlich war Allah der beste Freund, den man haben konnte. Hatte er mich nicht schon mit sehr vielen Segnungen bedacht?

»Weißt du noch, dieser alte Baumwollhidschab, den meine Großmutter immer getragen hat?«, fragte ich Mehray.

Sie lachte. »Ach, sie war so eine liebe Frau. Aber zum Glück hat sich die muslimische Mode seitdem ein wenig weiterentwickelt!«

Ich stimmte in ihr Lachen ein und dachte daran, wie sehr ich mir wünschte, die dünnen Arme meine Großmutter wieder um mich zu spüren.

»Bitte erzähl«, sagte ich. »Was bedeutet es für dich, den Hidschab zu tragen?«

»Es bedeutet Würde«, erwiderte sie ernst. »Es ist mehr als nur ein Stück Stoff. Der Hidschab steht für meine Hingabe meinem Glauben, meiner Gemeinde und Allah gegenüber. Für meine Bemühungen, ein guter Mensch zu werden, ein moralisch integrer Mensch, jeden Tag wieder. Und er bedeutet, dass ich mich für Gerechtigkeit und für das Recht von Frauen in aller Welt einsetze, sich anzuziehen, wie sie wollen, und das zu tun, was sie wollen.«

Schweigend nahm ich alle diese Gedanken in mich auf.

»Hey, lass uns hier ein Foto machen«, rief Mehray und blieb

auf einer kleinen Brücke stehen. »Ich will diesen Tag niemals vergessen.«

»Vor dem Foto möchte ich dich um einen Gefallen bitten«, sagte ich.

»Was immer du willst.«

»Ich möchte, dass du mir meinen ersten Hidschab gibst.«

Überrascht blieb sie stehen. »Bist du sicher, Gul?«

»Ich will keine Angst mehr haben«, erwiderte ich. »Dafür brauche ich Allahs Hilfe: um mit dem ganzen Druck umzugehen. Ich habe ständig Angst um meine Familie zu Hause, ich mache mir Sorgen, ob meine Kinder gesund und stark aufwachsen. Da ist so viel. Aber du hast mir gezeigt, dass ich dankbar sein und alles schätzen soll, was ich habe, auch die Möglichkeit, meinen Glauben ungehindert ausdrücken.«

Mehray vergoss Tränen des Glücks. »Nach all diesen Jahren hat uns Allah die Gelegenheit gegeben, einander wiederzusehen. Und jetzt hast du mir das wertvollste geschenkt, was du mir jemals hättest schenken können. Wenn ich dir deinen ersten Hidschab gebe, wird mich Allah belohnen.«

Sie holte ein paar zusätzliche Sicherheitsnadeln aus ihrer Handtasche, und ich überreichte ihr mein Halstuch. Vorsichtig schlang sie es mir ums Haar, sodass es mein Gesicht umrahmte. Dann befestigte sie den Stoff unter meinem Kinn und wand mir den Rest um den Kopf. Alles fiel elegant über meinen Hals und meinen Oberkörper.

Sie trat einen Schritt zurück und bewunderte ihr Werk. »Du siehst so schön aus, Gul.« Und dann zog sie mich in eine kräftige, herzliche Umarmung. »Du wirst es lieben, den Hidschab zu tragen. Vertraue mir.«

Und ich fühlte mich auch glücklich und wohl, vom ersten Tag an. Es war ein reiner Ausdruck meines Glaubens, und Arslan unterstützte mich ohne jede Einschränkung in meiner Entscheidung.

Natürlich fielen die Reaktionen anderer nicht allesamt so aus. Im Büro zog mich ein Journalist im Flur auf die Seite und sagte: »Die chinesische Regierung nennt uns Terroristen und sagt, alle Uiguren wären Extremisten, die ihre religiösen Überzeugungen allen anderen aufzwingen wollen. Wie kannst du dem Vorschub leisten, indem du den Hidschab trägst? Uigurinnen und Uiguren sind moderne Muslime, und das weißt du. Warum um alles in der Welt solltest du dich den alten Traditionen unterwerfen?«

»Moderne Muslime treffen ihre eigenen Entscheidungen«, sagte ich schroff. »Ist das nicht genau der Punkt?«

»Und wirst du den Hidschab auch in deinen Videos tragen?«

Ich überlegte. Nach den Protesten in Ürümchi und den darauffolgenden harten Maßnahmen hatte ich in Eigeninitiative ein paar Videos aufgenommen, weil ich das Gefühl hatte, ein reines Radioformat würde zu große Einschränkungen bedeuten. Ich war ans Fernsehen gewohnt, und ich wusste, wie ich es für meine Zwecke einsetzen konnte. Als ich das Ergebnis meinen Chefs zeigte, gefiel es ihnen so sehr, dass sie mir erlaubten, eine wöchentliche Nachrichtensendung zu produzieren, die dann auf der Webseite von Radio Free Asia und bei YouTube eingestellt wurde. Doch in allen Videos war mein Haar zur Gänze zu sehen gewesen, mit meinem schicken Haarschnitt und in all seiner Fülle, wie bei einer westlichen Nachrichtensprecherin. Wollte ich mein Image wirklich so stark verändern?

Doch als ich das nächste Mal mit meiner Freundin aus Usbekistan Kaffee trank, teilte sie mir mit, dass sie meine Entscheidung für den Hidschab schätzte. »Ich selbst wäre zu unsicher dafür«, meinte sie. »Aber ich denke, es ist ein gutes Signal gegenüber der chinesischen Regierung. Die Uiguren sind ein freies Volk, und sie haben das Recht zu tun, was sie möchten. Du demonstrierst eine mutige Haltung, indem du deine Religion so offen praktizierst, wie andere Muslime auf der Welt das tun können.«

Den Hidschab draußen zu tragen, machte mich nicht nervös, aber ich zögerte doch kurz, bevor ich ihn zum ersten Mal in einer Sendung zeigte. Ich bat Dolkun um Rat, und er gab einfach zurück, es stehe mir frei, das selbst zu entscheiden. Radio Free Asia war beides recht.

Also ging ich in meinem Hidschab auf Sendung. Sofort kamen Reaktionen aus der uigurischen Gemeinschaft. Ich erhielt viele E-Mails von uigurischen Frauen, die meine Entscheidung unterstützen. Die meisten der negativen Reaktionen stammten von Männern; sie hielten mich für »rückständig« oder zu extrem. Diese Reaktionen konnte ich leicht ignorieren.

***

Nicht leicht zu ignorieren waren die Neuigkeiten, die ich beim nächsten Anruf von meiner Familie hörte.

»Wir hatten wieder Besuch«, erzählte mir mein Vater und klang dabei erschöpft. So ließ er mich wissen, dass die Polizei dagewesen war. In den vergangenen Jahren war das regelmäßig geschehen, scheinbar einfach als unliebsame Erinnerung, dass man alles im Blick behielt und nichts, was meine Eltern oder ich taten, unbemerkt bleiben würde.

»Was haben sie diesmal gesagt?«

»Nun, vorher wurdest du als Dissidentin betrachtet. Dann als Separatistin. Jetzt bist du anscheinend eine religiöse Extremistin. Pass auf, sonst wirst du noch zur Terroristin hochgestuft!«

Wir beide lachten, denn sonst konnten wir nichts tun. Sie konnten mich kategorisieren, wie immer sie wollten, und wir konnten nichts gegen ihre Propaganda unternehmen.

Dann kam meine Mutter an den Apparat. Sie lachte nicht.

»Die Polizei sagt, du hast dich von extremistischen Ideologien infizieren lassen.«

»Apa, du weißt, dass das lächerlich ist.«

»Aber in unserer Familie trägt niemand mehr den Hidschab. Das war etwas für die Generation deiner Großmutter. Ich bin jetzt siebzig Jahre alt und habe nie einen getragen. Außerdem ist es zu früh für dich, um deinen Kopf zu bedecken. Du bist immer noch eine schöne Frau.«

»Es ist nicht zu früh für mich, Apa«, erwiderte ich sanft. Ich bin kein kleines Mädchen mehr. Ich habe einen Ehemann und drei Kinder und mein eigenes Leben. Hier in Amerika haben wir die Freiheit, das zu tragen, was wir wollen. Zu glauben, woran immer wir wollen. Das ist eine andere Welt als in China.«

»Willst du mir damit sagen, dass dir die amerikanische Regierung keine Schwierigkeiten macht, weil du den Hidschab trägst?« Sie war skeptisch, und wenn ich an ihre Erfahrungen dachte, konnte ich ihr das auch nicht vorwerfen.

»Natürlich nicht. Der Regierung hier ist es egal, was man sich auf den Kopf setzt. Dieses Land steht für Freiheit, in jeder Hinsicht. Es ist hier nicht perfekt – das ist es nirgendwo. Aber der Erste Verfassungszusatz sichert allen die Religionsfreiheit zu. Und ich übe meine Religion aus.«

Sie seufzte. »Du klingst nicht mehr wir unsere kleine Gul.«

»Ich bin jetzt eine stolze Amerikanerin«, sagte ich zu ihr und schluckte dabei einen riesigen Kloß im Hals herunter. »Aber ich werde immer deine kleine Gul sein.«

Ich verstand, warum meine Mutter Angst hatte. Bei meiner journalistischen Arbeit hatte ich immer verstörendere Geschichten über die Unterdrückung religiöser Aktivitäten gehört. Auf dem Land, wo die Leute in der Regel frommer waren, hatten die örtlichen Komitees der KPCh in aller Stille damit begonnen, Hidschabs und »übermäßig bedeckende« Kleidung für Frauen zu verbieten, ebenso Gesichtsbehaarung bei Männern.

Sogar diese einfachen, sehr persönlichen Glaubensbekenntnisse wurden als Anzeichen für religiösen Extremismus betrachtet. Es gab sogar Stationen an den Eingängen der Basare – wo die Frauen auf dem Land immer noch ihre täglichen Einkäufe erledigten –, an denen man ihre Kleidung dahingehend überprüfte, ob sie auch »modern« genug wirkte. Die Polizei zerschnitt sogar Röcke, die nach irgendwelchen willkürlich angewandten Maßstäben zu lang erschienen, und das, während die Frauen sie trugen.

Ich hatte über eine Frau berichtet, die sich dagegen gewehrt hatte, dass man ihr den Stoff von den Beinen schnitt. Männliche Polizeibeamte hatten sie festgenommen und in eine der örtlichen Polizeiwachen in Kaschgar gebracht. Als ihre Verwandten davon erfuhren, waren sie wütend. Für eine fromme muslimische Frau bedeutet es eine tiefe Kränkung, von einem Mann, mit dem sie nicht verheiratet ist, berührt oder sogar grob angefasst zu werden. Ihr Ehemann und mehrere seiner Brüder gingen zur Polizeistation, um ihre Freilassung zu fordern. Daraufhin nahm man sie ebenfalls fest.

Über Baidu fand ich die Telefonnummer der Wache und rief dort an. Als ich mich auf Mandarin als Reporterin vorstellte, bestätigte mir der Mann am Schreibtisch, ein Han-Chinese, man habe mehrere uigurische Männer festgenommen und die »Anklage stehe noch aus«. Er ließ keinen Zweifel daran, dass die Betroffenen ihre Familien sehr lange nicht wiedersehen würden.

Obwohl dies am anderen Ende der Welt geschah, fühlte es sich für mich so an, als wären diese Leute meine Nachbarn. Ich konnte zwar nicht mit meiner Familie sprechen, sprach jedoch für meine journalistische Arbeit jeden Tag mit Uiguren überall auf der Welt. Und ich dachte immer daran, welche Konsequenzen meine Berichterstattung für meine Angehörigen haben könnte. Sehr oft nach dem Erscheinen eines Features, sei es über Zwangsarbeit oder über das sogenannte bilinguale Bildungssystem, das sich inzwischen als einsprachiges Mandarin-Bildungssystem herausgestellt hatte, bekamen meine Eltern Besuch von örtlichen Han-Polizisten. Das war vorhersagbar, aber trotzdem sehr furchteinflößend für sie. Eines Tages würden diese Polizisten vielleicht nach einer Tasse Tee und einer zur Einschüchterung gedachten Unterhaltung nicht einfach verschwinden. Ein Teil meiner Gedanken war immer dort, in dieser Wohnung bei meinen Eltern, zwischen den Büchern meines Vaters und dem Duft der Mahlzeiten, die meine Mutter zubereitete. Seit meinem ersten Arbeitstag bei Radio Free Asia standen zwei Uhren auf meinem Schreibtisch, eine mit der Zeit in Washington und eine mit der Zeit in Ürümchi. Oft hatte ich keine Ahnung, ob für Washington Regen vorhergesagt war, wusste jedoch immer über das Wetter zu Hause in der Uigurenregion Bescheid. Ich konnte mich von keinem dieser Aspekte lösen, obwohl jeder einzelne Tag in meinem unmittelbaren Leben unter großer Hektik ablief.

Unsere Familie folgte jeden Tag derselben Routine, einfach um sicherzustellen, dass alles erledigt wurde, was erledigt werden musste. Um fünf Uhr morgens stand ich zum Gebet auf. Danach bereitete ich ein einfaches Mittagessen für die Kinder vor und machte das Frühstück. Dann war es Zeit, die Kinder zu wecken, ihnen beim Anziehen zu helfen und sie in die Schule oder in die Vorschule zu schicken. Arslan und ich fuhren zusammen zur Arbeit; oft stellte das die einzige Zeit des Tages dar, zu der wir beide allein waren. Im Büro entschied ich mich für ein Beitragsthema und setzte mich dann an die Recherche und die Interviews. Ich machte mir eine Tasse Tee oder Kaffee und fing mit Telefonanrufen, E-Mails und Benachrichtigungen an, sammelte Informationen darüber, was zu Hause vor sich ging oder was Uiguren überall auf der Welt widerfuhr. Alle benutzten inzwischen WeChat und andere Nachrichtendienste, was es einfacher machte, an Details zu Storys überall auf der Welt zu kommen. Um zehn Uhr gab es dann eine Redaktionskonferenz, bei der wir über unsere täglichen Beiträge sprachen und Brainstorming betrieben. Dann machten wir uns ans Schreiben, redaktionelle Bearbeiten und Aufzeichnen der Geschichten. Ich ging sehr, sehr gern zur Arbeit. Es war dort wie in einer eigenen kleinen uigurischen Stadt, wo ich Uigurisch sprechen konnte und mich rundherum wohlfühlte.

Als wir es gerade geschafft hatten, gut eingespielte Alltagsroutinen zu entwickeln und alle Grundkosten zu decken, fand ich heraus, dass ich wieder schwanger war. Obwohl ich wusste, dass uns ein viertes Kind ins fröhliche Chaos zurückwerfen würde, freute ich mich sehr, und Arslan ebenso. Ich wollte die Neuigkeit mit meiner Familie zu Hause teilen, wusste jedoch, dass sie sich meinetwegen Sorgen machen würden. Weil wir schon drei Kinder hatten und es keine Angehörigen vor Ort gab, die uns hätten helfen können, würde sich meine Mutter sicher um meine Gesundheit sorgen und sich fragen, ob ich mit der Verantwortung für Arbeit und Haushalt nicht überfordert wäre. Deswegen entschied ich mich dafür, es vor Ablauf der ersten zwölf Wochen niemandem zu Hause zu erzählen. Ich war jetzt seit mehr als einem Jahrzehnt von dort weg, und diese Zeit schien vergangen zu sein wie ein einziger Augenblick. Inzwischen teilten all meine Angehörigen Nachrichten, Fotos und Videos ihrer Kinder in der WeChat-Gruppe unserer Familie. Erst hatte ich der Gruppe aus Angst, die Regierung würde sie dann engmaschiger überwachen, nicht beitreten wollen. Doch meine Eltern versicherten mir, da gehe es einfach nur um harmlosen Familienklatsch, deswegen kam ich dazu und erhielt nun alle Neuigkeiten aus erster Hand. Über die Gruppe erfuhr ich, dass meine Eltern ein kleines Haus auf dem Land in der Nähe von Gulja gekauft hatten, damit mein Vater im Ruhestand ein wenig im Garten arbeiten konnte. Sie hatten sich dafür entschieden, die Sommer dort zu verbringen und im Winter nach Ürümchi zurückzukehren. Meine Eltern zeigten gern Fotos des prächtigen Gartens, den mein Vater angelegt hatte, und vor allem von seinen Tomaten, so groß wie kleine Kürbisse, die meine Mutter dann zum Kochen verwenden konnte.

Ich versuchte, die Zahl meiner eigenen WeChat-Nachrichten zu begrenzen, weil ich wusste, dass die chinesische Regierung alles überwachte, was ich tat. Doch als ich herausfand, dass das vierte Kind ein Junge war, unser zweiter, musste ich meiner Familie einfach die guten Neuigkeiten mitteilen. Ich schickte meiner Mutter eine WeChat-Message und erklärte, ich hätte ihr etwas zu erzählen. Als ich nach mehreren Stunden keine Antwort erhalten hatte, versuchte ich meinen Vater zu kontaktieren. Wieder nichts. Schließlich wandte ich mich an meinen Bruder.

Ruf mich an, wenn du kannst, schrieb er zurück.

Als ich meinen Bruder auf seinem Handy erreichte, erzählte er mir, dass mein Vater im Haus meiner Eltern in Gulja einen Schlaganfall erlitten hatte. Er war einfach eines Nachmittags im Garten zusammengebrochen, und meiner Mutter war es nicht gelungen, ihn wieder zu Bewusstsein zu bringen. Weil die medizinische Versorgung auf dem Land so schlecht war, hatte man ihn nach Ürümchi zurückgebracht. Er lag immer noch im Krankenhaus, und die Ärzte konnten noch nicht sagen, wie es um seine Genesungschancen stand. Meine Mutter war ihm die ganze Zeit nicht von der Seite gewichen.

Mir war, als würde mir das Herz aus dem Brustkorb gerissen. Nun kam es nicht infrage, meine Neuigkeiten mit ihm zu teilen. Schnell sagte ich meinem Bruder auf Wiedersehen, nachdem ich ihn hatte versprechen lassen, mich über alles zeitnah zu unterrichten. Dann rannte ich auf die Toilette und übergab mich. Bisher war Morgenübelkeit kein großes Problem für mich gewesen, doch jetzt brach sie mit aller Gewalt über mich herein.

Es erfüllte mich mit Entsetzen, dass mein Vater sterben könnte, ohne dass ich ihn wiedergesehen hätte. Ich konnte nur weinen, auf die Knie fallen und zu Allah beten. Ich fühlte mich schrecklich, weil ich nicht bei meinem Vater sein, ihm überhaupt nicht helfen konnte. Ich spürte die Entfernung zwischen uns so heftig, dass es sich anfühlte wie ein Messer in meinen Rippen.

Ich quälte mich durch jeden neuen Tag, zwang mich zum Essen, zur Arbeit, dazu, in den Schlaf zu finden. Froh war ich nur, wenn ich meine Kinder so heftig umarmen konnte, dass sie sich irgendwann beschwerten und losmachten.

Einen Monat später ging ich zu einer ärztlichen Vorsorgeuntersuchung. Von Anfang an benahmen sich die Sprechstundenhilfen seltsam. Sie schickten mich von einem Zimmer ins andere, führten verschiedene Tests durch und schrieben etwas in meine Patientenakte. Niemand erklärte mir irgendetwas, doch ich wusste, dass da etwas nicht in Ordnung war. Man veranlasste eine MRT-Untersuchung, und als ich da auf dem harten, kalten Tisch lag, überkam mich eine entsetzliche Angst, ich würde das Kind verlieren, und das zur selben Zeit, zu der ich vielleicht meinen Vater verlieren würde.

Schließlich betrat eine Ärztin das Zimmer, in dem ich mich inzwischen wieder angezogen hatte.

»Ich fürchte, ich habe keine guten Neuigkeiten für Sie«, sagte die Ärztin. »Der Fötus, den Sie in sich tragen, weist eine Reihe von Entwicklungsproblemen auf. Das Herz ist vergrößert, und das bedeutet, dass sich die Lungen nicht richtig entwickeln können.«

»Wie … ernst ist es denn?«

»Das Baby wird es mit sehr großer Wahrscheinlichkeit nicht schaffen.«

Ich weinte still, versuchte mich zusammenzureißen, während die Tränen in die Falten meines Hidschabs tropften. »Was kann ich tun?«

»In solchen Fällen ist ein Schwangerschaftsabbruch nicht ungewöhnlich«, erklärte mir die Ärztin behutsam. »Der Eingriff ist völlig legal und oft auch besser für die Gesundheit der Mutter. Natürlich liegt die Entscheidung ganz bei Ihnen.«

Ich konnte nicht einmal etwas erwidern. Ein grausames Mantra jagte mir durch den Kopf. *Ich bin schuld. Ich bin schuld. Ich bin schuld.*

»Sie sollten aber Folgendes wissen«, fuhr die Ärztin fort. »Wenn der Fötus in der Gebärmutter stirbt, können sehr ernsthafte Komplikationen für die Mutter entstehen, sogar tödliche. Sie müssen diese Risiken abwägen, bevor Sie irgendeine Entscheidung treffen.« Wie eine Schlafwandlerin bewegte ich mich durch die nächsten paar Tage, fühlte mich wie ein Geist in meinem eigenen Haus. Schließlich setzte sich Arslan mit mir auf die Couch, während die Kinder bei Freunden waren.

»So kann es nicht weitergehen. Wir müssen eine Entscheidung treffen.«

»Ich weiß«, erwiderte ich dumpf. Mir dröhnte der Kopf. Ich hatte in den vergangenen paar Tagen kein Essen bei mir behalten können. Es war, als rebellierte mein ganzer Körper.

»Du darfst dir nicht die Schuld geben«, sagte er.

»Ich *gebe* mir aber die Schuld!«, brach es aus mir heraus. »Ich mache mir solche Sorgen um meinen Vater, dass ich weder essen noch schlafen kann. Ich kann überhaupt nicht für mich selbst sorgen. Natürlich leidet das Baby darunter.«

»Wie kannst du das nur denken?« Arslans Stimme verriet deutlich, wie schockiert er war. »Gul, dieses Kind ist ein Geschenk von Allah. Er hat dir dieses Baby gegeben, und er hat dir diese Entscheidung überlassen. Du trägst keine Schuld an deinen Lebensumständen. Was deinen Eltern geschieht, unterliegt nicht deiner Kontrolle, das weißt du. Kontrollieren kannst du nur deine eigenen Taten.«

»Aber wie kann ich eine solche Entscheidung treffen?«, flüsterte ich. Die Ärzte hatten mir die Risiken der Schwangerschaft genau vor Augen geführt. Aber wie konnte ich eine Schwangerschaft abbrechen, die Allah mir geschenkt hatte? Ich wünschte mir, dass ein weiteres Kind in unsere herzliche, von Liebe erfüllte Familie kam, damit es etwas von seinen Geschwistern lernte und ihnen im Gegenzug etwas beibrachte. Es gab auf der Welt so viel Härte und so wenig Mitleid, und meine Kinder mussten ohne ihre Onkel und Tanten, Cousins und Cousinen auskommen. Sogar ihre Großeltern befanden sich am anderen Ende der Welt. Je mehr Geschwister sie hatten, desto mehr Unterstützung würden sie in ihrem Leben bekommen. Und ich hatte so viel mehr Liebe zu geben.

Arslan nahm meine Hand. »Ich habe in der Moschee mit unserem Imam gesprochen. Er sagt, es gibt ein Komitee von Imamen, das wir zu solchen Dingen befragen können. Sie können uns Ratschläge erteilen, die den Ärzten nicht zur Verfügung stehen. Ich denke, wir sollten uns an sie wenden.«

Ein weiteres Mal legte ich all mein Vertrauen in meinen Glauben und spürte, wie sich eine Last von meinen Schultern hob. »Warten wir ab, was sie zu sagen haben.«

Wir schrieben den Imamen einen Brief, in dem wir die Situation darstellten und meinen Zustand beschrieben. Wir schickten ihnen Kopien meiner medizinischen Unterlagen und sämtliche Dokumente, die wir von den Ärzten erhalten hatten. Einige Wochen später kam eine Antwort: *In diesem Fall glauben wir den amerikanischen Ärzten. Das Kind wird nicht lebensfähig sein. Unter derartigen Umständen erlaubt das islamische Gesetz eine Beendigung der Schwangerschaft. Sie werden entsprechend den islamischen Grundsätzen nicht bestraft werden. Ihnen und Ihren Ehemann wurden bereits drei Kinder geschenkt, um die Sie sich kümmern müssen. Ansonsten liegt die Entscheidung bei Ihnen. Wir möchten Sie dazu anregen, Allah im Gebet um Führung zu bitten.*

Den nächsten Tag verbrachte ich mit Fasten und Beten. Der Fastenmonat Ramadan begann gerade, deswegen fastete die gesamte Familie vom Morgen bis zum Abend. Anders als die Uigurinnen und Uiguren in meiner Heimat konnte ich meinen Glauben frei und offen praktizieren. Ich las im Koran und verbrachte in unserem Schlafzimmer Zeit in stiller Versenkung. Zu wissen, dass es aus religiöser Perspektive nicht falsch wäre, die Schwangerschaft zu beenden, bedeutete eine Erleichterung. Wenn man die Risiken in Betracht zog, erschien die Entscheidung ganz offensichtlich. Als ich die Gebete sprach, stellte ich mir vor, wie meine Seele von meiner ganzen Traurigkeit gereinigt wurde, von meiner Schuld, meiner Wut. Von allen Gedanken, die mich auf den falschen Pfad geführt hatten, von allen lieblosen Worten und Taten. Ich konzentrierte mich mit meinem ganzen Wesen auf die große Macht Allahs, auf seine Schönheit und Stärke. Mein Leben, meine Schmerzen, mein Leiden waren winzig im Angesicht seines Mitleids und Mitgefühls. Ich konnte mich ihm ganz und gar überlassen und ihm vertrauen.

Als ich an diesem Abend das Schlafzimmer verließ, um unser Abendessen zuzubereiten, das Iftar, fühlte ich mich so ruhig wie seit Wochen nicht mehr.

Arslan stand bereits in der Küche und bereitete Datteln und Tee für das Fastenbrechen vor.

»Ich werde unseren Sohn austragen«, teilte ich ihm mit. »Ich glaube daran, dass ein Wunder geschehen kann.«

Er zog mich an sich und hielt mich fest, so stark und tröstend wie immer. »Du bist eine sehr tapfere Frau, Gul. Die tapferste von allen.«

In den folgenden Monaten erhielt ich die bestmögliche medizinische Versorgung. Ich hatte einen Termin nach dem anderen, durchlief so viele Tests, dass ich den Überblick verlor. Ich tat alles, was die Ärzte mir rieten, nahm jedes Nahrungsergänzungsmittel, das sie mir nannten, aß alles, was ich essen sollte, und rührte nichts an, von dem man mir abriet. Ich wollte meinem Sohn jede nur mögliche Überlebenschance schenken.

Jeden Tag berührte ich meinen Bauch und tastete nach meinem Sohn, vergewisserte mich, dass er noch immer bei mir war. Jeder Tritt gegen meinen Bauch fühlte sich an wie ein kleines Geschenk. Jedes Mal, wenn er sich drehte oder ich einen Ellenbogen in den Rippen spürte, durchfuhr mich Freude. Er war noch da, er kämpfte noch.

Und auch ich kämpfte noch, entwickelte Reportagen über Dinge, die von Bedeutung waren. Ich begleitete eine Geschichte über medizinische Zwangsuntersuchungen, denen die uigurische Bevölkerung in ganz Ostturkestan ausgesetzt war. Man hielt die Leute auf der Straße an, holte sie vom Arbeitsplatz oder aus der Schule weg und zwang sie zu Tests, zu denen Blutentnahmen, DNA-Tests und Urinproben gehörten, und sie mussten EKGs, Röntgenaufnahmen und Ultraschalluntersuchungen über sich ergehen lassen. Man sagte ihnen, es handele sich um Routineuntersuchungen, doch ich hatte den Eindruck, dass die KPCh eine riesige Datenbank mit biometrischen Informationen über die Uiguren anlegte. Ich sprach mit jemandem von der Nichtregierungsorganisation Human Rights Watch in New York und erfuhr, dass ohne Kontrollinstanz oder irgendwelche datenschutzrechtliche Erwägungen Proben von 20 Millionen Menschen entnommen worden waren und dass man dabei war, auf der Basis dieser Informationen eine nationale Datenbank zusammenzustellen. Eine furchteinflößende Aussicht – die chinesische Regierung würde jeden einzelnen Uiguren und jede einzelne Uigurin ohne jede Mühe identifizieren können. Das würde entsetzliche Konsequenzen mit sich bringen, wie von George Orwell beschrieben, und diese Maßnahmen ließen sich theoretisch auf alle chinesischen Bürgerinnen und Bürger oder sogar weltweit anwenden.

Während dieser ganzen Zeit der Anspannung in der Arbeit und der Angst um meinen Sohn, den ich in mir trug, erzählte ich meiner Familie in Ürümchi nichts. Das war am schwersten: das Gefühl, all meinen Schmerz und meine Freude vor ihnen verbergen zu müssen, und der Eindruck des Getrenntseins, der daraus entstand. Aber mein Vater war immer noch sehr krank. Nach dem Schlaganfall konnte er nicht mehr laufen und nur noch ganz einfache Sätze von sich geben. Er musste wieder ganz von vorne lernen, wie man in der Welt zurechtkam. Meine Mutter und mein Bruder kümmerten sich um ihn, so gut sie irgend konnten. Ständig fuhren sie ins Krankenhaus und stellten sicher, dass er alles hatte, was er benötigte. Ich konnte sie nicht mit dem belasten, was in meinem Leben vor sich ging, hier, auf der anderen Seite der Welt.

Als meine Fruchtblase platzte, war ich sehr ruhig. Ich hatte in diesen neun Monaten alles getan, was ich nur konnte. Und ich hatte so viel über mich gelernt, und darüber, Verantwortung für etwas zu übernehmen, was größer war als ich selbst. Und im Endeffekt auch, wie ich das, was ich nicht kontrollieren konnte, einer Macht überließ, die größer war als alles menschliche Vermögen.

Nach einem kurzen Geburtsvorgang kam mein Sohn zur Welt. Eine Stunde später verstarb er, an meine Brust geschmiegt. Seine Lungen hatten sich nicht richtig entwickelt, und er konnte nicht allein atmen. Es gab nichts, was die Ärzte hätten tun können, um ihn zu retten. Das Zimmer war voll mit Medizinern, die alle mit uns zusammen warteten. Dafür war ich sehr dankbar: Sie blieben bei uns, obwohl keine Form der menschlichen Intervention irgendeinen Unterschied gemacht hätte.

Nachdem er zu atmen aufgehört hatte, nahm mir eine Schwester meinen Sohn sanft aus den Armen. Im Körper und im Herzen empfand ich eine größere Leere, als ich mir jemals hätte vorstellen können.

Der Abschied vom eigenen Kind ist das Allerschwerste auf der Welt.

Als ich einige Stunden später aufwachte, kontrollierte eine Schwester gerade meine Infusion, und im Zimmer war es still.

»Wo ist mein Sohn?«, fragte ich die Schwester. »Morgen früh kommt der Imam, um ihn zu segnen und ihn für die Bestattungsvorbereitungen mitzunehmen.«

»Wir haben noch einige letzte Untersuchungen durchgeführt«, erklärte sie. »Jetzt ist er im Kühlraum, bis er abgeholt wird.«

Ich ertrug den Gedanken nicht, dass mein Baby dort lag, kalt und allein, weg von der tröstenden Wärme des Körpers seiner Mutter. Jeder einzelne Muskel in mir schmerzte, und ich hatte kaum genug Kraft, um mich auf die Ellenbogen zu stützen. Doch ich richtete mich auf und flehte die Schwester an, mir meinen Sohn zurückzubringen.

»Ich weiß, er lebt nicht mehr«, sagte ich zu ihr. »Ich bin nicht verrückt geworden. Aber ich muss ihn warmhalten. Bitte.«

Sie legte mir behutsam die Hand auf die Schulter. »Ich spreche mit dem Arzt.«

Bei ihrer Rückkehr hielt sie meinen Sohn in den Armen. Man hatte ihn in eine warme Decke gewickelt, und als sie ihn mir reichte, schien es, als schlafe er nur. Sein Gesicht, das aus der Decke herausschaute, war vollkommen: eine winzige Stupsnase, zarte Wimpern, dunkles, seidiges Haar auf seinem wohlgeformten Kopf. Ich zog ihn an meine Brust, wie ich es bei meinen anderen vollkommenen Kindern getan hatte.

Während der Nacht kam die Schwester jede Stunde mit einer neuen warmen Decke zurück. Ihre Güte werde ich nie vergessen. Ich wickelte meinen Sohn warm ein, küsste wieder und wieder seine Stirn, wiegte ihn in meinen Armen und erzählte ihm, wie sehr wir ihn liebten. Dass er immer geliebt werden würde.

Dann, als die Sonne gerade aufging, erschien der Imam in meinem Zimmer. Die Haut meines Babys hatte sich auf schreckliche Weise bläulich verfärbt, aber sein Gesicht war noch immer wunderschön. Als ich im Licht des frühen Morgens auf ihn herunterschaute, wurde mir bewusst, dass er genauso aussah wie mein Vater. Die Ähnlichkeit war fast beunruhigend, so deutlich konnte man sie erkennen.

Der Imam beugte sich über das Bett und schaute prüfend auf mich herunter. »Gulchehra, ich bin gekommen, um die Duʿāʾ-Gebete für Ihr Baby zu sprechen. Aber für Sie werde ich keines sprechen.«

»Aber Imam, bitte, Sie müssen für mich beten«, erwiderte ich und brach wieder in Tränen aus. Mir tat der Kopf weh, weil ich die ganze Nacht geweint hatte, meine Augen und meine Schläfen pochten. Der Rest meines Körpers fühlte sich an, als wäre ich zusammengeschlagen worden.

»Schwester, du hast entsetzlich für deinen Sohn gelitten. Nicht jede Frau hätte diese Schwangerschaft bis zum Ende durchgestanden. Das hier ist vielleicht die größte Prüfung deines Lebens. Warum weinst du? Du hast deine Stärke und deine Güte bewiesen. Allah hat dir die Gelegenheit gegeben, dieses Kind auszutragen, und indem du das getan hast, hast du sehr viel gelernt. Wir alle werden eines Tages sterben, und selbst wenn du in deinem Leben nichts Gutes mehr tust, wird es genügen. Du hast deinen Sohn in diese Welt getragen und ihm den Weg aus dieser Welt hinaus erleichtert. Dafür wirst du im Dschanna, im Paradies, willkommen geheißen werden, wo dich nie wieder etwas verletzen wird. Du solltest jubeln, Schwester.«

Als er für meinen Sohn zu beten begann, spürte ich, wie sich der Schmerz in meinem Herzen löste, wie ein verkrampfter Muskel, der sich allmählich entspannt. Ich dachte: *Ich bin nicht der Schöpfer. Ich habe als seine Mutter mein Bestes getan. Ich kann ihn jetzt an Allah zurückgeben.* Ich lauschte den Gebeten des Imam und schloss die Augen, verabschiedete mich von dem Sohn, den ich auf Erden nur so kurz in den Armen gehalten hatte.

Als ich aus dem Krankenhaus kam, wusste ich nicht, was ich meinen drei Kindern sagen sollte. Mit erst neun, sechs und fünf Jahren waren sie immer noch zu klein, um zu verstehen, was mit ihrem kleinen Bruder geschehen war. Mein Herz war aufgerissen und wund, und ich wusste nicht, ob ich überhaupt darüber würde sprechen können. Doch Arslan hatte sie schon vorbereitet.

»Wisst ihr noch, was ich gesagt habe?«, fragte er sie und hockte sich hin, sodass er ihnen in die dunklen, ernst dreinblickenden Augen blicken konnte. »Eure Mutter hat einen kleinen Bruder zur Welt gebracht. Aber er wurde nicht wie wir als normaler Mensch geboren. Er wurde als Engel geboren. Deswegen musste er sofort zu Allah zurückkehren. Allah hat ihn geschaffen, damit eure Mutter ihn in sich tragen kann und damit wir ihn lieben können, aber jetzt muss er zurück zu Allah. Wir haben unser Bestes getan, und wir werden ihn immer lieben. Und wenn wir sterben, wird er da sein, um die Tore ins Dschanna für uns zu öffnen.«

Die Kinder weinten, und auch wir weinten, aber ich konnte sehen, dass sie es verstanden. Als ich an diesem Abend im Bett lag, um mich auszuruhen, schlichen sie sich als kleine Gruppe auf Zehenspitzen ins Zimmer. Meine ältere Tochter überreichte mir scheu drei Blätter. Sie hatten alle ein Bild ihres kleinen Bruders gemalt, der zum Himmel aufflog. Ich öffnete die Arme, zog sie an mich und hielt sie so lange fest, wie sie mich ließen, atmete ihren süßen Shampooduft ein. Ich konnte spüren, wie sich meine Liebe für sie in der Leere ausbreitete, die ihr Bruder hinterlassen hatte. Ein Teil dieser Leere würde immer bleiben, die klaffende Wunde jedoch allmählich heilen.

Als ich mich einige Tage später stark genug fühlte, rief ich meine Mutter an und erzählte ihr, was geschehen war. Wir weinten zusammen, und meine Mutter sagte mir, sie habe nie meinen ältesten Bruder vergessen, der so kurz nach seiner Geburt verstorben war.

»Der Schmerz wird geringer, aber er geht niemals ganz weg.«

»Ich weiß«, erwiderte ich. »Ich habe mir selbst die Schuld für das gegeben, was passiert ist, aber jetzt begreife ich es auf einer tieferen Ebene, glaube ich. Solange wir die Liebe haben, haben wir alles, was wir brauchen. Das weiß ich jetzt.«

»Und jetzt hast du das Frausein zur Gänze erfahren«, sagte meine Mutter traurig. »Es ist nicht leicht.«

»Apa, ich muss wissen, wie es Dada geht. Ich weiß, du hast mich beschützt, indem du mir nicht alles erzählt hast. Aber jetzt kannst du mir sagen, wie es wirklich um ihn steht.« Ich fühlte mich, als könnte ich alles ertragen. Mein Herz hatte viele Schläge erduldet, aber ich war wieder aufgestanden. Ich machte mich für alles bereit, was sie sagen würde.

»Ach, Gulchehra«, sagte meine Mutter. »Liebling, wir haben gute Neuigkeiten. Wirklich. Dein Dada kann wieder ein bisschen laufen. Dein Bruder hat Wunder an ihm vollbracht.«

Sie berichtete mir, dass mein Bruder seine Arbeit aufgegeben hatte, um sich ganz auf die Pflege unseres Vaters konzentrieren zu können. Nach seiner medizinischen Ausbildung und der Erfahrung, die er gewonnen hatte, als er sich im Gefängnis um seine Mithäftlinge kümmerte, verfügte er über viel Wissen und hatte es geschafft, dass mein Vater wieder laufen und sprechen konnte.

All das war ohne mich vor sich gegangen. Ich wusste nicht, wie ich hätte helfen können. Ich konnte natürlich nicht persönlich dort sein, und jedes Mal, wenn ich Geld zu schicken versuchte, kam es sofort zurück. Die chinesische Regierung hatte mein Konto blockiert, und die Bankkonten meiner Familie wurden überwacht, damit keine nicht erklärbaren Beträge darauf eingingen. Während meiner Schwangerschaft hatte ich einige Male mit meinem Vater zu telefonieren versucht, aber dann begann er immer zu weinen, und ich verstand kein einziges Wort. Ich fühlte mich sehr schuldig, weil ich nicht für ihn da sein konnte.

Doch endlich gab es ein paar gute Neuigkeiten, auf die ich mich konzentrieren konnte, während ich langsam meine alten Kräfte wiedergewann und in mein normales Leben zurückfand.

Bei meiner Rückkehr in den Sender behandelten mich meine Kollegen sehr vorsichtig; sie übernahmen zum Beispiel einige Abgabetermine, um mir mehr Zeit zu geben. Doch nach einigen Monaten konnte ich das alte Tempo bei der Recherche und den Interviews, dem Schreiben und Moderieren wiederaufnehmen, und das jeden Tag.

Ich arbeitete an einer explosiven Story, vielleicht der größten Enthüllung, an der ich jemals dran gewesen war, wenn sich herausstellte, dass wirklich das darin steckte, was ich vermutete. Ich hatte mit der Aufdeckung eines Umerziehungssystems begonnen, das man schrittweise über Jahre entwickelt hatte. Mir war zugetragen worden, Menschen müssten zwei Wochen oder einen Monat in »Parteischulen« verbringen, Zentren mit KPCh-Personal, in denen den Menschen marxistische Lehren beigebracht und eine Liebe zur KPCh eingeimpft werden solle. Dort stellte man jede Form des religiösen Glaubens als Aberglauben hin; nur die Ideologie der KPCh, so hieß es, repräsentiere die Wahrheit. Die Leute wurden dort für ganz geringfügige Übertretungen festgehalten – den Besuch einer Moschee oder die Weigerung, die chinesische Hymne zu singen, dafür, sich »zu bescheiden« zu kleiden oder Alkohol abzulehnen. In den Zentren zwang man sie, kommunistische Parteipropaganda von sich zu geben, der Kommunistischen Partei Treue zu schwören und zu versprechen, keine Handlungen des »religiösen Extremismus« auszuüben.

Als ich herumtelefonierte, um herauszufinden, ob das stimmte, verfolgte ich zwei Strategien gleichzeitig. Ich recherchierte intensiv und erhielt Namen und Telefonnummern dieser Zentren, die nicht auf den offiziellen chinesischen Webseiten zu finden waren. Dann rief ich dort an und gab mich als RFA-Reporterin zu erkennen, all das in fließendem Mandarin. Wenn es sich bei der Person am anderen Ende der Leitung um einen Han-Chinesen oder eine Han-Chinesin handelte, überrumpelte ich sie auf diese Weise oft völlig, und sie glaubten, dass ich zu irgendeiner offiziellen chinesischen Institution gehörte. Dann erzählten sie mir Dinge, zum Beispiel, wie viele Leute in den letzten sechs Monaten festgehalten worden waren, und wie lange. Manchmal prahlten sie damit, dafür zu sorgen, dass ihre »Schüler« kaum genug zu essen hatten, was sie zum Lernen motivieren sollte. Auf der Grundlage dieser Gespräche erstellte ich das Bild eines sich rasch entwickelnden, auf Strafe basierenden Systems der zwangsweisen Umerziehung. Wenn ich einen Uiguren oder eine Uigurin an den Apparat bekam, wechselte ich sofort in meine Muttersprache. Uigurisches Personal an diesen sogenannten Schulen war normalerweise zurückhaltender. Diese Menschen wussten, dass man sie überwachte und dass andere mitbekamen, was sie sagten. Doch sie waren oft auch sehr klug und teilten mir mit, was ich wissen musste, ohne es wirklich auszusprechen.

»Mir ist ein Gerücht zu Ohren gekommen, dass man in einem bestimmten Dorf im Süden die Hälfte der Einwohner zur Umerziehung geschickt hat«, erfuhr ich auf diese Weise. »Das sind eine Menge Leute, wissen Sie! Aber so etwas glauben wir natürlich nicht.«

Trotz all der Einschränkungen und der Angst schafften es unsere Leute, die Informationen an uns weiterzugeben. Wir alle wussten, dass es hier ums Überleben ging.

Wenn ich über die Situation in Ostturkestan berichtete

oder Uigurinnen und Uiguren auf der ganzen Welt interviewte, fühlte ich mich meiner Familie zu Hause am nächsten. Ich konnte nicht dort sein, um meinem Vater beim Aufstehen und Laufenlernen zu helfen, meinem Bruder die Last abzunehmen oder meine Mutter zu trösten, die immer noch zu arbeiten versuchte, während sie sich um meinen Vater kümmerte. Aber ich konnte versuchen, die Situation für unser ganzes Volk zu verbessern, mit einem Bericht nach dem anderen.

Doch die Arbeit vermochte den Schmerz über den Verlust meines Kindes nicht zu lindern. In diesem Herbst nahmen Arslan und ich unsere Kinder mit auf den Friedhof, wo unser Junge begraben lag, damit sie ihren kleinen Bruder besuchen konnten. Sie brachten Blumen und kleine Spielzeuge mit, die sie auf sein Grab stellten. Ich weinte mit ihnen, als wir alle zusammen dort standen, obwohl wir wussten, dass er von oben auf uns herabschaute. Arslan nahm unseren Sohn auf den Arm, während ich die Hände meiner Töchter festhielt, die Wärme ihrer Körper, ihre Lebenskraft und ihren Geist spürte.

Als wir uns vom Grab abwandten und langsam davongingen, fühlte es sich für mich an wie ein Abschied von einem Teil meines Körpers, der verwundet worden war und dort im der Erde begraben lag. Ich ließ ein Stück meiner selbst für immer zurück. Dann, umgeben von meinem Mann und meinen Kindern, wurde ich plötzlich von Dankbarkeit erfüllt, wie von einem hervorbrechenden kleinen Sonnenstrahl. Ich hatte so viel. Und mein Sohn würde im Himmel auf uns warten, wo er nie verloren gehen konnte. In der Zwischenzeit würde ich sein Grab hier besuchen, auf diesem ruhigen kleinen Friedhof, und mich an dem kleinen Lebensfunken erfreuen, der ihm geschenkt worden war.

***

Ein Jahr nach dem Tod meines Sohnes, 2015, schickte mich Radio Free Asia in die Türkei, wo ich etwa zweihundert uigurische Geflüchtete interviewen sollte, die über Südostasien ins Land gelangt waren. Thailand schickte die Uiguren gegen ihren Willen zurück nach China, wo sie ins Gefängnis geworfen und häufig gefoltert wurden. Die türkische Regierung hatte zugestimmt, die Frauen und Kinder, die es nach Thailand geschafft hatten, aufzunehmen, die Männer jedoch mussten zurückbleiben und ihrem Schicksal entgegentreten. Weil ihre Ehemänner nicht bei ihnen waren, stimmten diese Frauen nur Gesprächen mit einer Journalistin zu, im Idealfall mit einer Muslimin im Hidschab, wie sie selbst. Und sie bestanden auf einem persönlichen Treffen.

Das war mein erster großer Auftrag seit einer ganzen Weile; ich freute mich auf die Herausforderung. Und da gab es noch etwas. Ich wusste, dass Mehray aus der Schweiz nach Istanbul gegangen war, um als Dolmetscherin zu arbeiten. In dieser Woche hatte sie Geburtstag, und obwohl ich ihre Adresse nicht kannte, hoffte ich, herausfinden zu können, wo sie wohnte, und sie mit einem Besuch zu überraschen. Es war uns nicht besonders gut gelungen, telefonisch miteinander in Kontakt zu bleiben, und ich wollte ihr vertrautes Gesicht unbedingt wiedersehen.

Als wir uns gerade im Landeanflug auf Istanbul befanden, begann es zu schneien. Bis ich ein Taxi zu meinem Hotel in der Nähe des Stadtzentrums gefunden hatte, hatten sich die Straßen in ein riesiges Matschchaos verwandelt. Über uns tobte der schlimmste Schneesturm, den Istanbul seit zwanzig Jahren erlebt hatte.

Als ich am nächsten Morgen aufwachte, lagen über dreißig Zentimeter Schnee. Alles war von Weiß bedeckt: die engen, hügeligen Straßen, die Denkmäler, die farbenfrohen Dächer und Minarette. Busse fuhren nicht mehr, und niemand wagte sich mit dem Auto in die Schneeverwehungen hinaus. Nur die vielen Stadttauben schienen sich überall frei zu bewegen; sie flogen blitzschnell hin und her und suchten unter den Schneewehen nach Futter.

Weil es weder öffentlichen Nahverkehr noch Taxis gab, saß ich in meinem Hotelzimmer fest. Ich musste einen anderen Weg finden, um zu den Frauen zu gelangen, die ich interviewen sollte. Für meine Reise hatte ich fünf Tage angesetzt, und mein Budget war sehr begrenzt. Ich konnte nicht einfach nur herumsitzen und darauf warten, dass es aufhörte zu schneien.

Ich ging in die Lobby und wandte mich an den Rezeptionisten. »Entschuldigung, ich brauche ein Taxi.«

»Es tut mir leid, Madam, die Taxis fahren noch nicht wieder.« Er wandte sich seinen Unterlagen zu.

»Dann ein Auto. Irgendetwas. Wirklich, irgendetwas!«

Er schaute mich an. »Mein Bruder betreibt einen Chauffeurdienst. Aber ich glaube nicht, dass seine Fahrer schon wieder arbeiten.«

»Können Sie ihn bitte anrufen und fragen? Sagen Sie ihm, ich sorge dafür, dass er gut entlohnt wird.«

Der Angestellte nickte und erledigte ein paar Telefonanrufe. Etwa eine Stunde später erschien ein Geländewagen vor dem Hotel.

Ich kletterte hinein und stellte zu meiner Erleichterung fest, dass ein freundlich lächelnder junger Mann am Steuer saß. »Ich brauche Ihre Hilfe«, erklärte ich, während ich ihm die Adresse des Flüchtlingscamps gab.

Unsicherheit huschte über sein Gesicht. »Das ist aber ziemlich weit …«

»Bitte«, sagte ich. »Es ist sehr wichtig. Ich kann Ihnen hundert Dollar pro Tag zahlen.«

Er nickte, und wir fuhren los, rutschten und schlitterten über die glatten Straßen, obwohl er den Wagen sehr vorsichtig lenkte.

Das Camp war grau und unwirtlich, mit niedrigen Betongebäuden. Über allem hing ein vager Gestank. Doch wenigstens schien man dort nicht unmenschlich mit den Leuten umzugehen. Die Frauen erzählten mir, in dem Lager, in dem man sie in Thailand festgehalten hatte, hätten viel schlimmere Zustände geherrscht: Dort habe Müll herumgelegen, das Camp sei überfüllt und nur mit wenigen sanitären Anlagen ausgestattet gewesen. Das türkische Lager hingegen war relativ sauber, und den Frauen blieb zumindest ein wenig Privatsphäre für sich und ihre Kinder. Alle stimmten auch darin überein, dass ihnen das Essen hier besser schmeckte.

Die Frauen, mit denen ich sprach, waren nervös und bestanden darauf, ich solle nicht ihre echten Namen benutzen, weil sie Vergeltungsmaßnahmen der chinesischen Regierung fürchteten. Sie alle waren wegen des Drucks von chinesischer Seite von zu Hause geflohen. Der Ehemann einer der Frauen war auf der Schwarzen Liste der Regierung gelandet, weil er an religiösen Veranstaltungen teilgenommen und sich als praktizierender Muslim geweigert hatte, in der Kantine in der Arbeit Schweinefleisch zu essen. Es war sogar illegal geworden, selbst zu entscheiden, was man aß und was nicht. Eine andere Frau war geflüchtet, weil sie mit ihrem dritten Kind schwanger war und damit gegen die strikte Familienplanung verstieß, die man festgelegt hatte, um die uigurische Bevölkerung drastisch zu reduzieren. Eine weitere Frau hatte Probleme bekommen, nur weil sie als Uigurischlehrerin darauf bestanden hatte, ihren Unterricht in uigurischer Sprache statt auf Chinesisch abzuhalten.

Jede dieser Geschichten war entsetzlich, und die Frauen wirkten niedergeschlagen, verängstigt und entwurzelt. Doch am schlimmsten traf mich das Gespräch mit der Uigurischlehrerin. Plötzlich musste ich an Abdul und sein fröhliches, scheues Lächeln denken. Er war nach seiner Studienzeit in sein nach Rosen duftendes Dorf zurückgekehrt, um die uigurische

Sprache zu unterrichten. Hatte man ihn jetzt auch im Strafsystem verschwinden lassen? Wie sollte jemand so Sanftes und Sensibles wie er unter derart schlimmen Umständen überleben können? Wie sollte das überhaupt irgendjemandem gelingen?

Ich weinte mit den Frauen, während sie mir ihre Geschichten erzählten, und gleichzeitig weinte ich um alle, die ich zu Hause kannte. Es war so schwer, sie dort ihrem ungewissen Schicksal zu überlassen.

Ich war nach drei Tagen voller Interviews mit diesen Frauen körperlich und emotional erschöpft, wollte aber den verbleibenden vollen Tag unbedingt für die Suche nach Mehray nutzen. Langsam wurden die Straßen vom Schnee befreit, und unter meinem Fenster fuhren unter lautem Dröhnen ein paar Busse vorbei, die überall Matsch verspritzten.

Als mein Fahrer wie jeden Morgen erschien, kletterte ich in den Wagen und bat ihn, mich heute an einen anderen Ort zu bringen. »Ich habe aber keine Adresse, nur eine Telefonnummer.«

Verwirrt schaute er mich an.

»Das ist eine alte Freundin von mir. Können Sie sie bitte anrufen und sagen, dass ihre Freundin Gulchehra ihr Blumen schickt und Sie nicht wissen, wohin Sie sie liefern sollen? Dann gibt Sie Ihnen hoffentlich die Adresse.«

Lachend sagte er: »Nun gut, ich werde es versuchen.« Er rief die Nummer von seinem Handy aus an und sprach auf Türkisch. Weil das Uigurische eine Turksprache ist, konnte ich einen Teil von dem verstehen, was er sagte: »Ich habe hier Blumen für Sie. An welche Adresse darf ich die liefern?«

Mehray nannte ihm ihre Adresse, und wir fuhren los. Wegen der verschneiten Straßen brauchten wir fast zwei Stunden, um dort hinzukommen – vor allem, weil ich den Fahrer bitten musste, irgendwo anzuhalten, damit ich Blumen (und einen kleinen Honigkuchen) besorgen konnte. Ich ging auch schnell in einen kleinen Supermarkt und kaufte einige Lebensmittel. Als ich aus dem Geländewagen stieg, gab ich dem Fahrer ein großzügiges Trinkgeld. In beiden Armen trug ich die Geschenke für Mehray.

»Können Sie mich morgen abholen?«, bat ich den Fahrer. »Meine Freundin und ich werden sehr viel zu besprechen haben.«

Als Mehray die Tür öffnete und mich auf der Schwelle stehen sah, trat sie vor Überraschung einen ganzen Schritt zurück. Dann umarmte sie mich lachend und zog mich in ihr einfaches, aber gemütliches Apartment. Sie wirkte dünner und hatte einiges von der Energie in ihren Bewegungen verloren, doch ansonsten war sie so, wie ich sie seit der achten Klasse kannte.

»Ich bin nur noch eine Nacht hier«, erzählte ich ihr, nachdem ich ihr erklärt hatte, was mich nach Istanbul führte. »Wir sollten also das Beste daraus machen. Wo ist denn deine Küche?«

»Warum? Wir können doch einfach etwas bestellen.«

Ich lachte. Die Freude über das Wiedersehen und darüber, ihre vertraute Stimme zu hören, verliehen mir Schwung. »Ich weiß doch, dass du Kochen hasst. Deswegen werde ich die ganze Nacht für dich kochen, damit dir noch etwas vom Geschmack der Heimat bleibt, wenn ich schon wieder weg bin.«

»Wer soll denn das alles essen?«, rief sie aus, als sie all die Lebensmittel sah, die ich gekauft hatte.

»Dafür gibt es doch Tiefkühltruhen«, gab ich zurück.

Wir blieben die ganze Nacht auf, kochten, tranken Tee und unterhielten uns. Mehray schaute sich begeistert die Bilder meiner Kinder an, und ich dachte an all die uigurischen Frauen, die keine Kinder haben konnten, weil man misslungene Abtreibungen oder Zwangssterilisierungen an ihnen durchgeführt hatte. Ich gehörte zu den Glücklichen, die es unversehrt an Körper und Geist aus China herausgeschafft hatten.

Ich fragte Mehray, ob sie einsam sei, und sie dachte einen Moment nach.

»Hier gibt es eine gute uigurische Gemeinschaft, deswegen bin ich in gewisser Hinsicht nicht einsam. Ich habe Freunde hier. Aber die sind nicht wie die Freunde, die ich zu Hause hatte.«

»Ich weiß genau, was du meinst. In Amerika haben die Menschen den Eindruck, sie gehen ein Risiko ein, wenn sie mit mir befreundet sind. Sie wollen nicht mir in Zusammenhang gebracht werden, weil sie oder ihre Familien dann auch zu Zielscheiben werden könnten.«

Ich erzählte ihr, wie Arslan und ich kurz vor meiner Reise bei uigurischen Freunden in Washington eingeladen gewesen waren. Zu den Gästen gehörten auch eine weitere Freundin und ihre Eltern, die gerade aus Kaschgar zu Besuch gekommen waren. Arslan und ich hatten uns ein wenig verspätet und trafen ein, als die anderen bereits beim Abendessen saßen. Sobald die Eltern der Frau mich erblickten, zeigte sich Angst in ihren Gesichtern. Kurze Zeit später erklärte die Mutter der Frau, sie fühle sich nicht wohl und wolle gehen. Sie brachen auf, ohne überhaupt fertig gegessen zu haben.

»Du hast doch gesagt, sie wäre deine Freundin?«

Ich zuckte die Schultern. »Am nächsten Tag hat sie mich angerufen und sich entschuldigt. Sie hat mir gesagt: ›Meine Eltern müssen nach Kaschgar zurück. Sie müssen nach China zurückkehren und wissen, dass die chinesische Regierung dich wie eine Feindin behandelt. Es gibt dort so viel Propaganda über dich. Sie haben Angst. Mit dir befreundet zu sein, ist wie das Sitzen auf einer Nadelspitze. Gefährlich. Ich respektiere dich, aber ich habe nicht den Mut, eine engere Beziehung zu dir einzugehen.‹«

Mehray seufzte tief.

»Was ist denn?«

»Ich wollte es dir eigentlich nicht erzählen, Gul.«

Ich ahnte Schlimmes.

»Meine Eltern hat man deswegen auch schikaniert. Nachdem ich nach Amerika gereist bin, um dich zu besuchen, ist mehrfach die Polizei zu ihnen gekommen. Deswegen habe ich seitdem nicht so oft Kontakt zu dir aufgenommen. Wie du gesagt hast: Man weiß nie, wann man beobachtet wird.«

Mich durchzuckte ein Schmerz, und ich schloss kurz die Augen.

»Es tut mir so leid, Mehray. Bitte entschuldige dich auch in meinem Namen bei deinen Eltern.«

Sie packte mich heftig an beiden Armen. »Gul, sag das nie wieder. Du brauchst dich für nichts – gar nichts! – zu entschuldigen.«

Ich umarmte sie, so fest ich konnte. Doch in mir gab es einen kalten, harten Klumpen der Schuld und der Angst, der nie wieder verschwinden würde.

* * *

Ein paar Monate nach meiner Rückkehr aus Istanbul rief ich meine Eltern an, um zu hören, wie es ihnen ging. Weil es ihr zusetzte, zu arbeiten und sich um meinen Vater zu kümmern, hatte meine Mutter wieder hohen Blutdruck. Außerdem quälten sie schmerzhafte Krampfadern in den Füßen. Ich machte mir immer größere Sorgen um alle. Ich wusste nicht, wie sie damit fertig werden würden, wenn meinem Bruder etwas zustieß, dem Einzigen von ihnen, der jung und gesund war.

Als ich anrief, klang die Stimme meiner Mutter seltsam. Ich flehte sie an, mir zu sagen, was los war.

Sie senkte die Stimme zu einem Flüstern. »Sie haben deinen Bruder mitgenommen.«

Mich wurde sofort übel, und die Angst schnürte mir die Kehle zu. »Warum, was ist denn passiert?«

»Er hat mich zu einem Arzttermin gefahren, ich sollte eine Laserbehandlung für die Krampfadern in meinen Füßen bekommen. Er hat an einer Tankstelle gehalten. Dort musste er seinen Ausweis vorzeigen.«

Ich hatte schon gehört, dass Uiguren nun sogar ihren Ausweis vorzeigen mussten, wenn sie tanken wollten, und sie mussten dazu in die Kameras schauen, die man über den Kassen installiert hatte. Angehörige anderer Minderheiten wie Kasachen und Tadschiken wurden dann vielleicht etwas grob behandelt, Han-Chinesen hingegen konnten einfach ihr Benzin bezahlen und wieder gehen. Eine Zweiklassengesellschaft war eingerichtet worden, und ein Teil von ihr sah sich einem technologisch sehr gut ausgerüsteten Überwachungsstaat ausgesetzt.

»Er hätte sich am Tag zuvor auf der Polizeistation melden müssen. Aber wegen meines Eingriffs und den Vorbereitungen dafür hatte er sich entschieden, einen Tag zu warten. Sie sind gekommen und haben ihn geholt, sobald er die Tankstelle betreten hat. Ich musste den Bus nach Hause nehmen. Ich weiß nicht, wann ich jetzt den Eingriff vornehmen lassen kann.«

»Aber warum haben sie es auf ihn abgesehen?«, fragte ich und versuchte dabei, leise und ruhig zu sprechen.

»Die Polizei hat zu mir gesagt, es liegt an dir.« Die Stimme meiner Mutter wurde leer. »An deinen Reportagen. Daran, dass du eine Unruhestifterin bist. Sie sind sehr wütend wegen deiner Beiträge über die medizinischen Untersuchungen. Sie sagen, diese Untersuchungen finden zu unserem eigenen Besten statt. Um sicherzustellen, dass wir gesund sind.«

Ich schluckte schwer und legte mir eine Hand über die Augen, wo ein pulsierender Schmerz hinter meiner Stirn tobte. »Hör zu, gib mir jetzt Details darüber, was mit Kaisar passiert ist, dann schreibe ich alles auf und berichte morgen in der Sendung darüber. In diesem Fall nutzt es vielleicht nur etwas, durch eine Veröffentlichung wegen dieses Machtmissbrauchs Druck auszuüben.«

»Nein!« Das Wort klang, als treibe sie einen Nagel ins Holz. »Ich habe schon ein Kind an ein anderes Land verloren. Ich will nicht noch ein weiteres an endlose Gefängnisstrafen verlieren.«

Es gab nichts, was ich darauf hätte erwidern können, und ich konnte sie nicht trösten.

Und es gab nichts, was ich hätte tun können, außer meine Arbeit fortzusetzen. Ich begann nach Informationen über Leute zu suchen, die von der Straße weg mitgenommen und verhaftet worden waren, ohne dass man ihnen irgendein Verbrechen hätte nachweisen können. Dabei stieß ich auf so viele Fälle, dass ich nicht über alle berichten konnte. Fast über Nacht hatte man damit angefangen, überall junge Männer verschwinden zu lassen, und niemand wusste, wohin sie gebracht wurden. Die Regierung schien es auf alle mit Verbindungen zu einer religiösen Institution abgesehen zu haben, und auf alle, gegen die ein Haftbefehl vorlag. Man holte sich auch Leute, die in engem Kontakt zu Uiguren außerhalb des Landes standen. Mein Bruder passte in ihr Profil.

Ich wusste, dass das mit dem Netzwerk der Umerziehungszentren zu tun hatte, über das ich schon seit Jahren berichtete. Und während man meinen eigenen Bruder in das System zerrte, gelang mir ein Durchbruch bei meiner Recherche. Über einen taiwanesischen Zeitungsbericht hatte ich herausgefunden, dass man außerhalb von Ürümchi ein neues Gefängnis mit Platz für über dreihunderttausend Leute gebaut hatte. Solche Dimensionen überstiegen beinahe die Vorstellungskraft, doch für mich ergab diese Information einen Sinn. Wenn sich die chinesische Regierung darauf vorbereitete, riesige Mengen von uigurischen Zivilisten aufzunehmen, würde man einen Ort brauchen, an dem man sie alle einsperren konnte.

Ich benutzte alle Telefonnummern für die Gefängnisse

in Ürümchi, die ich finden konnte. Manchmal kam ich nicht durch, als hätte man die Telefonleitungen gekappt. Endlich erreichte ich einen Vollzugsbeamten, der bereit war, anonym mit mir zu sprechen. Er teilte mir mit, man habe acht städtische Gefängnisse zu einer riesigen »Gefängnisstadt« zusammengelegt. Genau das hatte man in der taiwanesischen Presse berichtet. Mehr als siebenhundert Personen waren als Wachleute für dieses System angestellt worden, außerdem hundert Verwaltungsbeamte, die dieses Monstersystem am Laufen halten sollten.

»Und es werden noch mehr gebaut«, fügte der Mann beiläufig hinzu. »In der ganzen Region. Es wird eine Menge Arbeit geben.«

»Wen will man denn dort festhalten?«, erkundigte ich mich.

»Wer weiß das schon genau? Wir haben nur erfahren, dass es sowohl gewöhnliche als auch politische Kriminelle sein werden.«

Weil ich mich in den USA befand und als Journalistin arbeitete, gehörte meine Familie de facto zu diesen »politischen Kriminellen«. Und seit dem Verschwinden meines Bruders – wir wussten nicht einmal, in welchem Gefängnis er sich befand und ob er vielleicht in diese »Gefängnisstadt« geraten war – musste sich meine Mutter allein um meinen Vater kümmern. Doch mit ihren Füßen wurde es immer schlimmer, und sie wagte nicht, meinen Vater lange genug für eine Behandlung allein zu lassen. Die Nachbarn halfen, wo sie konnten, aber alle hatten zu große Angst vor näherem Kontakt zu unserer Familie. Die Polizei erschien immer bei uns, mein Bruder war im Gefängnis, und die Regierung verbreitete immer noch die Propaganda, ich sei eine Separatistin.

Endlich gelang es meiner Mutter, einen Mann einzustellen, der aus einem der Dörfer im Süden nach Ürümchi gezogen war. Er wusste nicht viel über unsere Situation und brauchte das Geld. Er war ein guter Mann, und er versuchte zu helfen, doch er hatte überhaupt keine medizinische Ausbildung und konnte nicht alles übernehmen, was mein Bruder für unsere Eltern getan hatte. Einige Monate nach seiner Ankunft stürzte mein Vater in der Küche und brach sich dabei die Schulter und außerdem noch die Hüfte an mehreren Stellen. Er verbrachte Monate im Krankenhaus, war nur zeitweise bei Bewusstsein. Ich rief mehrmals pro Woche dort an, befragte die Schwestern zu seinem Zustand und versuchte sicherzustellen, dass er alles hatte, was er brauchte. Meine Mutter bemühte sich, alles zusammenzuhalten, konnte sich jedoch nur an die Hoffnung klammern, man werde meinen Bruder bald entlassen.

Ich wusste, dass das sehr unwahrscheinlich war. Während meiner Recherchen, die viele Monate in Anspruch genommen hatten, hatte ich herausgefunden, dass die Leute einfach spurlos verschwanden. Die meisten Familien, wie unsere, hatten keine Ahnung, was mit ihren geliebten Verwandten geschehen war. Und nicht nur junge Männer hielt man ohne jeden Grund fest. Über einen kasachischen Menschenrechtsaktivisten kam ich in Kontakt mit einem uigurischen Geschäftsmann mittleren Alters namens Omir Bekali, der gerade entlassen worden war. Er bezeichnete den Ort als riesiges Internierungslager für Männer in der Nähe von Karamay, etwa vier Stunden nordwestlich von Ürümchi. Er war in Turpan aufgewachsen und nach Kasachstan gezogen, wo er irgendwann ein Reisebüro eröffnet hatte. Für ein geschäftliches Meeting war er nach China zurückgekehrt und dort verhaftet worden, ohne dass man ihm jemals den Grund mitgeteilt hätte. In dem Lager hatte er ständigen Hunger, Schlafentzug und körperliche Folter erlitten. Nach acht entsetzlichen Monaten war es seiner Frau und seinen Freunden in Kasachstan gelungen, auf diplomatischem Wege seine Entlassung zu erwirken. Als Omir ins Lager gekommen war, hatte er fünfundachtzig Kilogramm gewogen, bei seiner Entlassung noch knapp fünfundvierzig. Er weinte am Telefon, als er mir erzählte, seine Kinder hätten ihn nicht wiedererkannt.

Ich schrieb Omirs Geschichte auf, und dabei dachte ich die ganze Zeit daran, was mein Bruder wohl durchmachte. Ich stellte ihn mir in einem solchen Lager vor, festgehalten ohne Würde und ohne Zugang zu den grundlegenden Dingen, die Menschen zum Leben brauchen: Essen, Wasser, Wärme. Der Vollzugsbeamte, mit dem ich gesprochen hatte, hatte Recht. Es entstanden viele Lager, in ganz Ostturkestan, und man hatte bereits begonnen, eine große Anzahl von Menschen dort festzuhalten. Auch wenn man sie »Umerziehungslager« und manchmal auch einfach »Gefängnisse« nannte, handelte es sich eigentlich um ein furchteinflößendes, riesiges System aus Internierungslagern.

Zu diesem Zeitpunkt arbeitete ich fünfzehn Jahre bei Radio Free Asia, und ich hatte noch nie über eine so große Story berichtet. Es war nicht nur meine Story, oder eine über Uiguren. Für mich gab es keinen Zweifel daran, dass es sich um die größte Story handelte, mit der sich die Welt konfrontiert sah: um die Masseninternierung von Menschen nur wegen ihrer Herkunft, ihrer Kultur und ihrer religiösen Überzeugungen. Ich brachte den Geschäftsmann dazu, sich für die Sendung aufzeichnen zu lassen. Er war der erste Überlebende der chinesischen Regierungslager in Ostturkestan, der an die Öffentlichkeit trat und über seine Erfahrung sprach. Viele in der uigurischen Gemeinschaft wussten Grundlegendes darüber, was da geschah – nun rückte die Geschichte langsam ins Bewusstsein der restlichen Welt, und ich war fest entschlossen, trotz der Risiken Teil dieser Enthüllung der Wahrheit zu werden.

***

Einige Tage nach der Ausstrahlung meines Berichts über Omir und die Lager, Anfang 2018, erhielt ich einen Telefonanruf von einer guten uigurischen Freundin. Sie lebte auch in den Vereinigten Staaten, hatte aber wie ich ihre gesamte Familie in Ürümchi zurückgelassen.

»Gulchehra, bitte weine nicht, wenn du hörst, was ich dir jetzt sage. Es ist schlimm für mich, dir die schlechten Nachrichten überbringen zu müssen, aber du musst davon erfahren.«

»Okay«, erwiderte ich rasch. »Sag es einfach. Was ist mit dir passiert?«

Eine kurze Pause entstand. »Es geht nicht um mich. Es geht um deine Familie zu Hause.«

Sofort fühlte es sich an, als würde mir das Herz in der Brust explodieren. Angst durchflutete mich. Ich spürte, wie sich in meinen Augenwinkeln Tränen sammelten. Ich wusste, dass mein Vater gerade erst einen Schlaganfall erlitten hatte und sich immer noch auf der Intensivstation befand. Und meine mir am nächsten stehende Tante erholte sich zu Hause von einer Herzoperation. Ich machte mich auf das Schlimmste gefasst.

»Ich bin bereit«, sagte ich und holte tief Atem, um stark zu sein. »Sag mir alles.«

»Meine Mutter hat mir eine SMS geschickt. Gul, man hat deine ganze Familie mitgenommen. Vierundzwanzig Leute. Alle in derselben Nacht verhaftet.«

»Meine Eltern?«

»Man hat auch sie mitgenommen.«

Meine Hände begannen zu zittern. Ich konnte keinen einzigen klaren Gedanken fassen. Ich ließ das Telefon auf meinen Schreibtisch fallen.

Arslan arbeitete wie gewöhnlich am Schreibtisch neben mir. »Gul, was ist los? Was ist passiert?«

»Wir müssen meine Familie anrufen. Sofort.«

Wir beide versuchten es bei allen, die uns einfielen. Zuerst bei meinen Eltern. Dann bei meinen Tanten und Onkeln und Cousins und Cousinen. Doch niemand ging an den Apparat. Niemand schickte eine Textnachricht zurück. Es war, als wären sie von einer riesigen Leere verschlungen worden. Meine Panik wuchs mit jedem nicht entgegengenommenen Anruf. Meine Hände schwitzten so sehr, dass ich kaum die Nummern wählen konnte, doch gleichzeitig war mein Körper wie betäubt.

Endlich ging meine Tante an den Apparat, die sich zu Hause von einer Herzoperation erholte.

»Was ist passiert?«, fragte ich und brachte die einzelnen Silben kaum heraus. »Warum geht niemand ans Telefon?«

»Mein Kind«, erwiderte sie vorsichtig. »Mach dir um uns keine Sorgen. Mach dir um deine Familie keine Sorgen. Wir werden es schaffen. Nur … Ruf nicht wieder an. Bitte ruf jetzt eine Weile nicht an.«

Da wusste ich, dass es stimmte. Meine Tante war die Tapferste unter all meinen Angehörigen. Sie hatte mir immer gesagt, ich könne jederzeit anrufen, sie habe keine Angst. »Was, wir können einander nicht einmal Hallo sagen?«, hatte sie immer verächtlich gemeint.

Jetzt klang sie zutiefst verängstigt. Ihr Sohn und ihr Schwiegersohn waren in derselben Nacht mitgenommen worden, und niemand wusste, wo sie sich befanden.

Ich spürte, wie mich die Panik überwältigte.

Mein Mann führte mich behutsam zu einem Stuhl und nahm meine beiden Hände in seine.

»Wie soll ich das ertragen?«, flüsterte ich. »Sie werden meinetwegen bestraft. Sie haben nichts getan!«

»Gul …«

»Dada ist doch noch Intensivpatient. Sie werden ihn umbringen!«

Ich machte mich von Arslan los und ging wieder ans Telefon. Ich rief in dem Krankenhaus an, in dem mein Vater monatelang gelegen hatte, und bekam eine Schwester an den Apparat, deren Stimme ich erkannte. Erst vor wenigen Tagen hatten wir miteinander gesprochen. Ich bat sie, mich zu meinem Vater durchzustellen.

»Bei uns gibt es keinen Patienten dieses Namens.« Ihre Stimme klang verändert, steif.

»Was meinen Sie damit? Er liegt doch schon seit Monaten bei Ihnen.«

»Ich kann Ihnen nicht helfen.«

»Bitte.« Ich machte aus meiner Verzweiflung keinen Hehl. »Bitte.«

»Es tut mir leid.« Sie hatte die Stimme gesenkt, und ich erhaschte eine Andeutung des Mitgefühls. »Ich kann ihn nur sagen, dass es bei uns keinen Patienten dieses Namens mehr gibt.«

Als sie aufgelegt hatte, wandte ich mich wieder an Arslan. »Sag mir, dass sie ihn nicht umgebracht haben. Sag es mir. Er kann das Krankenhaus nicht verlassen haben. Er kann doch noch nicht mal allein aufstehen!«

Ein immer größer werdender Druck beherrschte meine Brust, und die Gedanken rasten mir chaotisch durch den Kopf. Das musste die Rache dafür sein, dass ich über die Lager berichtet hatte. Eine andere Antwort konnte es nicht geben.

»Ich muss zurück«, sagte ich zu Arslan. »Sollen sie mich doch kriegen! Aber sie müssen meine Familie freilassen. Meine Angehörigen dürfen nicht so leiden für das, was ich getan habe.«

»Die Zeit ist gekommen, Gul. Du wusstest, dass es eines Tages so weit sein würde. Jetzt musst du stark sein. Du bist die Einzige, die ihnen helfen kann, und das geht nur von hier aus.«

Ich vergrub den Kopf in den Händen. Ich konnte es nicht ertragen.

Arslan fasste energisch meine Hände. »Wenn ich dich gehen

lassen muss, werde ich das tun. Aber selbst wenn du zurückgehst – wie kannst du wissen, dass sie deine Familie freilassen? Vielleicht nehmen sie dich auch einfach nur fest wie die anderen? Und was ist mit unseren Kindern? Denk darüber nach, Gul. Willst du, dass die chinesische Regierung unsere gesamte Familie zerstört?« Er zog mich an sich. »Ich bin bei dir. Du bist jetzt nicht allein. Wir werden alles, wirklich alles tun, was möglich ist, um ihnen zu helfen.«

Drei Tage lang konnte ich nicht schlafen. Ständig dachte ich daran, was meinen geliebten Angehörigen widerfuhr. Ich hatte überhaupt keine Informationen, nur meine eigene von Furcht geprägte Vorstellungskraft.

Dann schaffte ich es endlich zu beten, überwältigt von Erschöpfung, Angst und Schuldgefühlen. Stockend, unter Tränen betete ich, bis ich einen winzig kleinen Funken Hoffnung in mir spürte. Als die Tage vergingen, wuchs dieser winzige Funke selbst in den Tiefen meiner Verzweiflung zu einer schwachen Flamme. Ich stellte mir vor, wie ich meine Hände um die Flamme schloss, sie beschützte, damit sie wachsen konnte.

Alles löste sich in seinen Grundfesten auf. Zu Hause versuchte ich so gut es ging zu tun, als wäre alles in Ordnung. Ich zwang mich zu lächeln, kochte und versuchte mich normal zu benehmen, um unsere Alltagsroutinen nicht zu gefährden. Ich wollte nicht, dass meine Kinder wussten, was geschah, und sich auch Sorgen machten. Aber die Kinder wussten es. Sie spüren alles.

Als ich eines Abends den Abwasch erledigte, merkte ich, wie mein Jüngster leise zu mir an die Spüle kam. Er umfasste mit beiden Armen meine Taille.

»Was ist, mein Liebling?«

»Apa, habe ich irgendwas getan, was dich wütend gemacht hat?«

Ich runzelte die Stirn. »Nein, natürlich nicht. Warum fragst du?«

»Du hast mich schon so lange nicht mehr angelächelt wie sonst immer. Ich weiß, du bist wütend auf mich.«

Ich sank auf die Knie und umarmte ihn ganz fest. »Nein, nein.« Das Schuldgefühl fühlte sich an wie ein Messer, das mir in die Brust gerammt wurde. »Du hast nichts getan. Es tut mir leid, mein Schatz. Nichts von alldem ist deine Schuld.«

Er war erst acht Jahre alt, und seine Arme fühlten sich immer noch dünn an, als er mich fest drückte. »Sei nicht traurig, Apa. Ich werde mich ändern. Ich werde ein besserer Mensch werden.«

Mein Herz zog sich zusammen, und ich wusste, ich musste mir Hilfe suchen. Ich wusste, dass ich mich veränderte, und meine Kinder spürten das auch. Ich musste etwas tun, damit es mir selbst besser ging, oder wir würden alle untergehen wie ein sinkendes Schiff.

Ich rief eine befreundete Psychologin an und sagte zu ihr: »Ich bin zurzeit nicht normal. Ich schaue in den Spiegel und erkenne mein eigenes Gesicht nicht wieder.«

»Du darfst jetzt nicht zusammenbrechen«, erwiderte sie mit fester Stimme. »Tausende Uigurinnen und Uiguren schauen auf dich, weil sie Mut, Informationen und Stärke brauchen. Wir dürfen dich nicht verlieren, Gul.«

»Was soll ich denn tun?«, fragte ich mit zitternder Stimme. Ich hatte keine Kraft mehr.

»Du musst die Stimme erheben. Das Schlimmste ist schon geschehen. Nur wenn du die Stimme erhebst, wird es dir besser gehen.«

Ich empfand entsetzliche Angst, wusste jedoch in meinem tiefsten Inneren, dass sie recht hatte. Ich musste für meine Angehörigen stark sein, und ich konnte ihnen nur helfen, indem ich das Undenkbare tat: die Taten der chinesischen Regierung öffentlich anprangern.

Am nächsten Tag ging ich zum Direktor von Radio Free Asia.

»Ich arbeite jetzt schon viele Jahre hier«, sagte ich. »Ich spüre die Geschichten anderer Leute auf, helfe anderen, wo ich nur kann. Aber jetzt brauche ich Hilfe. Ich bin nicht nur Journalistin. Ich bin Tochter. Ich bin Schwester. Ich bin Nichte. Ich habe die Verpflichtung, meiner Familie zu helfen. So kann ich nicht weitermachen.«

Der Direktor erwiderte sofort: »Natürlich bekommen Sie Hilfe. Nehmen Sie sich so lange frei, wie Sie das brauchen ...«

»Nein!«, unterbrach ich ihn. »Ich kann nicht einfach nur zu Hause sitzen und nichts tun. Alles ist weg, und nichts hat noch irgendeine Bedeutung. Dass ich noch nicht verrückt geworden bin, liegt an meinen Kindern. Ich bin Mutter, ich muss mich zusammenreißen. Manchmal möchte ich einfach nur laut schreien, aber meine Kinder sollen keine Angst bekommen. Ich muss etwas *tun*.«

Er nickte, und ich konnte erkennen, dass er mich wirklich verstanden hatte. »Wir sind für Sie da, Gul. Sie bekommen, was immer Sie brauchen.«

Noch am selben Tag schrieb ich einen offenen Brief an die chinesische Regierung und zeichnete ihn auf. In meiner gesamten Erfahrung als Journalistin war das das schwerste Stück Arbeit, das ich jemals produziert habe. Wieder und wieder musste ich die Aufnahme neu beginnen. Beim zweiten Satz überwältigte mich alles, dann veränderte sich meine Stimme, und Tränen durchdrangen meine Entschlossenheit.

Doch ich durfte meine Schwäche, mein Grauen nicht zeigen. Ich war nur ein einzelner Mensch, und mir stand das größte Land der Welt gegenüber. Ich musste deutlich zeigen, dass ich nicht aufgeben würde. Ich besaß Redefreiheit. Ich hatte das Recht zu erfahren, wo sich meine Angehörigen befanden. Ich bot meine letzten Kräfte auf.

Mit äußerster Sorgfalt bearbeitete ich die Aufnahme, bis sie genauso klang, wie ich sie brauchte. Dann schickte ich sie überall hin, wohin es mir nur einfiel. An meine Freunde, meine Kollegen, Menschenrechtsorganisationen, sogar die chinesischen Botschaften in den USA. Ich lud sie auf Facebook hoch, versuchte einfach alles, um das größtmögliche Publikum zu erreichen. Ich war fest entschlossen, die Entlassung meiner Familie zu erwirken, um jeden Preis.

Ich sprach mit allen, die mich darum baten, mit allen in den Medien oder in der Regierung, die mir zuhören würden, in meinem stockenden Englisch. Es war mir egal, wie ich klang. Ich musste einfach dafür sorgen, dass die Situation meiner Familie da draußen bekannt wurde, und überall sprach ich aus der Tiefe meines Herzens.

Endlich fand meine Geschichte den Weg zu den richtigen Menschen, und im Juli 2018 wurde ich zu meiner Verblüffung eingeladen, bei einer Anhörung des Exekutivkomitees des amerikanischen Kongresses für China (CECC) über Verstöße gegen die Menschenrechte in der Uigurenregion zu sprechen.

Ich bereitete meine Rede akribisch vor und erschien mit dezentem Make-up, in einem seriösen grauen Anzug und meinem feinsten Hidschab aus weißer Seide. Außer mir sprachen der Experte für uigurische Geschichte Rian Thum, die Chefredakteurin des Online-Magazins *ChinaFile* und frühere Mitarbeiterin des Außenministeriums Jessica Batke sowie die Botschafterin Kelley Currie. Es war eine sehr erlesene Gesellschaft, und als ich zu sprechen begann, klopfte mein Herz so sehr, dass ich sicher war, die Kongressabgeordneten könnten es hören.

»Wie sehr gut bekannt ist, haben sich die chinesischen Behörden darauf verlegt, meine Kollegen und mich bei Radio Free Asia zu bedrohen, obwohl wir in den Vereinigten Staaten leben und die meisten von uns die amerikanische Staatsangehörigkeit besitzen.

Das tun sie, indem sie unsere in China lebenden Angehörigen schikanieren. Ich gehöre zu den sechs Journalisten des uigurischen Programms von Radio Free Asia, deren Familienangehörige ins Gefängnis geworfen oder verschleppt wurden, oft im Zusammenhang mit oder sogar als direkte Konsequenz unserer Arbeit für Radio Free Asia. Da gibt es jemanden mit zwei Brüdern, einer Schwägerin und einer alten Mutter, die festgehalten werden. Jemand anderes hat drei Brüder, die alle im Gefängnis sind. Bei zwei weiteren wird jeweils ein Bruder festgehalten. Ich habe zwei Dutzend Angehörige in meiner engeren und entfernteren Verwandtschaft, die man festhält; fast alle hat man am selben Tag mitgenommen. Das Schlimmste ist, dass wir nichts Genaues darüber wissen, wie es unseren Angehörigen geht oder was ihnen zugestoßen ist, denn wenn wir versuchen, Kontakt zu ihnen aufzunehmen, erhöhen wir das Risiko für sie noch einmal.«

Mir drohte die Stimme zu versagen, doch ich sprach weiter, verließ mich auf mein gesamtes berufliches Training und meine Erfahrung.

»Ich weiß, dass unsere Arbeit wichtig ist, und auch meine Kollegen wissen das. Nachdem wir begonnen haben, über die Ereignisse zu berichten, die sich in Xinjiang entwickelten, haben Journalisten westlicher Medien ihre Recherchen aufgenommen und viele Details bestätigt, die zuerst von Radio Free Asia berichtet wurden. Das Wall Street Journal, *die* New York Times, *die* Washington Post, *die* Financial Times, *BuzzFeed, die BBC, CNN, CBS, der* Economist, *Human Rights Watch, Amnesty International, France 24 und viele andere renommierte Organisationen und Medien haben ebenfalls ausgezeichnete Arbeit geleistet. Zu wissen, dass sich so viele unserer Kolleginnen und Kollegen an Radio Free Asia als vertrauenswürdige Quelle wenden, erfüllt uns mit großem Mut. Doch eine grausame Ironie entgeht*

niemandem von uns: Obwohl wir journalistischen Einblick in so viele Vorgänge in Xinjiang haben, finden wir oft als Letzte heraus, ob unsere Mütter, unsere Väter, unsere Brüder, unsere Schwestern und unsere Kinder, die dort leben, im Gefängnis sind oder nicht. Ob sie eine Verurteilung oder Bestrafung erwartet. Ob sie in irgendeiner Form Hilfe oder medizinische Betreuung brauchen. Ob sie überhaupt noch leben. Das ist die Angst, mit der wir leben, jeden Tag und jede Stunde. Aber es gibt eine noch größere Angst, die uns antreibt: die Angst, dass die Welt einfach alles vergisst, wenn wir unsere journalistischen Pflichten nicht mehr erfüllen, wenn wir verstummen.«

***

Sei es nun wegen meines öffentlichen Auftritts oder wegen irgendwelcher politischer Vorgänge hinter den Kulissen, von denen ich nichts wusste: Am 10. März wurde meine Mutter aus dem Gefängnis entlassen. Als Allererstes rief sie mich an. Sie hatte während ihrer Haft nicht nur in einer Zelle mit vielen anderen bleiben müssen, sondern war im Frauengefängnis von Ürümchi auch neun Tage lang an ein Abflussrohr gekettet gewesen. Und das mit dreiundsiebzig Jahren und bei schlechter Gesundheit. Sobald ich ihre Stimme hörte, fing ich an zu weinen.

»Wir sind am Leben«, sagte sie und klang dabei müde und heiser. »Und ich muss dir sagen, dass ich wegen dir am Leben bin.«

»Was ist passiert? Erzähl es mir.« Ich wollte nichts davon hören, wollte meine Ängste nicht bestätigt sehen, aber ich wusste, sie würde sowohl ihretwegen als auch um meinetwillen sprechen müssen.

Meine Mutter erzählte mir, die Polizei habe spät in der Nacht an ihre Tür geklopft, als sie allein zu Hause war; mein Vater befand sich im Krankenhaus und mein Bruder wieder im Gefängnis, obwohl man keine Anklage gegen ihn erhoben hatte. Sie berichtete, wie man sie in eine Arrestzelle gebracht hatte, mit einem Tuch über dem Kopf und den Händen straff hinter dem Rücken gefesselt. Sie erzählte mir, wie sie in einer Zelle mit dreißig anderen Frauen an ein Abflussrohr gekettet gewesen war und als Toilette einen Eimer hatte benutzen müssen. Es war wie eine brutale Entführung, nur handelte es sich bei den Kidnappern um die chinesischen Behörden.

Dann erzählte sie mir, dass sie sich mit einer chinesischen Aufseherin angefreundet hatte. Ich lachte ungläubig auf, aber eigentlich war das keine Überraschung. Meine Mutter konnte sich mit fast jedem Menschen anfreunden. Sie hatte langsam eine Beziehung zu der Wächterin aufgebaut, einer Han-Chinesin um die dreißig. Zuerst befahl diese meiner Mutter immer, den Mund zu halten. Aber dann sagte meine Mutter einfach ruhig zu ihr, sie müsse besser essen, sich mehr bewegen oder besser schlafen.

»Ich habe ihr erklärt, ihr Teint sieht nicht gesund aus, weil sie zu viel Zeit drinnen verbringt. Ich habe gesagt: ›Wir müssen hier drinnen bleiben, aber Sie werden ja nicht festgehalten. Gehen Sie nach draußen und machen Sie einen Spaziergang!‹« Eines Tages nannte sie mich *Kanjuk*. Das hatte noch nie jemand zu mir gesagt, in meinem ganzen Leben nicht! Ich habe einfach angefangen zu lachen. Die Aufseherin war natürlich wütend, und sie fragte mich, worüber ich denn lachte. Ich habe gesagt: ›Wissen Sie überhaupt, was dieses Wort bedeutet?‹ Sie hat geantwortet: ›Man hat uns erklärt, es bedeutet Hure.‹ Ich habe gesagt: ›Es heißt Mongolin, das Ganze ist also eine ziemliche Beleidigung für unsere östlichen Nachbarn.‹ Und wir haben zusammen gelacht. Danach wirkte sie in meiner Gegenwart ruhiger. Ich konnte ihr berichten, wenn eine der anderen Frauen krank war, dann hat sie mir zugehört. Ich denke, sie hat mich allmählich ein wenig respektiert.«

Vielleicht eilte die Aufseherin deswegen herbei, als meine Mutter auf dem kahlen Betonboden der Zelle zusammenbrach, und machte sie los. Sie ging zur Wachleitung und bat um eine besondere medizinische Überführung ins Krankenhaus. Diese Aufseherin hatte meiner Mutter bestimmt das Leben gerettet.

»Ich war die älteste Frau in dieser Zelle«, berichtete meine Mutter. »Ich habe schon ein langes, gutes Leben gehabt. Aber dort gab es so viele junge Frauen, schön waren sie, genau wie du. Mein Herz hat für sie geblutet. Sie hatten nichts getan, gar nichts. Wenn ich sie fragte, warum sie dort waren, ging es darum, dass sie Freunde im Ausland angerufen hatten. Oder online irgendetwas Religiöses gepostet. Sie waren überhaupt nicht kriminell.« Jeden Tag bekam meine Mutter ein einziges Brötchen, sonst nichts. Manchmal steckte verdorbenes Fleisch darin, oder fettige Stückchen von etwas, was möglicherweise Rattenfleisch war.

»Gul«, sagte meine Mutter mit ruhiger Stimme zu mir. »Ich bin wegen dir noch am Leben. Ich habe zu mir selbst gesagt, *Iss! Du musst das essen, du musst am Leben bleiben.* Ich habe wegen dir gegessen.«

Ich drückte mir das Telefon ans Ohr und zitterte dabei vor Schuld und Trauer. Ich befand mich am anderen Ende der Welt, und ich konnte sie nicht einmal trösten.

»Weißt du noch, was ich letztes Jahr zu dir gesagt habe? Als die Polizei deinen Bruder mitgenommen hat? Ich habe zu dir gesagt, die Polizei hat behauptet, das wäre wegen dir. Wegen dem, was du dort in Amerika tust. Seitdem habe ich mich deswegen jeden Tag schrecklich gefühlt. Nichts von alldem ist deine Schuld. Es ist nicht deine Schuld, dass wir verfolgt werden. Ich musste überleben, musste es aus dem Gefängnis schaffen, um dir das sagen zu können.«

»Apa …« Ich weinte so sehr, dass ich ihr nicht sagen konnte, wie sehr ich sie liebte und wie verzweifelt ich mir wünschte, sie beschützen zu können.

»Nein, meine Tochter, weine nicht. Mir geht es gut. Wirklich. Umarme einfach deine Kinder häufiger. Atme tief ein und aus. Du solltest alles zu schätzen wissen, sogar ganz einfaches Wasser. Denn alles ist schön, die Sonne am Himmel, der Mond, alles!« Sie hielt inne und fügte dann hinzu: »Wenn du am Leben bist, ist alles möglich. Alles.«

EPILOG

Soweit ich weiß, sind meine Eltern und mein Bruder inzwischen wieder zu Hause. Sicher kann ich nicht sein, denn es wäre jetzt viel zu gefährlich für sie, wenn ich sie anrufen würde. Ich bin inzwischen von der chinesischen Regierung offiziell zur »Terroristin« und »Separatistin« erklärt worden und stehe auf der Liste der meistgesuchten Menschen. Gleichzeitig hat man meine Angehörigen dazu gezwungen, sich vor der Kamera von mir loszusagen. In diesen Aufnahmen wirkt ihr Blick wie tot, während sie sprechen. Inzwischen kommen alle Informationen, die ich über meine Familie erhalte, aus zweiter Hand – von ehemaligen Nachbarn, den wenigen Besuchern aus Ürümchi, die etwas wissen. Ich kann nicht einmal sicher sein, ob meine Cousins und Cousinen die Lager wieder verlassen haben. Für den Augenblick wage ich es nicht, meine Tante anzurufen und sie zu fragen.

Der Albtraum ist für sie und für den Rest von Ostturkestan noch lange nicht vorbei. Zusätzlich zum Aufbau der Internierungslager haben die chinesischen Behörden damit begonnen, die Bevölkerung exzessiv zu überwachen und zu kontrollieren. Hochmoderne elektronische Überwachungssysteme mit Gesichtserkennung, die uigurische Gesichter bereits von Weitem identifizieren kann, wurden installiert. An jeder Straßenecke gibt es Kameras, und in vielen privaten Wohnungen ebenso. Um in sein eigenes Haus zu kommen, muss man einen QR-

Code an der Tür verwenden, über den alle Informationen zu den Behörden gelangen. Wird man als Uigure über die Gesichtserkennung von einer Kamera außerhalb seiner eigenen Nachbarschaft erfasst, kann man dafür ins Lager kommen. Hat man als Uigure keinen Ausweis bei sich, kann man dafür ins Lager kommen. Schickt man als Uigure eine Nachricht an jemanden ins Ausland, kann man dafür ins Lager kommen. Besucht man als Uigure einen Freund zu Hause, nachdem der Betreffende eines Verbrechens beschuldigt wurde, kann man dafür ins Lager kommen.

Viele Leute werden schon seit Jahren in diesen Lagern festgehalten, und ein Ende ihrer ungerechtfertigten Gefangenschaft ist nicht in Sicht. Die chinesischen Behörden bezeichnen diese Lager jetzt als Berufsausbildungszentren, aber diese sogenannte Ausbildung führt die Menschen nur der Zwangsarbeit zu: Sie werden nach China geschickt, wo sie in Ausbeuterbetrieben arbeiten müssen. Dort zieht man ihnen die Hälfte ihres ohnehin lächerlich niedrigen Gehalts ab, um die Rechnung für ihren vorherigen Gefängnisaufenthalt zu begleichen.

Wer diese Lager verlassen und nach Hause zurückkehren darf, erhält eine »Punktekarte«, auf der gutes und schlechtes Benehmen festgehalten wird. Gutes Benehmen heißt zum Beispiel, eine marxistische Studiengruppe zu besuchen. Schlechtes Benehmen heißt zum Beispiel, eine verbotene türkische Seifenoper im Fernsehen zu schauen, mit den eigenen Kindern Uigurisch statt Mandarin zu sprechen oder abends zu beten. All das wird von einer in ihrem Wohnzimmer installierten Kamera aufgezeichnet oder von einem Han-chinesischen »Angehörigen« kontrolliert, den man in ihr Haus geschickt hat, um Bericht über ihr Verhalten zu erstatten. Jeden Monat wird der Punktestand überprüft, und wenn er zu niedrig ist, müssen die Menschen in die Lager zurückkehren. Unter diesem George-Orwell-artigen autoritären System mit seiner nicht existenten

Privatsphäre und rasch zuschlagenden, brutal radikalisierten Staatsgewalt hat sich meine wunderschöne Heimat in ein riesiges Freiluftgefängnis verwandelt.

Manchmal überwältigt es mich, und ich will einfach nur laut schreien, möchte aber meinen Kindern keine Angst einjagen. Dann mache ich die Tür hinter mir zu und weine. Ich möchte meinen Kindern einfach nur ein normales Leben schenken, aber ich habe schon lange vergessen, wie es sich anfühlt, ein normaler Mensch zu sein.

Meine Arbeit bei Radio Free Asia hilft mir beim Bewältigen dieses Gefühls, wenigstens das. Ich kann mich mit meinem Volk verbunden fühlen, dasselbe Glück, denselben Schmerz und dieselbe Hoffnung empfinden. Ich fühle mich wie ein Teil der uigurischen Erfahrung, obwohl ich nicht dort bin. Seit China gegenüber den Uiguren eine Politik des Genozids verfolgt, mussten wir stärker zusammenrücken. Unser gemeinsames Leiden und die Verfolgung haben uns begreifen lassen, dass wir eine Nation sind, verbunden durch eine gemeinsame Abstammung und ein gemeinsames Schicksal. Mein Vater lehrte es mich, als ich noch ein naives Mädchen in Ürümchi war: »Uigure« bedeutete ursprünglich »sich zusammenschließen« – und heute stimmt das mehr als je zuvor.

Nicht lange nach der Verhaftung und Verschleppung meiner Familienangehörigen nahm eine Frau über Facebook Kontakt zu mir auf, Mihrigul. Sie schickte mir einige Nachrichten, in denen sie mir mitteilte, sie sei damit aufgewachsen, mich bei Xinjiang TV zu sehen und wolle in Verbindung zu mir stehen. Dem Ton ihrer Nachrichten nach war sie sehr jung; was sie schrieb, strotzte nur so vor niedlichen Emojis und Smileys. Doch dann erwähnte sie ihre drei Kinder. Ich recherchierte ein wenig und fand heraus, dass sie sich in Ägypten aufhielt. In letzter Zeit hatte die chinesische Regierung die ägyptische unter Druck gesetzt, man solle dort lebende Uiguren verhaften und nach Ostturkestan zurückschicken, wo man dafür sorgte, dass die meisten von ihnen in den Lagern verschwanden. Als mir Mihrigul ihre Telefonnummer zukommen ließ, entschloss ich mich, sie anzurufen. Sie erzählte mir eine grauenerregende Geschichte.

Mihrigul hatte mit ihrem Ehemann in Ägypten gelebt und gesunde Drillinge zur Welt gebracht. Weil das Paar keine Angehörigen oder Freunde hatte, die bei der Versorgung der Kinder hätten helfen können, entschied sich Mihrigul für die Rückkehr nach Hause, während ihr Ehemann in Ägypten blieb, um dort weiter arbeiten zu können. Als sie aber in Ürümchi eintraf, wurde sie beim Zoll aus der Schlange geholt und stundenlang verhört. Ihre winzigen Babys nahm man ihr weg, sie selbst brachte man in ein Internierungslager. Man zog ihr ein Tuch über den Kopf, genau wie meiner Mutter.

Als Mihrigul Wochen später »auf Bewährung« entlassen wurde – auch ohne dass man ihr jemals mitgeteilt hatte, warum sie überhaupt festgehalten wurde, und sie erst recht nicht irgendeines Verbrechens angeklagt worden war – fand sie heraus, dass einer ihrer kleinen Söhne unter mysteriösen Umständen im Krankenhaus ums Leben gekommen war. Die anderen beiden Drillinge kränkelten, hatten Schwierigkeiten beim Essen und diverse körperliche Beschwerden. Niemand sagte ihr irgendetwas darüber, was mit ihren Kindern geschehen war.

Während unseres Gesprächs hörte ich im Hintergrund spielende Kinder. »Sind das Ihre Kleinen?«

»Ja«, erwiderte Mihrigul. »Wenigstens können sie inzwischen spielen. Nachdem ich sie wiederbekommen hatte, waren sie lange Zeit so apathisch, dass man sie für Puppen hätte halten können.«

»Wäre es möglich, dass Sie mir etwas über die Lager erzählen?«, erkundigte ich mich.

»Ja.« Ihre Stimme wirkte wie sehr weit entfernt.

»Warten Sie. Was für ein Telefon benutzen Sie?«

»Ein Xiaomi, das ich vor meinem Rückflug nach Ägypten in Beijing gekauft habe. Warum?«

»Erzählen Sie mir erst einmal nichts«, erwiderte ich. »Sie müssen sich ein neues Handy besorgen. Über diese Geräte können die Behörden alles mithören. Es gibt so viele Möglichkeiten, heimlich an Ihre Informationen zu kommen.«

»Für ein neues Handy habe ich kein Geld«, entgegnete sie ruhig. »Ehrlich gesagt kann ich kaum Lebensmittel für uns einkaufen. Ich weiß, dass mich die Regierung wahrscheinlich abhört, aber was soll ich machen?«

»Sie können sich selbst schützen. Und Sie müssen sich auch schützen.« Ich schaute mich in unserem Wohnzimmer um, sah das Spielzeug meiner Kinder und das ganze glückliche Chaos unseres Lebens, und ich brauchte nur eine Sekunde, um eine Entscheidung zu treffen. »Ich werde Ihnen das Geld schicken. Dann können wir reden.«

Als Mihrigul ein neues Handy hatte, beschrieb sie mir ihre Erfahrungen in den »Umerziehungslagern«.

»Sie wollten mich dazu vernehmen, was ich in Ägypten getan hatte. Bevor man mich festhielt, war ich nicht in der Lage gewesen, nach Ägypten zurückzukehren, weil sich all meine Dokumente in den Händen der Behörden befanden und ich auf einer Schwarzen Liste stand. Die Lage war entsetzlich. Alle dort drinnen waren einfach ganz gewöhnliche Leute, die man wegen irgendwelcher vorgeschobenen Vorwürfe dorthin gebracht hatte. Zum Beispiel hieß es, sie wären in der Moschee gewesen. Als ich dort ankam, wurde ich sieben Tage und Nächte lang gefoltert. Ich durfte die ganze Zeit nicht schlafen. Man hat mich auch einer ›medizinischen Untersuchung‹ unterzogen, die erniedrigend und schmerzhaft war, und dann hat man mir den Schädel rasiert. Ich habe Anfälle bekommen und bin immer wieder ohnmächtig geworden, und ich nehme an, sie bekamen Angst, ich würde dort sterben, deswegen wurde ich in die Obhut meines Vaters entlassen. Er sagte zu mir, ich solle meine Kinder nehmen und das Land verlassen, mit dem Zug nach Beijing fahren und von dort aus nach Ägypten zurückfliegen. Die Konsequenzen für ihn selbst oder die Familie waren ihm egal. Sie wollten einfach, dass ich in Sicherheit bin.«

Ich empfand die Parallele zu meiner eigenen Familiensituation so schmerzlich, dass ich das Gespräch an dieser Stelle beenden musste – sonst hätte ich die Flut der Emotionen nicht mehr unter Kontrolle halten können. Bei meiner Arbeit ist die Trennlinie zwischen Journalismus und Aktivismus in einigen Fällen sehr dünn. Ich habe immer sehr darauf geachtet, mich allen gegenüber als Journalistin auszugeben, und meine Redakteure bei Radio Free Asia haben sichergestellt, dass wir bei unserer Berichterstattung immer den höchsten ethischen und journalistischen Standards entsprechen. Aber in dem Moment, als die chinesische Regierung meine Familie holte, konnte ich nicht mehr einfach nur journalistisch berichten. Ich war selbst zu einem Teil der Geschichte geworden. In diesem Moment machte ich mir auch große Sorgen um Mihriguls Sicherheit. Ich wusste, sie würde nie sicher sein, solange sie sich in Ägypten befand, deswegen wandte ich mich direkt an die zuständige Abteilung im US-Außenministerium. Ich half mit, Informationen über die entsetzliche Situation in Ostturkestan zu besorgen. Als ich von Mihriguls schwieriger Situation und dem Zustand ihrer Kinder berichtete, setzten sich die Mühlen in Bewegung. Mehrere Monate später, nachdem Mihrigul mit Beamten der US-Regierung gesprochen hatte, erhielten sie und ihre Kinder ein besonderes Notfallvisum und konnten sicher in die USA fliegen.

Dadurch, dass ich Mihrigul aus einer verzweifelten Situation half, fühlte es sich für mich so an, als hebe sich ein Teil der Last, die ich trug. Ich konnte nur so wenig tun, um meiner eigenen Familie zu helfen, aber ich konnte bei anderen etwas erreichen. Hier in den USA bin ich frei. Doch ich weiß, was zu Hause in Ostturkestan vor sich geht. Ich vergesse es nie. Keine Stunde vergeht, ohne dass ich daran denke. Jeder andere Mensch in meiner Situation würde dasselbe tun. Würden Sie nicht auch Ihre Stimme erheben, wenn man Ihre Familienangehörigen mitten in der Nacht abholen und wegschaffen, sie brutal bestrafen würde?

Dieses Bedürfnis, meine Stimme zu erheben, nimmt inzwischen den Großteil meines Lebens ein. Es gab Momente der Verzweiflung, Zeiten, in denen es sich für mich so anfühlte, als machte nichts einen Unterschied. Nachdem man meine Familie abgeholt hatte, gab es für mich Augenblicke tiefster Finsternis. Aber da waren auch leuchtende Funken, und Unterstützung kam aus Ecken, aus denen ich das nie erwartet hätte.

Nachdem ich öffentlich gemacht hatte, dass meine Familie verschleppt worden war, erhielt ich eine Einladung für das Gipfeltreffen *Women in the World* in New York im April 2019. Das Event war unglaublich intensiv: mehrere Tage voller Meetings, Interviews und Vorträge anderer Frauen, die über ihre Erfahrungen, Ziele und das Erreichte sprachen. Ein Teil von mir war von dem Promizirkus geblendet – Oprah Winfrey machte mit! –, doch ein noch größerer Teil war tief bewegt. Ich empfand durch die Tapferkeit der Frauen dort eine große Ermutigung. Viele von ihnen kämpfen unermüdlich für Ziele wie das Ende der Kinderarmut weltweit. Ich sprach über die Schrecken, von denen die uigurische Bevölkerung heimgesucht wurde, doch ich sprach auch über unsere Kraft. Ich zitierte ein uigurisches Sprichwort: *Frauen schaukeln mit einer Hand die Wiege, und mit der anderen schaukeln sie die Welt.* Und als Tina Brown, die Gründerin der journalistischen Plattform *Women in the World*, in ihrer Abschlussrede meine Worte zitierte, indem sie sagte: »Lasst uns die Welt zusammen schaukeln!«, spürte ich in meinem Herzen, dass uns die Leute endlich zuhörten. Später empfand ich das wieder: Man lud mich zum *Oslo Freedom Forum* ein, um über die Masseninternierungslager in Ostturkestan zu sprechen, und ich bekam sehr viel Unterstützung für unseren Kampf. Diese Erfahrungen überzeugten mich davon, dass es auf der Welt noch Hoffnung gab.

Sogar eine zufällige Begegnung im Rahmen einer Fahrgemeinschaft in Washington verschaffte mir die Gelegenheit, die schwierige Situation der Uiguren einem viel größeren Publikum nahezubringen.

Eines Tages kam Arslan aufgeregt von der Arbeit nach Hause. Er hatte mit einem Mann namens Tim Nelson eine Fahrgemeinschaft gebildet.

»Tim Nelson arbeitet für das US-Außenministerium«, erklärte Arslan. »Wir sind ins Gespräch gekommen. Er hat mich gefragt, woher ich stamme, und ich habe ihm erklärt, ich bin Uigure, aber in Kasachstan geboren und aufgewachsen. Ich habe ihm von dem Genozid in Ostturkestan erzählt. Und dann auch von dir und von deiner Arbeit bei Radio Free Asia und davon, wie es die chinesische Regierung auf dich abgesehen hat. Ich habe gesagt, wir berichten über all die uigurischen Themen, sind aber selbst auch zu einem Teil der Geschichte geworden.«

Ich nickte.

»Das hat ihn sehr interessiert, und ich denke, er will uns vielleicht helfen.«

Wir lernten Tim näher kennen, freundeten uns mit ihm und seiner Frau an. Schnell stellte sich heraus, dass Tim Verbindungen zu einigen mächtigen Leuten hatte, nicht nur innerhalb der US-Regierung. Er kannte außerdem Bill Browder, die treibende Kraft hinter dem *Magnitsky Act*, der es Regierungen erlaubt, gezielte Sanktionen gegen Individuen zu verhängen, die sich Verstöße gegen die Menschenrechte zuschulden kommen lassen.

Tim arrangierte ein Treffen mit Bill Browder, und als Arslan und ich daran teilnahmen, konnte ich erkennen, dass ich einen echten Kämpfer für die Menschenrechte vor mir hatte. Bill hatte sich intensiv für das Leben seines Rechtsanwalts und Freundes Sergej Magnitsky eingesetzt, der in einem russischen Gefängnis gestorben war, und jetzt versuchte er zu verhindern, dass andere dasselbe Schicksal erlitten. Er hörte sich meine Geschichte aufmerksam an, und der Blick seiner glänzenden braunen Augen füllte sich mit Mitgefühl und Verständnis. Obwohl ich ständig über das harte Los der Uiguren sprach, war ich es nicht gewohnt, im Detail über meine persönliche Erfahrung zu berichten. Das schmerzte zu sehr für ein lockeres Gespräch, und normalerweise schrieb ich für Menschen, die ein Interesse bekundeten, nur die Fakten auf. Doch Bill stellte mir Fragen, die ich bis dahin erst von wenigen anderen gehört hatte, erkundigte sich nach dem Gesundheitszustand meiner Eltern und danach, ob man ihnen in der Gefangenschaft die medizinische Versorgung verweigert habe. Er wollte wissen, wie viele Uiguren man in den Lagern festhalte, und ich erwiderte, wegen der Geheimhaltungsstrategie der KPCh gebe es keine gesicherten Zahlen, wir gingen jedoch davon aus, dass man 1,8 Millionen Menschen in über tausend Lagern festhalte. Diese Statistiken sind schwer zu erfassen, aber ich spürte, dass er die Individuen hinter diesen so unglaublichen Zahlen wahrnahm. Ich sah bei ihm eine seltene Güte und den Ausdruck wahren Mitgefühls. Für ihn waren all diese Menschen Wesen aus echtem Fleisch und Blut, nicht nur Zahlen. Ich verließ das Treffen mit dem aufmunternden Gefühl, dass endlich ein paar Menschen zuhörten, dass es endlich einige wenige gab, denen die Sache am Herzen lag. Bill schenkte mir das Gefühl, nicht so allein zu sein.

Einige Monate später erhielt ich eine E-Mail von Bill.

Ich las sie mehrmals, bevor richtig zu mir durchdrang, was er schrieb. Bill hatte mich für das *Magnitsky Human Rights Award Board* nominiert, und ich würde wegen meines Einsatzes den diesjährigen Preis für besonderes Engagement für die Menschenrechte bekommen. Im Herbst sollte ich nach London fliegen, um bei der Zeremonie zu sprechen, zusammen mit anderen, die sich weltweit für Menschenrechte, Meinungsfreiheit und soziale Gerechtigkeit einsetzten. Dass ich zu ihnen gehören sollte, erfüllte mich mit Demut.

Nachdem ich Arslan und meinen Vorgesetzten bei Radio Free Asia davon berichtet hatte, begann ich sofort über meine Rede bei der Preisverleihung nachzudenken. Der Manitsky Act stellte das einzige legale Werkzeug dar, das anderen Ländern gegen einzelne KPCh-Vertreter blieb, um sie für Verstöße gegen die Bürgerrechte zu bestrafen. Man konnte den Akt einsetzen, um Sanktionen zu verhängen, ihre Konten im Ausland einfrieren zu lassen und ihnen die Einreise in die USA zu verwehren. Wenn ich meine Geschichte vor einem großen Publikum erzählte, so hoffte ich, würde man solche Mittel gegen einzelne chinesische Regierungsbeamte einsetzen, die meine Familie und die Familien anderer Menschen angegriffen hatten. Und selbst wenn das lange dauern sollte, wusste ich: Was auch immer ich in meiner Rede sagen würde, würde viel mehr Menschen erreichen als meine Berichte in uigurischer Sprache. Das hier war meine Chance, vor der Welt darüber zu sprechen, was vor sich ging. Ich musste es schaffen, dass alle wirklich begriffen, was hier auf dem Spiel stand.

Die Zeremonie fand in der prachtvollen Central Hall in Westminster statt. Sehr sorgfältig plante ich mein Outfit. Ich trug einen Etles-Blazer mit lilaweißem Muster, um das uigurische Volk zu repräsentieren. Etles ist die uigurische Seide des Atlasspinners, die in komplizierten Mustern eingefärbt und zu einem zarten Stoff verwebt wird. Traditionell besitzt jede uigurische Frau mindestens ein spezielles Etles-Gewand für wichtige Anlässe. Ich schminkte mich sorgfältig, bedeckte dann meinen Kopf mit einem blassrosa Hidschab mit Silberkettenmuster. Wenn sich alle daran erinnern würden, wie sehr wir miteinander verbunden sind, wie durch eine lange Kette, die durch unser grundsätzliches Menschsein über die ganze Erde reicht, dann würde vielleicht jede Form der Grausamkeit unmöglich werden.

Während des aufgeregten Durcheinanders vor dem Beginn der Veranstaltung gelang es Bill, mich hinter der Bühne zu erwischen. Er setzte sich zu mir und fragte mich, wie es mir gehe.

»Ich habe Angst«, gestand ich.

»Du bist doch Profi«, gab er zurück. »Das hier ist ein Klacks für dich.«

»Es geht nicht um Lampenfieber.« Ich senkte die Stimme. »Ich weiß nicht, ob ich sagen soll, was ich zu sagen hergekommen bin.«

Bill nahm sanft meine Hand. »Gul, wir sind für dich da. Was immer du sagen willst, sag es einfach. Du hast eine so wichtige Botschaft. Wir alle sind hier, um dir zuzuhören.«

Ich straffte die Schultern. Jetzt war die Zeit gekommen, meine Stimme für alle Uiguren zu erheben.

Man stellte mich dem Publikum vor, und unter herzlichem Applaus begab ich mich auf die Bühne. Ich zitterte am ganzen Körper. Als ich zu sprechen begann, hörte ich, dass auch meine Stimme zitterte. Ich wusste, wegen dieser Rede konnten meine Eltern bestraft werden, konnte man meinen Bruder verhaften, meine entfernten Verwandten verfolgen. Niemand vermochte vorherzusagen, wie die Reaktion der chinesischen Regierung aussehen würde, und wieder einmal würden meine Taten möglicherweise zur Folge haben, dass diejenigen litten, die ich am meisten liebte. Doch in meinem Kopf hallten noch Bills Worte wider, und ich wusste, ich musste es tun. Nicht viele Menschen bekamen die Gelegenheit, auf einer so großen Bühne zu sprechen, wo man weltweit gehört wurde. Ich legte noch größere Kraft in meine Stimme, um die Schlussworte zu sprechen, die ich so viele Male geübt hatte. Ich sprach langsam, wollte sicher sein, dass jedes Wort das angemessene Gewicht erhielt.

»Die Kommunistische Partei Chinas nimmt Millionen von Geiseln; sie führt nicht nur denen unmittelbar Schmerzen zu, die man in ihre Konzentrationslager schafft, sondern lässt auch den einzelnen Angehörigen im Ausland illegale Drohungen zukommen. Das Schweigen der Welt hat China nur dazu ermutigt, seine Konzentrationslager so auszubauen, dass dort nun Millionen von Menschen festgehalten werden. Und diejenigen außerhalb der Lager leiden unter der weltweit schlimmsten Orwell-artigen Massenüberwachung eines Polizeistaates.

Ich hoffe nur, dass die Welt sich an ihre Versprechen und Gesetze erinnert und endlich durch effektives Handeln die Worte ausspricht, die Forderung, die auszusprechen wir den Mut haben müssen: Nie wieder!«

Als ich diese Worte erklingen ließ und damit deutlich machte, dass es sich bei dem, was den Uiguren widerfuhr, um Genozid handelte, um die zielgerichtete Zerstörung eines Volkes und einer Kultur, spürte ich eine neue Art der Freiheit. Ich hatte es endlich ausgesprochen. Jetzt stand alles auf dem Spiel.

Das Publikum hatte sich erhoben, und der Applaus klang, als käme er von weit weg. Ich war so weit gereist – aus meiner geliebten Heimatstadt Ürümchi nach Washington und jetzt zu einer international besuchten Preisverleihung in London –, und ich hatte unterwegs so viel verloren. Plötzlich musste ich an den Stein aus unserem Garten denken, den mir mein Vater geschickt hatte, an den Stein, der noch immer roch wie die Erde von Ürümchi, wie meine Kindheit, und eine Woge unerträglicher Traurigkeit überflutete mich. Die chinesische Regierung hatte mir alles Erdenkliche genommen. Meine Kultur, meine Sprache, meine Freunde, meine Angehörigen, die Würde meines Volkes. Ich lebte jeden einzelnen Tag mit dem Schmerz und der Schuld der Gewissheit, dass sie wegen mir gelitten hatten. Mein Vater hat mir beigebracht, dass ein Stein dort am wertvollsten ist, wo er hingehört, und obwohl ich mich noch immer nach meiner Heimat sehnte, wusste ich, dass ich dort war, wo ich jetzt sein sollte, wo ich hingehörte. Und dass der Duft von Steinen mich immer begleiten würde und mich daran erinnern, was Heimat ist.

Mein Vater hätte nie wissen können, dass ich einmal auf dieser Bühne stehen und in seinem Namen sprechen würde, für meine Familie, für meine Gemeinschaft, für meine Leute. Aber er hat mir den Mut geschenkt, es zu tun. Er hat mir beigebracht, wie man die Wahrheit sagt, und jetzt konnte ich mir einer Sache sicher sein: Ich würde nie aufhören, meine Stimme für diejenigen zu erheben, die keine Stimme haben.

VERSTEHEN, WAS DIE WELT BEWEGT
voran gedacht.de
Der neue **vorangedacht-Blog** liefert Hintergrundinformationen zu aktuellen und relevanten Themen – fundiert und kompetent. Namhafte Experten äußern sich zu Themen aus Politik, Gesellschaft, Wirtschaft und Umweltschutz.
voran gedacht
Politik & Gesellschaft
Umwelt & Klima
Wirtschaft
Autor:innen
Wer wir sind
Was müssen Politiker jetzt gegen Fake News und Manipulation tun?
Nov 16, 2022 | Politik & Gesellschaft
mehr lesen
vorangedacht.de
voran gedacht folgen
Jetzt entdecken
www.vorangedacht.de